マシュー・ブック3

新しい時代への輝き

この激動の時代を理解するために

ILLUMINATIONS FOR A NEW ERA: UNDERSTANDING THESE TURBULENT TIMES

スザン・ワード著
Suzanne Ward

森田　玄訳
Gen Morita

This is Matthew with loving greetings to … before in Earth's history has there been
such profound activity in her energy field of pot… much more is going on than you can know in
this moment, and with excited anticipation you await the … I give you an analogy that comes to mind? It is not the
best, I know, and most surely I do not mean to be patronizing, much less insulting, but in my great love for all animals, the images are very
pleasing to me. Imagine yourself witnessing the birth of piglets as the mother labors to bring forth new life. After all her infants have
emerged, there is such wiggling about that you can only wonder what will come next. Sometimes you see a great deal of activity in this new
little family; at other times, all is quiet, giving the impression that no developments are taking place. Ah, but there are! Vital unseen things

ナチュラルスピリット

ILLUMINATIONS FOR A NEW ERA

by Suzanne Ward

ILLUMINATIONS *for a New Era:*

Understanding

These Turbulent Times

マシュー・ブック ❸

新しい時代への輝き

この激動の時代を理解するために

☀ マシュー・ブック3　目次

まえがき

この本がマシュー・ブックとの最初の出会いとなる読者の方々に、私のことを話しておきましょう。私は、一九八〇年に十七歳でこの地球での人生を去った息子マシューと他の宇宙の存在たちとテレパシーで情報を受け取っているチャネラーです。ここに書かれている彼らのメッセージは、前作二冊（『天国の真実』『新しい時代への啓示』ともにナチュラルスピリット刊）のマシュー・ブックと同様に、地球の歴史上かつてないこの時期に私たちを気づかせ、導き、元気づけるためのものです。

マシュー・ブックを初めて読む方々への別の道しるべとして——最初の二冊のように、内容はニルヴァーナ評議会の指導のもとに行なわれました（ニルヴァーナは私たちが〝天国〟と呼ぶ宇宙領域の正式名称）。

それぞれの本は独立していますが、最初の本『天国の真実』の内容は、二冊目の『新しい時代への啓示』をより深く理解するのに役立つのと同様に、本書の背景となる情報をもたらします。この本ではわずかしか触れていない話題については、それらの本のいずれかの詳細な説明のある関連する章から全体を通して引用されています。その情報のすべてを適切にまとめることは実際不可能です。

私が〝オープン〟のときは、エネルギーレベルが自動的にマシューや他の光の存在たちを私の思考と感情に招き入れます。コンピュータに向かって会話を記録する〝シッティング〟のあいだ、私がこころに思っている質問や反応に対してそのとき交信している存在が応答する場合に私の発する言葉が、他のテレパシー交信とは違っていることに読者の方々は気づくでしょう。

一九九六年から一九九七年にかけての数ヶ月間、闇の勢力によってエネルギー通信が徹底的に妨害されました。それでマシューと私の通信回線がほぼ一〇〇人の魂たちによって安定した状態に保たれました。マシューがひとりで話し、グループが彼の私との接続を強化するといったことや、メッセージが彼ら全体から——彼らの全員の知識の総合がひとつの声で——来ることもありました。そのような魂たちの力添えがもはや必要でないときにも、グループでマシューと一緒に訪ねて来ることがありましたが、それはただそうするのが彼らには楽しいからでした。

マシューから受け取るメッセージの編集について説明すると、彼の言葉使いとその情報すべてを、可能な限り重複を避けて、そのままにしてあります。ひとつの方法として、その章全体のエッセンスを保ちつつ、新しい文脈で重複する語句を省いて、別々の通信（インターネット上で配信されたものを含め）の部分を一緒にまとめてあります。また別に、同じ説明を後の章で繰り返さないようにしてあります。その情報はそれぞれのメッセージの中で必要かもしれませんが、この本の構成にそぐわないからです。それでも、広範囲に関わることなので、何回（なん）も繰り返しが避けられない主題があります。恐れがつくるネガティビティ、宇宙で最大のパワーである愛、愛の科学的表現である光、そして地球の支配を巡って光りと戦うパワーである闇の勢力です。

通常マシューは男性にも女性にも男性代名詞を使っています。私たちのテレパシー通信が始まったとき、彼は私に、「これは、単に僕が話しやすいから、あなたにとって聴きやすいからであって、**決して**どんな意味でも男性性の優位性を示すものではないことを理解してください」と言っていますが、同じことを読者の方々にも彼は希望しています。

すべての読者の方々へ。このメッセージは必ずしも年代順になっていません。むしろ私が望んでいるのは、最もふさわしい論理的な説明の順序になっていることです――これほど広範囲の情報量でそんなことが可能であればの話ですが。ですから、最初から最後まで順に読み進んでいただきたいと思います。長いシッティング（会話記録）は別の章に分けてありますが、それは同じ日付の箇所になっています。異なるシッティングの関連した部分がひとつの章にまとめられているときは、最も新しく受け取った情報からの日付になっています。

なぜ一九九六～一九九九年に受け取った通信が前二冊の本のどちらかにではなくここに入っ

ているのだろうと思うかもしれません（当然ですが）、私は〝技術的なエラー〟の少数例だと言っています。数年前コンピュータ修理のあいだにファイルが破壊されました。そのひとつずつの変換プロセスの過程でいくつか失ってしまったのです。それらのファイルの古いプリントアウトを最近見直してみると、いくつかのセクションでは〝良し〟というサインを出していました。しかし、そのような数少ない例を除いて、その部分は〝時期〟が来るまでは出さないということになっていたのです。

特にこの二年間は、アメリカ合衆国大統領政権の政策決定が世界中の注目を浴びています。この本にはこれらの問題を扱っているところもありますが、政治的論議がこの本の目的ではありません。単に、アメリカ合衆国政府の活動が世界的な魂レベルの覚醒を揺り起こすのに極めて重要だというだけです。現在の対極化は――戦争と暴力対平和と調和――私たちの惑星進化がはるかに広大な宇宙の出来事の中で起きているという見本です。

前著では、マシューとの会話の中で私の部分の多くを割愛し、彼の話が自然に推移して行くようにしました。この本では、宇宙評議会が私の参加部分をもっと多く残すようにと促しています。私自身がここであまり大きな役割を担うことには気が引けますが、その理由も分かりますし、この本のためのメッセージの選択にも同じことが言えます。

私たちの世界に起きていることについて楽観と悲観と相互の感情を抱いている人は私ひとりではありません。恐れ、悲しみ、怒りを呼び起こす物事とともに、心強い変化の徴候に元気づけられるといった、あらゆることが進行中というこの世界に今私たちはいます。そして私たちがそのすべての影響を受けています。マシューと他の存在たちは〝あちらの世界〟にいて、あらゆることが進化しているのを観察し、私たちの地球が平和と愛の時代に着実に進んでいるのを知っています。

　私の質問とコメントを入れることで、この本に、この地球での私たちのシーソーのような感情の揺れ動きとともに、世界の出来事が私たちの進化のための役割を果たしているという、そのより高次の目的を反映することができたと思います。

　マシューの姉のベッツィーは、彼が生まれたときほぼ三歳になっていましたが、新しい赤ちゃんの祝いに訪れた近所の人に彼の名前は「マシュー」（訳注　Matthew の〝th〟の代わりに〝sh〟になっている）と言っていました。それから来た「マッシュ」というニックネームは、他の家族たちからはその後使われることはありませんでしたが、私はときどきその特別な愛称を使っていました。今でもそうしているので、この本に選択された会話の中でもそのままにしてあります。

　マシューの人生は私たちが初めて話した九年前以来、大きく変化しています。そのとき、彼は魂たちを移行させるための医療アシスタントでした。（原注　魂たちへの個人的な歓迎と特別なケアは、『マシュー・ブック1：天国の真実』に詳しく書かれている）。私たちが天国と呼ぶその驚くような世界での彼の現在の仕事と他に類のないお祝い事について読者の方々は読むことができます。

二番目の『新しい時代への啓示』には、マシューだけが情報提供者ではなく、地球外（宇宙）領域の代表たちと神のプレゼンテーションもあります。

この本は政治的論議の場でないように、宗教的論議の場でもありません。無調音楽というのがあるのと同じ使われ方で「無宗教的」という言葉があるのなら、ここでもそのように適用できないこともありません。けれども、〝スピリチュアル〟が最適でしょう――それがこの本の中のすべての主旨を言い表わしています。

とは言っても、神というのは、私が教わったキリスト教の教えによる私たちの宇宙の至高的存在を呼ぶ名前です。けれども、〝神〟が他の名前で呼ばれても、等しく使えます。もしそのほうが好ましいのならば、私の言う〝神〟の代わりに読者自身で至高存在の適当な名称を考えてください（原注『新しい時代への啓示』の〝創造主の階位〟と〝神について〟の章にある公式プレゼンテーションが、それぞれ大宇宙と小宇宙の至高パワーである創造主と神の違いについて説明している）。

神は私たちの会話の次の部分を選んで、ここに挿入することを望んでいます。「私はそこでは理解されていない。今あなたは私のことを知っているのだから、それをほかの人びとに伝えなさい」。私たちの会話の多くは家族や友人たちのことです。ですからそれらのメッセージはプライベートなもので、必要な人には内密に伝えてあります。この本のために選んだその要約の中で、息子のエリックを、本人の同意のうえで、本名で表記してあります。

スザン・ワード

Part-1 今まさに大切なこと

愛のヒーリング・パワー

二〇〇二年十月一日

マシュー　お母さん、おはよう。お母さん、どうしたんだろう、もう何を信じていいのか分からないなんて、錯綜する思いでいっぱいだから、なんとかコンピュータに向かわせようとつついていたんだよ。

お母さんにとって今世界で起きていることは受け入れ難いんだ。そして報道されるさまざまな事件に対する反応が、情報過剰でメチャクチャになって、恐れと無力感で受けとめられているのを見ているんだ。お母さんが受け取っている情報が多くの人に知られて勇気と気づきを与えるものであればいいと思っているけれど、出来事が繰り返し起きるので、お母さんもそのどちらかの異常な状態に交互に陥っていることに気づいている。あるいは、そうなっていると思っているんだ。

スザン　マシュー、それが今まさに起きていることなのよ。

マシュー　お母さん、出来事の完全なる真理は自己の神性（ゴッドセルフ）の内にあるんだ。あなたは魂とのつながりに耳を傾ける代わりに、頭の中をかき回して探している。世界中が平和と愛に向かっているという劇的な歩みがほしいんだね。そうすれば、誰もがこの光のエネルギーの急激な高まりに気づいて、それを歓喜して受け入れ、もっと早く地球に天国がもたらされると思うから。

光の勢力たちのはたらきによる劇的な変化が進行中だということを何度も繰り返し聞かされる。けれども我慢できずに、この真実の証拠が地球にいる誰もが見逃すことのないくらい明瞭に行き渡ってほしい、僕の母親として、調和と平和、優しさ、公平さ、正義と愛が、本当に地球上に行き渡ることになるという確証を僕からほしい。あなたの全的存在が、地球での転生のあいだに人々がその栄光の中に生きることを見たいと願っているんだ。

スザン　マシュー、そうよ、どうしてもそれを見たいと思っているわ。そしてもちろん、あなたが真実の情報をもたらしていることを知ってもらいたいのよ。実際にテレパシー通信を経験した人でないと、その方法による情報を信じてもらうにはかなりの信念がいるわ。宇宙の法則はすべてそうなの――まったくそうであると信じるには、私たちの信念が見当違いではないという何かの確証が必要だわ。どうしてそれらの変化の結果がもっと明らかにならないのか分からないのよ。

マシュー　愛するお母さん、そう思っているのはお母さんだけではないよ。そしてまさにそのことを話し合いたいと思っているんだ。今起きていることはハリケーンの目のようなもので、ただそれが逆になっている。地球上に蔓延している腐敗と嘘を明らかにするためには、はるかにあくどい〝悪〟の証拠を暴露するというのではなく、むしろそれらが〝癒し〟の証拠だというそれに見合う確信が必要だ。

これらの傷口を明らかにするために、想像を超える量の光が今地球に向けて発せられている。あまりにも多すぎて吸収できないくらいだ。それで人々はポジティブな波動から外(はず)れてしまっている——この状況が〝光に照らされて〟知られてさえいたら、解決できることなんだ——そしてその代わりに、人々は宙ぶらりんの状態で誰か正直な人が直してくれるだろうと待っている。これが明らかになることで金銭的に被害を受けるのは、絶望や恐れ、報復というネガティブな波動に同調している人たちだ。僕たちは、これらの魂たちを全員正しい波動、光の波動に同調させるようにしなければならない。

単純に聞こえるかもしれないけれど、これは本当のことだよ。地球の苦しみは光に照らされなければ癒されない。それを産んだ闇の中に留まる限り癒されることはない。単一の魂でも、あなたたちが想像さえできないような巨大なパワーの力の場(フォース)にあっても、愛だけが苦しみを癒せる宇宙の唯一の本質(エッセンス)だ。

目に見えそして分離できない愛の構成要素である光が、完全な癒しのために今地球自身とその全生命体に注ぎ込まれつつある。あなたたちの世界は絶望的に為すすべがないように見えるかもしれないけれど、そうではないんだ。それをコントロールする力はそれぞれ個人の中にある。それが一人ひとりの魂がもつ愛の限りない能力だよ。

光と愛のはたらき

二〇〇二年九月二十二日

マシュー　光は光だよ、お母さん。ちょうど真理が真理であるようにね。だから光に〝聖なる〟を付け加えても〝最高の光に〟なるわけではないんだ。光は神聖だ。太陽から来るとされる光も実際は神からだ。大宇宙(コスモス)の統治者である創造主によってつくられたキリスト領域（訳注　創造主の愛が顕現された世界）を通って来る。個々の人間の中に光がどのように顕現されても、あるいは、どのように科学的に導かれても、それはすべて創造主から来る。この創造主からつくられる光というかたちのエネルギーは、言わば〝最高の技術的な叡智〟からのものだ。だから神の存在など必要ないと思っている科学者たちは、思っているほど分かっていないことになるね。

光は魂の構成要素、あるいはその成分だ。そして、スピリチュアルな霊的領域(ステーション)や肉体または霊的状態、および宇宙の居場所とは関係なく、それぞれの魂を特定するのはその光エネルギーの指向流(ストリーマー)だ。〝光の存在〟と呼ばれる魂たちは、それが霊性(スピリチュアリティ)と徳性となって現われている。けれども、〝闇〟と呼ばれる者たちでさえもわずかな光(スパーク)を持ち続けている。そうでなければ生きて行くことはできないだろう。いわゆる〝闇の勢力〟の力(フォース)は破壊的(ネガティブ)なエネルギーの付着で、それがそれらの光エネルギーの指向流(ストリーマー)を破断し、その結果かろうじて創造主につながっているわずかな光(スパーク)を除いて、すべての光を消してしまう。

光は精神に宿る。その感覚をあなたたちが愉快に感じるのは、何か楽しいことがあったりそれを思い出したりしているからだ。その感覚は魂から来ている光で、こころと繋がり、からだを通して流れ、嬉しい感情や〝あ、そうか!〟という直感をもたらすんだ。

光の受容は魂の領域であり、光の吸収はからだの領域だ。からだは光を細胞内に導き、DNAによって光を受け入れるようにプログラムされている。けれども、魂はその参入を拒むことができる。これがあるから、闇の勢力の頂点にいる者たちが、闇に傾いた自由意志の選択をする人々を操(あやつ)り人形にできるわけだ。彼らの魂は進んで光の参入を拒むので、それが細胞による吸収を妨げ、その結果魂のＤＮＡに悪影響を及ぼす。ＤＮＡはある魂の世代から次の世代へと受け継がれる知識情報なので、闇への傾向がそのＤＮＡにますます植え付けられ、結局その影響を受けた魂は彷徨(さまよ)える魂の状態に到る（原注『新しい時代への啓示』の〝迷える魂たち〟の章に、魂がどのようにこの状態になり、また創造主によって救済あるいは再吸収されるかの説明がある）。

スザン　あなたが光を送ることについて話したとき、ただ単に人を愛することで自動的にそうなるのだと私は解釈していたのだけれど、どうやらそれだけではなさそうね。もしそうなら、どうやったら人に光を送れるの？

マシュー　誰かに対する愛情がその人に光をもたらすというのは確かに本当だよ。ちょうどコインの両面のように愛と光は分けられないからね。光はそれと対等に結合している愛の、目に見える、あるいは外に現われた側面であり、愛は愛で独自の証拠をもっている。この均質化したエネルギーを光の部分と愛の部分に分離することはできない。そうだね、光は魂の〝構成要素〟で、愛は魂の〝能力〟だと言える。それらを分けることなどどうしてできるだろうか。それは大宇宙(コスモス)ほどのものをつくった創造主と魂のつながりを分けられないのと同じだ。

ただ、それ以上のことがあるかもしれないと思うのも間違いではないんだ。お母さんは、光を効果的に送るためにそのプロセスを理解する必要はないけれど、どのようなものか知りたいでしょう。

飼い犬が鼻をすり寄せてくるとか、お気に入りのシンフォニーを聴くとか、美しい花を見るとか、まるで自分の全存在が輝いているように感じるとき、どう反応するのか考えてみて。それが今起きていることだよ。ただ経験することによって、からだの細胞が吸収する光でいっぱいになっているんだ。その光を感じるために何もする必要はない。それを誘い出した原因も、何か特別な努力をしてその感情をつくったわけでもない。ただ、魂が光を受け入れるようになっているだけで、そうなるんだ。

光は原因と結果の関係とまったく同じように人から人へ伝わる。感情を伴った思いを誰かに向けることで始めたいと思うかもしれない。そうすると、瞬間的にその波動がその人と一緒になる。意図と強さをもった思考形態に伴ってエネルギーが流れ、送りたい〝エネルギーの宛先〟へ直接届くんだ。受け取る光の質と量は送るものとまったく同じだ。実際、受け取る人がこれを意識的に知ることはないけれど、受け取る人の魂はいつでも入って来るエネルギーには気づいている。

〝エネルギー・ヒーラー〟と呼ばれる人たちは、中立な宇宙のプールからエネルギーを引き入れ、それを自分の魂に流し込み、そこでその愛の部分と方向性が付着される。そしてそれを必要としている人に流し込む伝達媒体としてはたらく。その感情は完全に明瞭なので、〝宛先の誤り〟は起こりえない。

嫌な態度とか嫌な言行の人間だと思う人たちに光を送り、その人たちの行動に〝より明るい〟やり方（アプローチ）で影響を与えるようにすることが非常に大事なんだ。言葉や手紙でお願いしてもそれが彼らの良心に訴えるかどうかは分からない。その魂の層がそのメッセージが何度（なん）も何度（なん）も無視されると萎縮してしまうからだ。その人の〝全体〟としての魂に光を送ることで、初めてその人が本当に〝納得〟する助けになるんだ。

確かに、光を送られた人がそれを受け取らないほうを選ぶこともある。その一方で、癒しの愛のエネルギーをもつ光だけが人類のこころにある憎しみや暴力、抑圧、争いを消すことができるのも本当だ。同じやり方で報復しても決して解決しない。地球の歴史を見ればいい――この惑星の最初の戦争はすべて支配のための争いに終わり、そしてその結果、平和と調和と慈しみがもたらされただろうか？　戦争が約束するのはさらなる戦争そのものでしかなく、光がそのシナリオに入って来るまではなくならない。

考えや行為がどうしても闇の方向に傾いてしまう魂たちは自分自身で光を創造できないので、自己の動機と行動を高めたり他人のこころを慈愛に向けたりするような影響を与えることができない。そこで、愛をほかの場所でつくってあげて彼らに送らなければいけない。ほとんど〝愛の攻撃〟と言えるほどに大量に送られれば、そのエネルギーがあまりにも強力なので無視するわけにはいかなくなる。宇宙の最もパワーあるエネルギーとして、愛は創造そのものだ。光があるところには闇は絶対に存在できない。

存在するあらゆるものは、光と愛の絶え間ない流れから産まれるエネルギーが方向付けされ、受け入れられることで具現化され結びつけられる。そこには始まりも終わりもなく、ただそこにあるだけだ――それが、あるがまますべてであり、アイアム（I AM）とも全体性とも言われるものだ。そしてそれぞれの魂がその部分だ。その魂がそれぞれ光か闇を取り入れることができる。

それが、光を――あるいは愛と言ってもいい、どちらも同じものだから――あなたたちが邪悪なとか残酷なとか独裁的という人たちに送ることが絶対必要だと、なぜ僕がいつも言うのかという問題に引き戻すんだ。これはその人たちがすることを大目に見るとか、引き起こす苦しみに無関心であるということではないし、ましてやその行為をよしとするものでもない。ここで大切なのは、闇は光の敵でも反対でもなく、光がない状態であるのを理解することだ。そしてその空虚さを満たしてあげるのが闇を克服する唯一の方法だ。

闇の勢力たちにその魂に欠如しているものを送って、彼らの燃料を引き抜くんだ。彼らには創造できないもの――それが光だ。闇しか見えない現実にいる魂は、自分が創造主から見放されていると信じている。その魂は恐れでいっぱいだ。それで血眼（まなこ）になって自分から恐れをなくそうとして、いつも政治的権力と富という間違った神に向いてしまう。闇の魂は光の波動の中では生き残れないことを知っているから、光の存在がとても恐ろしい。もし光を受け入れ、その生命の中に吸収しさえすれば、〝元気に〟なれることに気づいていない。

だから、そのような存在たちに光を送ってあげてと僕たちは頼んでいるんだ。そして、誰も良いとか悪いと判断せずに、ただ思いやりをもって、彼らの行為に否定的（ネガティブ）な感情をもたないようにしてほしい。それはその存在たちにはまったく何（なん）の効果も与えないばかりか、かえってそのような感情を抱く人たち自身に悪影響を及ぼすからだ。

スザン　マシュー、このことは前にも言ったわね。恐ろしい苦しみをつくっている人たちの行為とその人たちに対する私の考えを分けて考えるなんてとても難しいわ。その人たちに光を送るなんてとてもできそうもない。どうしたらいいのか助けてくれる？

マシュー　お母さん、闇の中で行き止まり不安になっている人には、懐中電灯を照らしてその人が自信をもって安心して行ける道まで案内してあげるでしょう？　それらの魂たちは道に逸(はぐ)れてしまって恐くなり立ち往生しているんだ。彼らの行為で彼らを見るのではなく、あなたがこころからこうあってほしいことを思うんだ。優しさ、助けようというこころ、そして公正さと分かち合いを思うんだ。世界中の人々が調和と平和と愛の中に暮らすことを思い、その思いを闇の中にいるそれらの魂たちに送るんだ。

スザン　そうね、わかったわ、マシュー。私たちの存在が毎日の暮らしの中で光と愛をどうやって受けとめ、それをどう表わしてゆけるのか、分かりやすく説明してくれる？

マシュー　喜んでするよ、お母さん。光を受け入れることは、第三密度の限界を超えるスピリチュアルな成長をもたらす。これらの限界には、違いに対する偏見と嫌悪感や欲望からの行動、他人の選択を批判すること、怒りや復讐心、無慈悲で不正な行為、他人の支配とその自由意志の否定、こころでは神の意志に反することを知りながら教義(ドグマ)や命令に盲目的に従うことがある。そして世界に蔓延(はびこ)っている第三密度の限界の最大のものが恐れだ。

実際、僕がここに言った破壊的(ネガティブ)なエネルギーに縛られた感情と動機はすべて恐れから起こる。それを理解しなくても、個人的あるいは社会的な恐れを抱いたまま、それらの問題のワク内で方向を変えることでスピリチュアルな成長ができると論理的に考えるかもしれない。それも進歩であるにはちがいないが、とても思うほどにはいかない。霊的(スピリチュアル)な進化とは恐れのない生き方を学ぶことなのだ。それは宇宙で最大のパワーの力（フォース）である愛のパワーを完全に信頼して生きる学びだ。

〝愛〟という言葉はあまりにも当たり前に使われていて、〝アーティチョークを愛している〟とか〝あの映画を愛している〟というように、むやみに濫用されている。何が愛ではないのかをまず言っておこう。食べ物と娯楽は確かに喜びを与えてくれる。気分を高めてくれる楽しみの価値を下げるつもりは毛頭ないけれど、そのような束の間の感覚は愛とは違う。

他の人に肉体的に惹かれることも、結局関係を長いあいだ保つことの不安を抱えることになるので、それも愛ではない。愛は相手を支配することではなく、家族や友人を哀れんだり心配したりすることでもなく、仕事で成功することでも所有することでもない。

愛は名声や金銭的な富や他人の意見に左右されることはない。愛は信仰のための運動でも布教でもない。愛は、神秘的でスピリチュアルな教えやカルマ経験の意味、時間と空間とあなたたちが呼ぶ時空連続体（コンティニュウム）や宇宙の法則を理解することを必要としない。

では、愛とは何（なん）だろう？　最も端的な言葉で言えば、愛とは神が創造したあらゆるものと神自身が分かち合うことだ。愛は宇宙の癒す力（ヒーリング・フォース）だ。愛は魂の内にあって、他人を愛し、他人からの愛を受け取るときに自然に湧き出るそのような感覚をただ認めさえすればいいんだ。愛の能力に限界も境界線もない。

愛の表現は、親切さ、公平さ、正直さ、思いやり、助けになること、優しさをもって他人に接することだ。もし愛に〝成分〟があるとすれば、これらがその神性な成分が作用する表現だろう。

あなたたちと神と神の創造物すべてに分け隔てはないことを知ることが愛だ。地球が感覚ある意識をもった生命体であり、そこの生命体をすべて敬うことが愛だ。魂のレベルで他人を知ることは誰もできないことに気づくこと、したがって、人を判断せず、その不正と見なされる行為だけを問題にすること、それも愛だ。

人の内なる神性の声に耳を傾けることは愛だ。自己を愛するこころを育むような生き方を選ぶことは愛だ。それを他の人がしているのを見て喜ぶことは愛だ。他の人に喜びをもたらすことは愛だ。自己と他人を許すことは愛だ。こころから惜しみなく、持っているものを分かち合うことは愛だ。見返りを期待せずに良いことをすることは愛だ。

こころと気持ちに平和を感じることは愛だ。夕焼けを見、小鳥のさえずりを聴いて静かに感動することは愛だ。そして、微笑みは最もシンプルで最も輝いている愛の表現のひとつだ。

こうした状況やほかの多くの状況のいずれに遭遇しても、直感的に愛が作用していると分かるときは、あなたたちは神に対する愛、そして神の愛を顕現しているのだ。

お母さん、とりわけ驚くようなことは何も言っていないと思うよ。でも今の時期は、素晴らしいほどに愛に溢れているあなたたちの世界が闇によって影を投げかけられているようだから、導く光として何か参考になるものがあるのもいいと思う。

祈りのはたらき

二〇〇一年八月二十九日

スザン マシュー、秋分の日に集団瞑想（グループ・メディテーション）で中国にフォーカスして、同時に地球の保護と強化を手伝ってくれているETたちに感謝の意を表わすというのをどう思う？ このことについて何かアドバイスがあるかしら？

マシュー 望むところだよ、お母さん。その日だったらどのような感覚の力もかなり高められるね。ET（地球外生命体）たちに特別な感謝を示すにはとてもふさわしいよ。彼らの地球への愛と地球のためにしてくれていることが、あなたたちの惑星を救う助けになっているんだから。メディテーションでフォーカスしようということだけれど、確かに中国が個人やグループでの祈りによる光を非常に必要としているのは本当だ。でも、地球全体こそが強力な祈りを必要としている。非常に高いエネルギーの流れ（ストリーマー）が地球に向けて強烈に送られるというときに——だからこれは僕の提案だけれど——もっとはっきり忠告を言わさせてもらおう——地球のどのような地域も抜け落とさないようにすべきだ。

世界中に広がっている光をさらに拡大させる、簡単でしかも強力なメディテーションは、地球が宇宙の光で輝いている姿をビジョンすることだ。このような愛のこもった祈りに加わろうとこころを動かされる人たちは誰でも光の使者（ライトワーカー）だし、たぶんこの方法の効果をよく知っているだろう。

スザン　グループや個人で祈るときは特定な場所に焦点を当てない方が地球にとってはいいと言うの？

マシュー　お母さん、地球の特定な場所や状況や人間だけに光を強めて恩恵を与えるようにしたら、ほかのものに振り当てる時間がなくなってしまうよ。世界のわずか一立方インチ（注　一インチは二・五四センチ）でも、最も微小な植物や動物のひとつでさえも、光を送る価値がないものなどないんだ。グループメディテーションや祈りの会、あるいはそれが個人レベルであっても、祈りを集中させる効果の意味がよく理解されていないようだね。ある場所に向かって型通りのきちんとした集中をすることで、そこにいる人たちのこころや気持ちに入って特別な恩恵を与えるわけではないんだ。個人やグループの祈りで生み出された光は地球上に繋ぎ止められ、それを最も必要としているところへ行く。大勢で、たとえば〝中国のことを思って〟も、その集中された思いや感情によって生まれた光は中国だけに送られることはないし、しかもそこでは受けとめられないこともあるんだ。

スザン　送られた光を受け取れない場所もあると言うの？

マシュー　〝場所〟というのは地理的な区域とされているけれど、実際はそこを支配しているすべてのエネルギーが具現化したものなんだ。そのエネルギーの本質（エッセンス）はそこで相互に作用している生命体たちで、それぞれが送られた光を受け取ることも拒否することもできる。その〝場所〟にいる魂たちのほとんどが本当は光を受け取っているはずだけれど、どこでもそれが反映されているわけではない。なぜなら、少数だが非常に強力な魂たちが光を拒否して光のない闇の世界を継続させているために、全体としてはほとんど変化が起きていないからだ。

スザン　それなら、光は必要とされるところに行くのでしょう？　だったら、そのグループが秋分の日のメディテーションに中国を選んでも同じことではないの？

マシュー　宇宙の法則に従って、祈りの自由意志の選択は重要視されなければならない。だから、メディテーションによる光はすべて尊重される。けれども、**あるがままのものすべては**

バランスを求めるという宇宙法則によって、焦点を絞った祈りによる光は一時的にしか継続しない。どこかの特定な地域に向けられた光によって引き起こされることは、そこにいる生命体によってうまい具合に〝すべて使い切られて〟、恩恵と平和だけがもたらされるというものではない。そのような狭いエネルギー帯域幅では、惑星の波動を高められる光が本来のように効果的にははたらかないんだ。

何（なん）でもバランスが取れているものはより強いエネルギーの〝波及〟力があるので、何も集中しないメディテーションの方がより大きな効果をもたらす。僕がいつもバランスの大切さを強調しているのを知っているね。そして、あらゆるところに同等の光を送ることで、不均等なところに再配分する無駄を省ける。光は、神の愛が目に見える、操作できる、影響を与えるエネルギー形態として現わされたものだ。もちろん、エネルギー自体は中立だけれど、そのいわゆる〝指示〟は一人ひとりの人生のすべての思考と意図から来るものだ。光の瞑想的な使い方では、愛はあなたたちが話している通りだ。だから、ひとつにまとまった光や愛を一様にならす特権がどうして神にあるのか分かるだろう。

人々はよく場所や人を選んで祈ることで自分の信じていることを確認し、そして個人的な感情のニーズを表わす。けれども、その祈りの総合的な効果は、僕たちが光だと言っている神性な愛をどの魂が最も必要としているかをよく知っている神の範疇にある。そうでなければ、あなたたちの世界は今よりはるかに酷いものになっているだろう。

光を配分する公式は究極の目標であるバランスを反映していなければならない。その均質化あるいはバランスを取る平衡化という光の運動は、水が高所から低地に流れるように、そして最後には険しい山嶺や谷もすべて滑らかに押し流して至るところに豊かな大地を形成するように、つねに不変だ。もし地球のすべての魂たちからそのようなバランスで光が放たれていたら、豊かなエデンの楽園は今そこにあるだろう。

スザン　なるほどね。病気や怪我をした人が治るように大勢で祈るのはどうなのかしら——そのエネルギーもまた広く散らばって、その人にはその癒しに必要な分だけが行って、残りは他の人たちに行くの?

マシュー　これは魂が生前にした寿命に関する合意事項が関係している。その人の選んだ肉体生の寿命はすでに終わっているかもしれないけれど、彼の癒しを祈って膨大な量のエネルギーを向けている人々はそれを知らない。それで、彼の死を祈りが報われなかったとか祈りが足りずに救えなかったというように捉える。もしその人の肉体生がすぐ終わることになっていなければ、祈りを集中させることで癒しを実際に起こすことができる。もしからだの衰弱や、消耗による痛みの人生がその人の合意事項になかったのなら、そのような症状を和らげるように大量のエネルギーを送ることも効果があるんだ。

それと同じ状況にあって、その苦しんでいる人がもう決してよくはならないだろうという恐れに打ち負かされることがなければ、ひとりで祈ることでも癒しは可能だ。恐れは彼がいつも不安に思っていることをさらに増大させるだろう——だからその通りになってしまうんだ。

これはすべて、いろいろな医療分野で治療を受けている患者たちに等しく当てはまることだ。治療する側の人間は実りある成果や患者の死を避けることに多大な責任感を抱くのだが、そのような期待した結果が得られなかった場合、失敗したと感じるだろう。確かに不注意や怠慢やまったくの失敗もあるだろうが、適切な手当てがあったとしても患者がそれに対して積極的に応じることができない場合は治療家の力の範囲を越えていることもある。

大勢の祈りによって可能になるエネルギーの分散についてのあなたの質問に答えると、個人の癒しに必要でない分はさざ波のように外に流れ出て平らなパターンになり、受け入れる準備がある他の人たちの魂の光レベルを高める。それは本当だけれど、僕が言ったように、それで癒しが起きるかどうかは、その人の魂レベルの合意の問題だ。

他の人の魂の合意を誰も知ることはできないから、健康や肉体生の寿命に何か特定な結果を祈る代わりに、その人にとって――あるいは自分自身の――〝最善となること〟を祈る方がいい。その上、そのような熱情や絶望に駆られた祈りは、そこから生まれるエネルギーがバランスをとって流れずに切断されているので、役に立たない。均一に流れる愛情のこもった思いで、その人にとって最もよかれと思うことを祈ることが最も効果的なやり方だ。

スザン　ＯＫ、ありがとう。グループメディテーションに戻るけれど――もし一〇〇人で同じ祈りに集中したら、ひとりの祈りの一〇〇倍効果があると言えるの？

マシュー　宇宙の数学がここではたらくんだよ、お母さん。その一〇〇人からの発せられた光は一緒に交わり指数関数的に最高の効力に高められるので、結果としてその波及効果によってひとりの場合にくらべてほとんど計り知れないほどの効力になる。単独の祈りの思いがたくさんの総合された祈りよりも叶（かな）いにくいというわけではないけれど、宇宙の指数関数的な成長の法則とバランス運動がはたらいているとなれば、その違いは桁違いだ。広範囲ではなく、たとえ集中した祈りでも、祈りが込められた思いと感情が地球へもたらす恩恵はいくら高く評価してもし過ぎることはない。

ここで祈りとは本当は何か明確にしておこう。それは大勢の人たちと何か決まった願いを唱えることではないし、ひとりで願うときも特別なやり方でしなければならないとか跪（ひざまず）いていなければならないというものでもない。祈りとは、瞬間瞬間の、どんなところや状況にあっても、その人のこころや気持ちにあることだ。祈りはあなたたちの暮らしそのものなんだよ。

あなたたちの祈りの概念では、祈りとは何か良いことが自分や他人に起こるように願うためだけのものだね。けれども、宇宙の法則の中では、あらゆる人生のどの瞬間も祈りなんだ。なぜなら、次の来るべき転生世界での自己評価のための基礎となるあらゆる思考、感情、動機、行動を宇宙が記録するためには一瞬たりとも除外できないからだ。そして、それにはあなたたちが〝とんでもない〟ことをやっていると思っている人たちもすべて含まれる。

あなたたちは、「何を祈るのか気をつけなさい。そうなってしまうからね」と言うけれど、本当にそうなるんだよ!

スザン　なるほどね。マシュー、ニルヴァーナの住人たちが特別なメディテーションサービスに参加することをどう思う?　それとも、メディテーションはそこの暮らしの一部ではないの?

マシュー　ニルヴァーナは絶え間なくメディテーションがつづくところなんだよ、お母さん。そこには何十万(なん)というモニター係がいて、地球のすべての出来事をつねにこの領域全体に知らせるようにしている。そして、それらを通して、僕たちは祈りが必要な多くの地域を知ることができるんだ。けれども、前に説明したように、祈りのエネルギーは地球上に広がった方が地域の一点に集約するよりもメリットがあるという理由から、僕たちは光を特定の場所に向けて送ることはしない。

とにかく、それはとても素晴らしいアイデアだ。僕が今言ったことを基に考えれば、それは〝既に解決したこと〟だとも言える。実のところ、あなたの考えだけでも、それは僕たちの掲示板に載るんだよ。そうなんだ、僕たちにも掲示板がある。もっとも地球にあるようなものとはちょっと違うけれどね。

僕たちの継続的な祈りの状態について今説明したほかに、ここから全体で参加するというのはまずありえないと言わなければいけない。ニルヴァーナの全員を、たとえ一瞬でも何かに集中させようとするのは、シカゴ全市民に同時にまったく同じ考えをもたせるのと同じくらいありえない話だ。僕たちの人口は地球の肉体生から転移して到着する人たちや他の出入りする人たちで、ナノセカンド（十億分の一秒）で変化しているんだ。

高い位の魂たちが教えにやって来るし、彼らから学ぶためにここに来る魂たちもいる。僕たちの人口変化はこの点だけでもいつもそんな具合だから、ニルヴァーナには回転ドアがあると言ってもいいくらいだ。それから、この瞬間にも地球や他の領域の家族を訪ねたり、地球や他の世界に転生したり、あるいははるかかなたの故郷に戻ってもう一度通常の生活をするために離れる何百万の魂たちがある。他の文明社会での非常に困難な転生を終えた魂たちの中には、特にここのインスピレーション豊かな雰囲気の中で休むためにやって来るものもいる。多くの魂たちはただただ観光客としてやって来るんだ。この聖域は銀河系のこの領域では最も美しいところだからね――僕もいろいろ旅するけれど、この銀河系全体でも最も美しいと言える。

最初の二冊を読んだこともなく、その内容も知らない人には、雲の上でハープを弾いている宗教的イメージしかないここが、そんなに賑わった喧噪の中にあるなんて想像もつかないだろうね。〝刺激的な生き方〟とは本当はどんなものか、ここに来て初めて分かるよ。

リアリティ

二〇〇一年四月二十三日

スザン　じゃあ、マシュー、地球に向けて送られている光が本当に闇の勢力の影響を弱めているという証拠がどこにあるの？　これは識別力の問題だとは思えないわ。光が強さを増しているのが本当かどうか――どうもそう思えないの。だってまだこんなに苦しみが世界中にあるでしょう?

マシュー　お母さん、光がそのはたらきを増している証拠が実際にあるんだ。最初に「現実（リアリティ）」について話をしよう。宇宙の普遍的な意味で、それはスピリチュアルな明晰さと科学的原則が調和して共存していることだ。実体と見えるものが実体ではなく、リアリティと見えるものがリアリティではない。光で満ちあふれた魂すべての中にあるもの――愛、喜び、信頼、価値あるもの、尊敬――は実体のあるものだ。そしてリアリティはあらゆる創造物の永遠なる不可分性について魂が知っていることだ。

さらに第三密度でのリアリティの理解について言えば、人はそれを現実（リアリティ）として意識の中に受け入れてしまうことだ。もし誰かが何かについて何（なん）の知識もなければ、彼にとってそれはまったくリアリティをもたない。もし彼が知識をもっていても、それを信じていなければ、それもリアリティにはならない。反対に、ある人が何かを恐れていて、それが自分の恐れ以外には存在しない場合でも、その人にとってその恐れの対象や状況はリアリティそのものだ。

この意味で、光が闇を弱めていることについて言えば、この真理を信じる人たちにはそれはリアリティだ。一方、そのことを聞いたことがあるけれどその信憑性（しんぴょう）を否定する人たちにはそうならない。ほとんどの人たちにとっては、これが今起きていることを知らないわけだから、そこには何のリアリティもない。あなたは言われたこと、つまり光が地球全体に広がりつつあることを信じている。だからそれはあなたのリアリティだ――あなたは今でも闇が蔓延って苦しみがなくならない理由がただ理解できないだけだ。〝類は友を呼ぶ〟という宇宙の法則が今作用している。光の一群が別の光の一群に出会い、それらが一緒になってさらに揺るぎない光を送っている。闇の集合もまったく同じことをしているけれど、光ほどパワーがない。どの魂にもある新しい光のきらめきはすべてその光の影響力を増しているし、闇のパワーを弱めている。光が圧倒的な量で持続されるようになれば、自然の法則で闇は減少し、やがて消滅する。そのときには地球が光だけでいっぱいだというリアリティが誰の目にも明らかになるだろう。それまでは相反する勢力のあいだの衝突が起こる。だからあなたたちのリアリティではそれらがつづくことになるだろう。

スザン　マシュー、戦争や飢餓、抑圧といったことやそれによる苦しみがリアリティになるのは、私たちがそれらの存在を信じているからだと言うの？　それらがなくなるように光を集中させることでよくすることはできないの？

マシュー　愛するお母さん、そうだよ、光を当てることが肝心だ。でも、あなたは〝できないこと〟を望んでいるんだ。存在を否定することであらゆる苦しみが止められるだろうってね。

これはリアリティの具現化を単純にしすぎている。あなたたちの世界人口の一部は——たとえば奥深いジャングルに住んでいる部族たち——そういったことが苦しみをもたらしていることなどまったく知らないから、彼らにとってそれはリアリティではありえない。だからといって他の世界のそうした認識に影響を与えはしない。そして、もしそれらの状況に直接影響を受けない人たち全員がそれらの存在認識をすべて消すことができたとしても、直接影響を受けている人たちにそんなことができないのは確かだ。

スザン　それなら、そのような状況を変えるためには、ポジティブな新しいリアリティを創造することが必要なのね？　もしそうなら、実際に私たちはどうやったらいいの？

マシュー　具現化のプロセスの基本は、こころに描くことができるもの、あるいは想像できるものならすべて創造できることだ。最初に、あなたたちがほしい概念やアイデアが、それを思うことで創造される。こころのエネルギーがその概念(コンセプト)に向けて充分な量になると、同じように考える多くの人たちによってそれは命を、すなわちリアリティを与えられる。これは、あなたたちが良いものを考えても、悪いものを考えても、同等に具現化される。

でもね、お母さん、このプロセスを理解したからってお母さんが願っていること——あらゆる苦しみを今終わらせることが叶(かな)うわけではないよ。これはお母さんがあらゆる人々のためを思って感じていることだけれど、カルマの影響とそれに伴って自然な経過をたどるためのバランスの必要性、そしてこのすべてにある自由意志の要素、あるいは運動しているエネルギーは途中で止められないことを考慮しなければならないんだ。だからといってあらゆる魂の光がこの苦しみを終わらせるように平和と調和に向けて発せられることが切実に求められていないということでもない。

最初から光の中に、ある概念に向かって創造的なエネルギーを向けることの価値をどれだけ誇張してもし過ぎることはない。ある人々がお互いをお互いに思いやる黄金の夜明けに輝く世界、その恩恵があまねく平等に与えられる世界、あらゆる人々の健康と豊かさのある世界を想像して——こころに描いて——ごらん。地球がかつてあったパラダイスに再生する地球を想像してごらん。それをリアリティにするんだ。

憎しみやどん欲、恐怖、病気と不安を創造するより、美と調和を創造するほうが簡単だ。始まりから、愛と光だけでオタマジャクシから星まであらゆるものの材料を創造してきた。これらを歪めて闇の創造物をつくるためには、人は、神との聖なる定めの中で共同創造したいという魂レベルの願望を意識的に押し曲げなければならない。それを防ぐ手段は、あなたたちの内なる声である良心だ。それに耳を傾け注意を向けることが、私たちが誰か、そして私たちの起源を思い出すという目的地への旅だ。それが光の素晴らしい約束だよ。

これ以外に方法はない。宇宙のエネルギー配列の法則とポジティブとネガティブな力の対立を変えることは不可能だ。僕たちはひとり、あるいは十億人に神の慈悲を請うことはできるけれど、結局は発動されている宇宙の法則が、この全地球のシナリオの中で最後まで展開されなければならない。どの強さの力もすべて光と一緒になるか、または光に抵抗する方向に向けられる。これはこの宇宙の基本的法則だ。リアリティの頂点なんだ。

スザン　マシュー、すべて感情のない、まるであらゆることが人間味の欠けた、そして宇宙の法則と光のエネルギー力(フォース)以外は何も重要ではないように聞こえるわ。

マシュー　そうだったら僕の説明は大きな誤解を生むことになるよ、お母さん。光は完全なる愛だ。それは神のエッセンスがあらゆる魂の成分を含む、目に見えて間接的なかたちとして現わされたものだ。それは完全に人間味溢れるものだよ。

地球のアセンション

二〇〇一年八月十日

スザン　次の二つの質問はアセンション・プロセスについてのものよ。この惑星が第四密度次元にアセンションする前に地球人口の何パーセントが光を得た状態になっていないといけないの？

マシュー　第四密度にアセンションするのに、地球人口の何パーセントが必要だということはないんだ――それに地球は今もうそうなっている。もちろん、ネガティビティを離れて光に合流する魂はすべて地球と旅をともにすることになるけれど、地球自身が上昇できる前に、そこで何か決まった数とかパーセントの魂があるレベルまでの徳性とかスピリチュアルな明晰さに達していなければならないなんてことはない。

あらゆる人類とほかの意識ある生命体との総合体であると同時に、地球は彼女自身の魂と意識をもっている。生命体がこの惑星にもたらされるはるか以前に、彼女は自己のエッセンスそのものだった。そしてほかのすべての魂と同様に、地球自身の魂は神聖だ。彼女の自由意志も同様に誰も侵すことはできない。彼女はより軽く高い密度に上昇することを選んだ。もうひとつの選択は、途方もない被害を肉体的そして精神的に彼女に与えたあらゆるものから生じたネガティビティ（破壊エネルギー）によってもたらされた徹底的な破壊で死ぬことだったんだ。一緒に行くのが誰であろうと、全員であろうとなかろうと、地球はすでに向かっているんだ。

スザン　わかったわ。次の質問はその反対だわ。地球の第四密度へのアセンションがほとんど完了していて、これから第五密度への急速な移行があるだろうということを読んだある人が、それはあなたが示したよりもずっと先のことではないかと言っているの――彼女はあなたがそのことについて何(なん)と言うか知りたがっているわ。

マシュー　僕に言わせれば、その人は現実的(リアリスティック)というより楽観的(オプティミスティック)だね。もし地球が第四密度にほぼ完全に入っているのなら、今あるような辛い苦しみは起きていないだろう。第四密度へのアセンション完了直前の時点でも、闇の勢力の仕業がまだいくらか残っていて、さらに浄化が必要になるだろう。今でもその両方の状況があるようでは、スピリチュアルな進化レベルに達していることなどほとんどありえない。

スザン　その方がより筋が通っているわね。マシュー、あなたは光の勢力が進展しているといつも言っているけれど、私には世界はますます狂ってきて、ちっともよくなっていないように見えるわ。どうして？

マシュー　お母さん、自由意志が支配するからなんだ。要するに、バランスを取る作用が今進行中だ。感情を増幅させ、時間をますます早く感じさせている光エネルギー運動の加速が、それぞれの魂の最良のものと最悪のものとを表(おもて)に引き出している。そこで何よりも目立つのが最悪のものだからね。

重大なときだよ。誰もがその人生のあらゆる選択の責任を負うときだ。選んだカルマ経験を成就するとき、光を受け入れるか拒否するか、そして後者を選んだ成り行きを受け入れるかどうかを決めるときだ。どの魂も地球とともにより高い光の波動へ進むか、あるいは意識の始まりのときに戻ってやり直すか決めなければならない。しかし、個々の選択に関係なく、地球のアセンションを可能にする光は着々とその強度を増している。あなたたちが闇の勢力の仕業の証拠をますます目にしているのはそういうわけだ――強まる光がそれを明らかにしているのだ――そして、この惑星のアセンションが完了する前に、さらに多くの闇の謀略が〝光のもとに曝される〟だろう。

もちろん、これを僕たちのように見ることはあなたたちには難しい。あらゆる〝狂気〟が起きている地球にいるのだから。僕たちには光の勢力たちの進展ぶりを手に取るように見ることができる。彼らが着実に前進していることは確かだと言える。お母さん、もし僕にこれだけ覚えておけば充分というほどの、深遠で、包括的で、気持ちを高めさせ、持久的で、こころに響くひとつの考えをほしいと言うのなら、この言葉だ。**汝**(なんじ)**の神性を知りなさい。**

タイムライン

二〇〇二年一月七日

マシュー　スピリチュアルな進化に急成長する者たち、光をちょっと少なめに少し後で受け入れる者たち、そして光を頑固に拒否する者たち、と魂たちをそのように分類できると考えている人たちがいることは知っているよ。同時に起きていることが大勢の魂たちに同じ影響を与えていると考えるのは間違っている。たとえあらゆる魂のエネルギー指向流（ストリーマー）が光の中にあって、魂の肉体が宇宙の加速されている流れで動いていても、それぞれ個人の意識はそれに先立つすべての経験に照らし合わせて最も新しい経験を認識するだろう。それぞれの魂にとって同じ出来事が違って見えるように、タイムライン――ある決まった時間枠内での経験――も同じだ。

地球の人口には国勢調査員たちが数えられるものより数十億多い魂たちが存在している。それらは二人として同じ者はいない。その圧倒的大多数はまだ第三密度の霊的（スピリチュアル）と知的レベルにあるけれど、第七密度にまで進化している少数の肉体を持った魂たちがいる。そして他にもその中間の密度にいる者たちがいる。それぞれの魂は個々のエネルギーに応じた地点に到達している。さらに重要なことを言えば、それぞれの魂は次の学びのステップの場が宇宙のどこに提供されても、その存在のあらゆる面で成長し、あるいは退行することをつづけるだろう。次の転生で成長するか退行するかは、個々の魂がより高い波動領域を選ぶか、より低いエネルギーレベルに自己を委ねるかによる。そしてどちらの場合でも、次の経験はこの転生での自由意志による選択に従ったものになる。

時間とはそれぞれ、その瞬間に起きていることを過去に起きたすべてのこととこれから起こるであろうことに照らし合わせることとされているけれど、それだけでなく、線形的(リニアル)な規定以外でも時間を認識している。赤ちゃんの誕生を心待ちにしている女性にとっての月日は永遠にも思えるだろう。その一方で、誕生以後のその同じ暦の期間は、赤ちゃんの急速な変化に喜び驚かされることで満たされ、月日は飛ぶように感じるだろう。時間枠では、そのどちらの経験期間も同一だけれど、お母さんの目にはまったく違う。彼女の感じているものが彼女のリアリティだ。

この宇宙のどこにでも、またどのようなかたちであれ経験する魂たちがいるように、それと同じ数だけ多くの個々のリアリティ――あるいはタイムライン――がある。その数は無数だと言えるだろう。雪片のように、それぞれがみずからの完全なる価値をもち、二つとして同じものはない。〝大勢のリアリティ〟などないように、〝大勢で通過するタイムライン〟などもない。

これはすべてあなたたちのためになることだと知るべきなんだ。大枠の条件でタイムラインをセットしたとしても、それは正確に確定できないものをどうにか規定しようとするようなものだ。すでにサイコロが振られた運命などないし、一生の旅を形づくる魂の性格や態度、決断、活動のどれでもそれが変化する可能性には限度がない。つまり、いつでも向上する、あるいは堕落する〝余裕〟があるということだ。

物差し、あるいは節目というものがあって、月日が経つにつれ、明白になるだろう。そうして本当に無数のタイムラインが魂の探求者たちにとってより理解しやすくなるだろう。主として同じ可能性の場を持っている魂たちが一緒に揃っていることはすでに明白で、これからますますそうなるだろう。

地球上の誰もが時空連続体の中での〝未来〟や〝過去〟を一分間たりとも想像だにできないのも無理はない。なぜなら、そこ（地球）ではまだ第三密度が主に支配的であり、この気づきを妨害しているからだ。自己発見の旅を経験している人たちがいる第四密度の中でさえ、これをなんとか知的に理解しようという強い気持ちがあるけれど、これを完全に吸収するだけの能力がそこにはまだない。それは今のあなたたちに期待されていることではないんだ。

それは、人間の脳がその能力を抑えられている地球の第三密度のようではない、より波動の高い光の中で暮らすことと、さらに高い世界があるにちがいないという信念をもつこととの違いだ。知っていることを超えるものを理解しようとする探求心は、その〝超える〟ものが存在すること、そして地球の密度があなたたちに負わせている現在の制限など存在しないという最良の証拠だ。

これらの制限は、僕が今話している最中にも減少している。ラザラスと彼のエンジニアたちは、闇の勢力による妨害を受けずに他の存在たちがその光を地球に送れるように宇宙の道を開いてくれている。ラザラスの部隊は卑劣なエネルギーによる妨害活動を、このレベルで、またこの惑星浄化期間中に必要であればどのような高いレベルでも阻止する技術をもっている。他の宇宙文明人たちがそれぞれの得意な技術分野で貢献しており、また無数の場所からも地球を救済するための光を送っている。

もちろん魂はその光を受け入れることも拒否することもできるけれど、地球はそれ自身ひとつの魂としてすでに光を選択している。数千年間にわたって累積したネガティビティから自由になるために必要な光を持続的に受けたいと助けを願う地球の祈りに、惑星地球に最初の定住以来地球人類とのつながりをもつ宇宙文明人たちが応えている。そして他の宇宙文明人たちも同様なんだ。

その浄化プロセスは物質が三つのタイムラインに絞られるアセンションと別物ではない。そしてそのタイムラインはそれぞれお互いに分離しているわけでもない。他のものから分離しているものなど存在しない。あらゆる原因と結果が両方一緒に創造され、意識の頂点で経験される。その意識をつくるのはそれぞれの魂の経験だ。ちょうど雪片のひとつひとつがつくられ漂うのが雪が降ることの一部分であるようにね。

お母さん、僕が前に言ったように、家族の者たちが同時に死んでも、それぞれの魂の記録されているエネルギー登録地点に着くので、一緒に移行できるわけじゃない。同じ宇宙法則がここにもはたらく。魂はそれぞれ永久に独立し、ただひとつのもので、神聖だ。同時に、ほかのすべての魂たちとすべての創造物から分け隔てられない。計り知れない数のタイムラインがあるのはそのためなんだ——神と創造主に戻る旅の途中にある数えきれない魂のひとつひとつにあるんだ。

恐れないこと

二〇〇二年八月二十八日

マシュー　お母さん、インターネット上を飛び交っているあの〝終末論〟の手紙について、まず僕は、〝恐れないで〟と言う。九月七日に巨大地震が来て何十億の命が失われるというあの恐ろしい予言は起きないよ。差し迫った出来事を世界に警告しようとしている人が言っているこの〝神からのメッセージ〟って、終末論者たちによって何世紀にもわたって避けようがないと考えられているのと同じ世界滅亡論ではないの？　そうなんだよ。闇の勢力がこのアイデアを考えついたのは余りにも昔のことなので、今の地球の歴史ではそれがいつ最初に体系的な信仰にまでなったのか記録がないほどだ。この考えを無力化するのは、はるか昔の起源じゃない。実際にそうしたことを運命づけている闇の者たちのこころにあるのが原因そのものだ。

地球が生き残れないほど深刻な惑星破壊の日を明らかにすることは、何でも他のものを具現化することと少しも変わらない――単に持続させられた信仰と意図の問題であり、それが出来事をもたらすのだ。これは魂の顕現する能力が神と共同創造してはたらいているということだ。

それが自由意志と密接につながっている創造主の法則を実行する。

これは、ひとりで意識を集中させる場合も、何十億人でやる場合も同じだ。後者の場合は〝集団意識〟という言葉が当てはまる。その言葉は〝アセンション〟に使われるので、僕はあまり使いたくない。そのアセンションも、あたかも肉体が地球から天国へ上昇するかのように、しばしば誤用されているもうひとつの言葉だ。宇宙のより軽い密度へ移動すること、こころと精神を、地球に天国をもたらすことができる愛の光の中に開くことによってなされるのがアセンションだ。

〝集団意識〟というものを、光を地球の上と内部と全体に繋ぎ止めることを選んでいる地球の大多数のエネルギー相互反応のことだと理解してもらいたいんだ。ある特定の数とかパーセントの魂たちが意識の上で同じ信仰や関心を共有することとは違う。集団意識の別の解釈に対する前提条件だが、実際に作用している物理現象を正しく理解してはいない。

この〝避けられない終末論〟については二つの重要な考慮すべき点がある。第一に、もしこの考えが世界中に広まって人々の思考力の半数以上を——魂ではなく思考力の半数以上を——地球は本当に救いようもなく終末を迎えるという揺るぎない信念の型にはめることになったときだけ、起こりうることだ。注意してもらいたいのは、起こるで〝あろう〟ではなく、起こり

〝うる〟ということだよ。これがその最も重要な二つ目の問題に関わる。

たとえ終末論に対するそれほどの信念が喚起されたとしても、〝破滅〟は地球に具現化されたエネルギーだけにしか影響を与えない。肉体的な生命だけが危機に瀕するわけだけれど、あなたたちの現在の信仰体系ではいずれにしても短い寿命ということになっているので、誰にもある永遠の生命を勝手に同時に終わらせるというのは、考えてみれば分かるように、実際ばかばかしい話だ。ざっと一挙にだって？――スピリチュアルな気づきと知的進歩、そして魂の進化の段階をまったく無視しているでしょう。それに神と創造主の計画は言うまでもない。それは違うでしょう。だから、〝終末論〟とはひとつのアイデア、概念、話の種であり、それを言い始めた仲間たちの範囲をはるかに越えて話題にされてきたありもしない出来事なんだ。それなのに何を恐れるべきなのだろう？　そのような恐ろしく聞こえるシナリオを実際に創造するには、信念や感情、意図するエネルギーの方向に何(なん)の大きな対立もなしに集中する精神力が必要だ。そしてそこに終末論の考えの破滅的運命がある。

実際、それにはたくさんの不信や意見の相違、反対がある。地球上にしっかりと繋ぎ止められているあり余るほどの光が、終末論が出て来た闇とは完全に正反対のエネルギーになっているからね。そしてこの終末論の嘘がどこから、どうして出て来たのかについては大勢の人々が魂レベルで知っていて、意識の上でも気づいている。終末論の嘘は、とりわけ恐れをつくり出そうという闇の勢力から来たものだ。今何よりも重要なのは、闇の存在たちが個人や国家や世界全体に対する究極の兵器として恐れをどのように使っているのかを明確に理解することだ。恐れという概念は、それが何であれ、意識が取り込まれている状態であって、あなたたちはまったく本当のことだと考えて恐れる。

恐ろしい状況についての単なる考えだけの情報がまじめな人たちの善意から避けられない結果として伝えられると、その人たちは純真に心配してそうしているのかもしれないけれど、そうやってつくられた恐怖はまるで闇の勢力自身が宣告したように悪質な伝染力をもつようになる。そして起こることはこうだ――

恐れのエネルギーは恐れの対象あるいは状況と光のエネルギーとのあいだに障壁をつくる。そのために、恐れでいっぱいになった人々の魂の意識が光にまで到達できずに、彼らの生命を支配している恐れのパワーを排除できなくなる。そして、光の使者たちによって送られた光が届かない。バリアはまるで本物の壁のように感じられるために、その人を恐怖で孤立させ逃れられなくするんだ。この光エネルギーの遮断によって、恐れているもののパワーがすべて強化されるので、さらにより多くの恐れを引き込むことになる。

恐れは強力な伝染力をもって人から人へと広がる。そして、そのパワーが増して行くために、恐れの感覚のエネルギー流がネバネバした先端を持つようになり、エネルギー相互反応を引き起こして常識やまともな判断、そして賢明な決定を阻害してしまう。恐れの感覚は非常に陰湿なために、そこから逃れ出る道はさらに闇に向かう出口しかないと人に信じ込ませてしまう。恐れは、偏見、専横、どん欲、残虐性、闘争心、欺き、軽蔑、憎悪とみなされるような行動や性格の元凶だ。そして罪のない人たちへの非人道的としか言いようのない意味のない虐待や死は、恐れから歪められ傷つけられた精神のためにもたらされる。

光には、愛と宇宙の叡智とスピリチュアルな明晰性が宿っているけれど、それらの魂まで届かないために、彼らを脅かそうと闇のパワーが思いつくどのようなものよりも彼らのスピリチュアルなパワーの方がはるかに強いということを知らせることができない。光より強いものはない。それはあらゆる魂への神の愛とパワーの贈り物だ。

闇の勢力には光を創造し捕捉する能力がないから、光と共存することもできない。彼らにできることは恐れをつくってそれを使って魂たちを虜にしようとすることだけだ。恐れのエネルギーが増大すると、思考形態が宇宙のスープから産まれるように人々に引き寄せられる。そうなると、自然の法則の力によってその恐ろしい考えが現実のものになり、ずっとあると思っている通りのかたちになって現われる。すると実際に恐ろしいことが起こるんだ――恐れそのものがつくったものだ。この悪質な循環によって、人々は闇の勢力の虜にされてしまう。彼らのよりどころは至って単純だ。人々に〝光を見る〟ことをさせないだけのことだ。なぜなら、その光が恐れよと言われていることが概念にすぎないことを暴露してしまうからだ。恐れでいっぱいになっている概念がつくるリアリティを信じることがそれをつくるんだよ。文字通り〝光を見る〟ことで、闇の勢力の嘘と窮余の策の構造が露にされ、人々の気づきを抑え込んでいる彼らの支配が解かれる。自分たちの存続が危ぶまれることを恐れるあまり、これらの闇の勢力は地球にいる闇に傾倒した人間たちの支配を最後のあがきで維持しようと、彼らの主張の嘘がどのように見え見えで大胆でもお構いなく、どのような手段によっても恐れをつくろうとしている。

それは、誘拐から子どもによる殺人、世界規模で蔓延しているどん欲さと腐敗、絶望的な世界、各国による核先制攻撃戦争の抑制論議まで、あなたたちが悪と呼ぶあらゆることに現われている。これらが溢れているのは、闇の勢力の衰退が始まっているからだということを知りなさい。愛に根ざすことなく、相変わらず人々に悪影響を与えることを選んでいるこれらの勢力は、もうこれ以上あなたたちの惑星で大混乱と絶望をもたらすことはなくなるだろう。

光は地球自身が選んだ行程に合わせてその量とパワーを増している。闇の中を歩きつづける人たちの肉体は、光の中に入れられるとクリスタルがある振動数で粉々になるように造作なく破壊されるだろう。この人たちの魂は、その一生での自由意志の選択で決定されたエネルギー記録に相当する密度領域に移行されるだろう。

いや、お母さん。地球が新しく美と平和の世界に変わるんだと約束したとしても、これらの魂たちが納得して光を受け入れ、その空虚さを愛で満たすかどうかは分からない。僕らは彼らがそう望むことを祈るよ。でも、僕たちには彼らが自由意志で選ぶ道まで左右することはできない。それに、彼らが光にしたがう次のチャンスを肉体かそれとも霊体だけで経験するのか僕には分からないし、どこに行くのかも分からないんだ。なぜなら宇宙全体のこのまたとない時期にその闇の魂たちはここには来られないからだ。この宇宙には生命がまったくの原始形態から始まり、光の指導に従って進化する再教育のための領域がある。〝我が父の家には多くの部屋がある〟（訳注　ヨハネの福音書 十四章二節）とは、宇宙には多種多様な生命環境が用意されていて、あらゆる魂の進化レベルに応じられるようになっているという意味だ。

ちょっと具現化プロセスである意志の影響力の話に戻るね。世界が破滅して終わるという予言を忘れて、地球からすべての苦しみがなくなり、暴力、腐敗、欺瞞、不正、病気、飢餓、暴虐がなくなるんだと思おう。戦争、殺人、テロそして肉体、大地、希望の破壊が終わるんだと思おう。

それらのすべてに代わるもの――世界中の愛、平和、公正さ、良識、分かち合い――に焦点を合わせることが、もうすでに長いこと進んでいることだけれど、あなたたちの惑星をもう一度パラダイスの星に甦らせるすごい効果を与えられる。あなたたちのもっと多くの人が認めていたら、それはもっと早く進んでいたことだろう。もし前にできなかったのなら、今こそあなたたちの光をそれに加えるんだ。

この苦しみが終わったときに、かつて地球に存在した真のエデンの園への回帰があるだろう。あらゆる生命体と動植物、そしてこれはまだ知られていないけれど、地球の保護と持続に欠かせないはたらきをしてくれているデヴァ神（デービック）王国とのあいだには、平和と調和と敬うこころが生まれるだろう。だから、世界が終わるからといって救いの祈りを捧げることなどやめよう。すべての魂の内に宇宙との一体感(ワンネス)と神性があることを新たに気づかせる高らかな呼びかけを聴こう！

宇宙の平和

二〇〇二年二月六日

スザン　マシュー、おはよう。宇宙の平和をめざす運動をしている責任者が、彼らのオープニングのプレゼンテーションにあなたからのメッセージをほしいと言っているの。宇宙に平和をつくろうというこの活動を知っている？

マシュー　おはよう、お母さん。本当はね、この活動のことはこの宇宙領域ではよく知られているんだ。そもそもこの自発的なアイデアのインスピレーションはここでつくられたもので、それがこの神に祝福された霊的（スピリチュアル）な活動に関わっている人たちに伝わったんだ。歴史上かつてない強力な大量破壊兵器による宇宙戦争の恐怖を払いのけることは、あなたたちの惑星を救う仕事の中でも最優先のことだよ。恐れは、気持ちをフォーカスすることでどのような対象としても現われるけれど、やはり地球では死への恐れが最も支配的だ。そして戦争は死をもたらす最大の原因のひとつだ。戦争では、死は目に見えない方法でやって来るので防ぎようがない。そして地球での最後を見届けてくれる愛する人がそばにいることはまずない。戦争は家で帰りを待つ家族たちのこころに、多分愛する人は決して帰らないだろう、慰みも別れもなしに死んでしまうのだろうという恐れをかき立てる。戦闘をしている兵士たちやその周囲にいる人たちが自己の肉体死を予想するだけでなく、愛する人を失うことへの不安が恐れをさらに増すことになる。だから、大量殺人あるいはそれ以上の惨劇をもたらすかもしれない比類のない能力をもつ宇宙兵器の場合は、あなたたちが仲間たちを失って生き残ってしまうことを恐れるんだ。

恐れのエネルギーは光が魂に入るのを邪魔するので、地球に恐れをつくることが闇の勢力の最大目的になっているんだ。これには戦争も含まれるけれどそれ以上のものもある。その究極の目的は地球を守るための宇宙の兄弟たちの光を結実させる活動を阻止することだ。創造主と神による命令によって、闇の勢力によるこの企みが成功することはないけれど、宇宙の平和のために運動することは、人々が自由意志による選択でその命令を遵守する助けになるひとつの道だ。

この平和活動に関わるすべての仲間たちに、光の存在たちは惑星地球の内部と地上そして上空に大挙してあなたたちとともにいて、こうした活動を支えていることを知ってください。この活動の先頭に立っている人たちは、あなたたちが生前の合意でこのことをみずからで選択したからこそ、その手綱を取る気になったことを知ってください。あなたたち全員に、恐れずに進むことが究極的な目的である宇宙の平和構築へと向かうエネルギーをもたらすことを知ってください。

ワクチン接種―その深い意味

二〇〇二年九月十九日

スザン　天然痘はもう何年も発症が見られていないのに、生物兵器の脅威が正当化されているけれど、天然痘のワクチン接種についてどう思う？

マシュー　これについてはどうしても言いたいことがあるんだ。お母さん、怒りの感覚がニルヴァーナでいつまでも残ることはないし、憤りや辛い悲しみにしても同じだということは知っているよね。また到着する魂たちが一緒にもって来る地球のほかの日常的なネガティブな感情もすぐ氷解する。でもこれは違う。これは、大勢の人々が故意に惑わされ、深刻に騙されたことを発見して異常なほどの強い感情になって新たに出て来たものだ。

この病気が誤って伝えられているだけじゃない。これは一般大衆の恐れを引き起こす目的で計画されている新しい策略なんだ。これは背信行為だ！　再びあなたたちは大きな嘘を言われて、さらに恐れを増すために考えられたこの計画に沿っておとなしく従わされようとしている。これは闇の勢力が、着実に前進してくる光の勢力をかわそうとして土壇場でそのような動きが必要になったということだよ。要はそういうことなんだ。それが闇の勢力にとって最後のチャンスだからだ。

新しく到着した魂たちの中には、彼らの指導者たちが嘘をついていたのではないかと疑っている者がいたけれど、ここに来るまではその確信がなかった。その人たちが最近まで地球で暮らしていたこと、そして特に愛する人々が犠牲になっていることを知ったことから来る彼らの反応は当然だし無理もない。それでも、そのような重いネガティブなことはここでは長続きしない。激怒から深い悲しみに至る当初の感情は、失望に変わることで解放される。

この天然痘の問題のような状況は非常に深刻であるために、ほかの多くの宇宙文明人たちにもこうした感情が共有されている。これにはそれ以上の非常に重要な意味があるんだ。知っているように、バランスをあらゆる魂たちにもたらすという本質的な意味で、カルマ経験の成就には見掛けの〝悪役をやる人たち〟の行動が非常に重要だ。でも、彼らは約束の期限が過ぎても止めようとしていない。ちゃんと合意した通りに光に入ろうとしないんだ。

スピリチュアルな気づきのために決められたときに甦ると思われていた記憶が、肉体の濃い密度によって打ち消されてしまったからだけれど、それだけが彼らがそのままの状態でいつづける主な理由ではない。彼らがこれほど遅くなっているので、光の勢力が一生懸命に彼らに思い出させようとしているのだけれど、闇の中で活動することが彼らの習性になっているのにもかかわらず、これらの魂たちはもう自分たちの合意に従って動いていないことを頭では知っているんだ。光の申し出を倍にして、さらにそのまた倍にしてしきりに提示しているけれど、これらの魂たちは世界支配という彼らの目的を遂げることに没頭するあまり、彼らの気づきと癒しと再生された精神を提供しようという申し出にまったく応えようとしないんだ。

彼らが光に応えれば、彼らが引き起こす苦しみを減らし、結局は消滅させることもできるだろう。かならずそうなるんだ。でも、無駄な死と破壊が今ももたらされている。そしてこれらの闇の魂たちが残っている権力にどうしてもしがみつこうとしているあいだは、それはつづくだろう。そのような行為は決して、宇宙の織物のこの小さな部分に対する当初からの計画とは違う。

特にカルマのバランスを取る助けをするために魂レベルでの合意によって闇の目的で活動している地球の魂たちのことを言っているんだ。宇宙の闇の勢力のことではない。その正体は個人的な魂でも集団的な魂でさえもなく、むしろこっそりと動く力の場(フォースフィールド)だ。一人ひとりの魂に着実に光を向けられる地球とは違って、きまった領域をもたず、つねに動く闇のフォースフィールドに光を確実に向けることはできない。このように、光が宇宙のあらゆる微細な空間にいる闇を克服するのは容易なことではないんだ。

僕たちの宇宙の中で闇に特に惹き付けられている文明社会はレプタリアンだ。もちろん、文明社会の誰もがというわけではないけれど、より強大な光のパワーよりも闇のパワーを選んだ者たちが、惑星でネガティビティ（破壊エネルギー）創造の先頭に立っている。彼らはあからさまにすることも、そこにいることさえも必要なく、彼らに進んで協力する操り人形たちを支配する力をもつ。自分たちのカルマの合意をはるかに超えるような大惨事と不幸をもたらしていると僕が言ったのは、地球にいる彼らの操り人形たちのことだ。

ごめんなさい、お母さん。ちょっと興奮してしまったことは分かっている。ワクチン接種の質問からすぐに脇道にそれてしまったね。今僕が言ったことは本当に関連していることなんだ。天然痘菌をばらまくという脅威が計画されていることは、どの国によってであれ、最も卑劣な策略だ。戦争をめぐる議論で世界を脅すこともひとつだ。戦争はあなたたちにとって当たり前のことになっている。これはあなたたちの世界への嘆かわしいコメントだけれど、正確なものだ。世界のどこかでもう何世紀にわたってつねに起きているので、戦争はほとんど毎度のこととして受け入れられている。

一例でも発症する前に予防措置が取られないと、全人口が犠牲になるほど悪性だと喧伝される病気が再発する脅威のような、大きな嘘で世界を計り知れない恐れに陥れることは、またまったく別のことだ。これと、ワクチンは全員に行き渡らないとかワクチン接種は深刻な副作用があって死亡することもあり、そして軍と医療関係者がまず接種されると発表すると同時に〝細菌戦争の脅威〟を宣言することは、悪魔同然の狡猾さで計画されたものだ——誰も安心していられなくなる。

場合によっては、ある種のワクチンは意図的に汚染されていて、それが強制的に使用されるので、接種を受ける人たちも拒否する人たちもそれぞれ異なる深刻な結果を被らざるをえなくなる。つまりこういうことなんだ。ワクチン接種しないと恐いぞ。やると恐いぞ。この恐怖こそがまさに狙いなんだ。

闇の勢力によってつくられている恐れは、彼ら自身の感じる恐れが原因だ。彼らは光が止(とど)まることなく広がり強くなって行くのを見て、この惑星での生き残りを賭けて闘っている。恐れで満ちた策謀をいつまでも繰り返す首謀者たちが光を見てそれを受け入れ、そして他の光の使者(ライトワーカー)たちと一緒にひとつ(ワンネス)になって行くだろうと思われていた。——たぶん〝期待されていた〟と言った方がより正確であるけれど。彼らの魂の合意だったからだ。その合意を守ることを意識的に拒否することで、彼らは自分自身たちとそれを経験することに同意しなかった彼らが支配する人々を裏切っていることになる。

裏切りは何も新しいことではないと思っているね。お母さん、これは僕たちにとって新しいことなんだ。とても悲しいことだよ。それによって地球のアセンションの進行や個人の魂の進化が影響されることはないだろう。けれども、もっと大きいレベルでならばあるかもしれない。だからこそ他の文明社会人たちも非常に深刻な状況だと見ている。当初の目的は、この銀河系の人類とレプタリアン社会全体がふたたび光の中に一体となって、あなたたちが〝堅き砦ぞ、我らが神よ〟（訳注　ルター作詞作曲の賛美歌）と歌う良い例になるだろうということだった。この二つのグループが合体すれば、宇宙のこの領域での光の砦になるだろう。今、闇のパワーに魅せられたレプタリアンのメンバーたちはこの光がやろうとしている神聖な防衛を阻もうと決意しているようだ。

スザン　もちろん、この問題がそんなに大変だとは思いもよらなかったわ。政府の警告が本当に正しかったことを単に証明するために天然痘菌が放出されるのか、そして義務化されるワクチン接種は少なくとも純粋なワクチンでされるのか分かる？

マシュー　天然痘細菌戦争や〝戦争〟とみなされる意図的な生物兵器の放出はないと僕たちは思っている。なぜなら、そのような行為を命令するパワーをもっている少数の者たちの家族や親しい仲間たちが一生安全だという保障がないからだ。これが今の時点で可能性の場エネルギーで僕たちが分かることだ。

ワクチンの汚染によって、権力ある闇の人間たちが望むような恐ろしい大混乱と恐怖が必ずしももたらされるわけではないんだ。ワクチンそれ自体は危険なものだよ。なぜなら、たとえ弱い軽症型であっても病気であることに変わりなく、その影響を予防する効果どころか深刻な影響を与え、幼児と老齢者たちだけでなく肉体死さえもたらすからなんだ。

多くの住人たちの不健康なライフスタイルのために、特にあらゆる種類のドラッグに依存している肉体は、健康体にくらべて軽症型の病気に罹りやすい。もしワクチン接種が飢餓の曼延している地域やエイズでその人口の多くがすでに衰弱しているアフリカ諸国にまで行き渡れば、今よりももっと早く大量殺人(ジェノサイド)が起こるだろう。

これには、恐れを引き起こそうというこの策略を超える、これとおなじ闇の側面がまた別にある。マインドコントロールだ。ワクチン接種は人々がそれぞれ何も知らずにマイクロチップを埋め込まれる理想的な機会を与えることになる。それによって〝鬱(うつ)〟から〝殺し〟までどのような反応でもプログラム化し誘発させることができる。あなたたちの国でこれほど多くの人たちが鬱病に罹ったり、理由のつかないショッキングな殺人事件が起きたりしているのは偶然ではないんだ。

スザン　これは、闇が完全に消去される前に、〝光に照らされ〟なければならない部分なの？それとも集団的に反抗すれば防げることなの？

マシュー　起こりうる可能性（ポテンシャル）の場では、宇宙全体で起きるのと同じ種類の加速された活動が存在する。そこでは、この瞬間にあるものでその勢いが確実に固定されたものはないので、集団意識によってそれに影響を与えることはできない。あまりにも多くの焦点となる活動領域があるので、地球上での意識はばらばらだ。

それを混乱状態だと言うにはためらいがある。多くの魂たちは光の中にしっかりと留まっているし、ほかの多くも神性を自己に見出しているからだ。しかし、地球のどの時代よりも、アトランティスの最後の混乱した時代さえよりも、もっと精神的、感情的、スピリチュアル、肉体的な活動が存在し、その多くが混乱状態にある。

僕やほかの多くの情報提供者（ソース）たちが言うように、あなたたちの惑星のこの未曾有の時代である今は、あらゆる魂が意識してその究極的な道程を決めるべき〝最後のチャンス〟になるんだ。

あらゆるものが加速されている。もし闇の道程にいる魂たちが光に出会い、そこで光に変わることを望めば、〝時間切れ〟になる最後のナノ秒まで、宇宙の大歓声を受けて迎えられるだろう。その瞬間は光が非常に強くなって、低い闇の密度にいる魂の波動が肉体細胞の言わば短絡（ショート）を引き起こすだろう。すると肉体は死に、魂のエネルギーがそのエネルギー波動に相応しい領域にそれを運ぶだろう。

レプタリアンの影響

一九九九年四月六日

スザン　おはよう、愛するマシュー。素晴らしい春の朝じゃない？

マシュー　おはよう、そして良い人生を、お母さん。ほんとうに素晴らしい朝だね。お母さんの思いを辿っていたんだよ。だから質問には僕の知っている限りの答えをしよう。

スザン　ＯＫ。それでは、私がちょうど読んだことを知っているわね。一二〇〇万のエイリアンたちがコソボに定住することになっていて、あの地域が今〝浄化〟されているのはその理由からだと言うの。そして姿を変化できるレプタリアンたちがここで変装してこの惑星の破壊を組織的にやっているので、人類の存続はもう長くはないという話よ。これはすべてとんでもない話だと思うんだけれど――そう思わない？

マシュー　まったく狂った話だよ、お母さん。コソボに〝定住〟なんてまったくの馬鹿げた作り話だ。何世紀にも渡ってあの地域全体で悲しいことに展開されてきた民族的憎しみと紛争が外部の者たちによって煽られてきたことも確かにあるけれど、あの民族自体の中で支配権をめぐっての争いが絶え間なく繰り広げられてきたこともあるんだ。何もわざわざ〝エイリアン〟文明人たちがあそこで惨劇を後押しする必要もない。お母さんが大変なことだと思っているけれど、少なくとも〝一二〇〇万のエイリアン〟がコソボに暮らすことはないとはっきり言える。あるいは、地球のどこにでもね。

地球にいる〝姿を自由に変える〟存在たちについてだけど、そうだね、人間の姿になったレプタリアンがあなたたちの惑星で活動している。彼らは姿を変える能力があるけれど、自分たちが目立つようなことはしない――人目を避けることが彼らの流儀なんだ。その中でもこの上ない悪のレプタリアンはおおっぴらに活動しないで、むしろ出来事の背後にいて彼らの操り人形たちの糸を引いている。〝変身できる者たち〟がなぜわざわざ世間に正体を明らかにするだろうか――一体見ているものが本物かどうかなど、誰が疑うだろう？

あなたたちの惑星へのレプタリアンの影響は、彼らが初めて到着したあなたたちの時間でいう約二十万年前の昔から明らかに現われている。これまで起きてきた地球のあらゆるかたちの残虐性のもとだ。どれも彼らのせいにされていないけれど、彼らがどのように人間たちを操って戦争や飢餓、貧困、病気などの状況をつくり出し、レプタリアンたちの目的を果たしているのか、ここからはよく見えるんだ。

地球人類の人口種付け計画の始まり以来地球に存在している闇は、自分のスピリチュアルな始まりと生まれながらにもつ権利を捨てることを選ぶ人間たちに影響力を行使してきた。そうして彼らは欲と権力と支配の闇に堕ち、人々のあいだに恐れを故意につくることになる（原注　人類種付けプログラムは『新しい時代への啓示』の〝地球人類の起源〟で説明されている）。

これを始めたのが人間たちではなくレプタリアンたちであるという事実があったとしても、実質的には何(なん)の違いもない。だからどこかの地球人類が始めたとしても同じで、彼らを恐れる理由なんてない。地球にとって〝エイリアン〟である他の存在たちも——進化した文明社会の光の存在たちだ——それらのレプタリアンたちと闘っている。そのうえ、レプタリアンがすべて闇の勢力というわけではない。光の勢力にいる者たちもまた彼らの闇の仲間たちと闘っているんだ。

敵対勢力によるこの銀河系への侵入を防ぐ手段を相談するためにニルヴァーナに来た二人のレプタリアン軍司令官と僕が会ったと言ったことを覚えているよね。彼らの考え方と彼らの聖域領域を改善したいという態度に僕はとても良い印象をもったんだ。だから評議会での会議の後で僕は彼らと会ったんだ。

スザン　ええ、覚えているわ。では、このような馬鹿馬鹿しい情報の提供者はマインドコントロールされてやっていると思う？

マシュー　そうかもしれない。でも地球で出版されるものは明らかにほとんどがコントロールされているよ。たぶん意味のない恐れを引き起こす情報はそのような意図によるものだろう。

マスコミ報道

二〇〇一年八月九日

スザン　マシュー、いまだに余りにも多くの苦しみと暴力があるので、あなたが大丈夫といつも言うのだけれど本当によくなっているのか信じられなくなるわ。

マシュー　お母さん、〝より良い〟ことより、〝より悪い〟ことの証拠をたくさん見るのは、あなたたちの大手マスコミがそう宣伝しているからだよ。〝より良い〟ことは、今たくさんの人たちが以前よりもよりスピリチュアルな気づきを得ていることだ。そんなことはまったく報道されないからね。多くの人たちが自己の向上した人生をはるかに超える光の恩恵を周りに与えている。それも個人的に気づいていなければ普通は分からないことだ。世界中で大きな団体が平和と公正のために活動している。マスコミはたまにそれらのことに触れることもあるけれど、ネガティブなニュースに向ける量にくらべれば微々たるものだ。

良いことがますます多く現われてきているのに、ちょっとした残虐的で悲劇的な話や映像がことこまかに一方的に与えられているのは意図的なものだ。僕がいろいろなことを闇の勢力の影響に結びつけるので聞き飽きているかもしれないけれど、これはあまりにもたくさんあって言わないわけにはいかないんだ。マスコミ報道によるコントロールはその別の側面のひとつだよ。そのポイントは、ネガティブな感情が――主に、手に余るほどの暴力から来る恐れだ――引き起こされるように報道が選択されているということだ。それがまさにこれをやっている闇の目的だ。

スザン 良いこと（ポジティブな）もいくらかは報道されているけれど、何百万の人たちの悲惨な暮らしのニュース記事やドキュメンタリーフィルムでさえ、その数にくらべたらものの数ではないわ。

あなたはバランスが重要だと強調しているわね。この数字には何のバランスもないように見えるわ。

マシュー　数字には何もないんだよ、お母さん。バランスは地球に十分すぎるほどに持続している光の中にある。あまりにも深く闇に閉じ込められている人間たちのこころと精神を光は通り抜けられないので入れない。いまでもそれが苦しみの広がる原因になっている。光は恐れている人たちのこころも通り抜けられない。だから、数のうえではまったく比較にならないけれど、恐れや他のネガティビティをつくってコントロールしている指導者たちがやめない限り、これに対処する方法はほとんどない。そしてこれには、〝与えられる〟恐ろしい話や真実ではないニュースであなたたちをいっぱいにするマスコミが含まれる。

マスコミに報道されるもので恐れを引き起こすものがどれも事実かどうか真偽のほどはわからない。見出しになる真実、特に繰り返し使われるものが人を不安にさせる出来事であれば、真実でないものだけをことさらに報道する必要もない。それらのすべて、またはどれかは大陸の反対側や地球の反対側の離れたところで起きていることかもしれないのに、テロ行為、殺人や殺人裁判、誘拐、列車や火災や飛行機事故の死などをいつまでも大きくフィーチャーして取り上げる地元のニュース放送と新聞の見出しを考えてみればいい。

故意に、暴力と悲劇が世界中で日常茶飯事のこととされている。こういった〝良いこと〟よりも〝悪いこと〟をはるかに強調させるような〝ニュース〟記事を選んだり、こころをプログラミングしたりする目的は、ネガティビティをつくって光が魂たちに届かないようにするためだ。何が報道され、それがどうしてなのか、何が真実か、そしてどのような状況でも何が嘘なのかいつも見極める目をもつようにすることだ。

スザン　マシュー、あなたのいるところから見れば、その目的と真実を知るのははるかに簡単でしょう。でも、私たちはそれを信じようと信じまいと言われたことの虜になってしまうのよ。なぜなら、それが私利私欲からの巧みな操作であってもなくても、嘘は私たちに確かに深刻な影響を与えるからだわ。

マシュー　そう非難されてもしかたないね、お母さん。配慮に欠けていたことはあやまるよ。自分自身に謝罪を求めなければいけないほど無神経になっている傾向があるのはいやだなあ。二度とそのようにならないようにもっと努力するよ。個人の見極めも大切だけれど、あなたたちがその中でやっていかなければならない状況も分かる。こころと精神は光の中に自由に舞い上がれるのに、実際は政府の不正な法律、腐敗そして欺瞞の虜になっているんだからね。

スザン　そう言ってくれてありがとう、マシュー。あなたが決してそういう意味で言っているのでないことは分かるけれど、やはり不公平な批判には傷つくわ。

マシュー　最愛のお母さん、僕がお母さんを傷つけるなんて思いも寄らないよ。一瞬たりとも傷ついたと思わせることさえ望まないんだ。自分でもいけないなあと思うその習癖に陥ってしまったけれど、マシューのパーソネージにしても、今話しているその集合魂にしても、それは自分の意見があなたより優れているとよく思っていたティーンエイジャーのあなたの息子であることに確かに変わりないよね（原注　『天国の真実—マシューが教えてくれる天国の生活《マシュー・ブック1》』の中の〝マシューとのコンタクト〟と『新しい時代への啓示《マシュー・ブック2》』の中の〝集合魂〟で魂のパーソネージとその集合的側面について詳しく論じられている）。

お母さん、それが今の僕なんだ。ベッツィーのカレッジからの帰りの道で、その方向で僕が正しくてお母さんが間違っていると最後に認めたときのことを覚えている？　散々間違った道を行った後で、あなたが引き返して僕が正しいと言った方向に車を走らせたとき、僕はすっかりうぬぼれた感じになっていた。あのときを思い出して一緒に喜びを分かち合えるのはありがたいな——もっともあなたはあのときはそんな風に感じなかったよね。さて、もっと明るい気持ちで話を先に進めようか？

スザン　愛しているわ、マシュー。あなたが私のマッシュのように聞こえるときは特に、どこかの教授のように聞こえるときよりもずっと自分があなたの母のように感じるのよ。

マシュー　わかるよ、愛する魂のお母さん。それに教授みたいに聞こえたくもないよ。ただあなたの質問にできるだけ完璧に答えようとしているだけだ。それに、あなたたちのメディアコントロールがもたらす結果について言わなければならないことがもっとあるんだ。

あなたたちは、それらの殺人や強姦といった暴力的犯罪、悲劇そして戦争の実際の出来事を写真と映像で攻めたてられ、あなたたち自身も犠牲の対象になる弱い存在であることを強調されている。その一方で、テレビ番組、映画、コンピュータゲームでの同様な出来事の氾濫にも遭っている。だから、あなたたちの精神は暴力と殺人の個人的な恐怖とそれらをすべて含んだ〝エンターテインメント〟の部分の両方に導かれるようにされているんだ。精神の特に弱い人は後者の状況から実際に行動に移すことをしてしまう。そしてそれが〝ニュース〟報道をさらに煽ることになる。

その結果、殺人と死ばかりを考え、報道されていないことについては何も考えない人々ばかりになる。それらの気晴らしのオプションがすべて巧みに用意されていて、報道されることを疑ったり、その〝事実〟の検証がなされていないことに気づいたりもせず、その〝ニュース〟からすぐ切り替われるようにされている。

すべてのマスコミ報道がコントロールされ、すべてのこころが狭い考えに捕われてしまって、主要な情報源（ニュースソース）と選択されて報道される情報の見えない部分を見透かすことができないというわけではないんだ。インターネットでのたくさんの真実に満ちた情報が注目と信頼を得つつある。そしてたくさんの人々が大手マスコミ報道の真実を疑い始めている。あなたたちはこれからこのことをもっと多く見ることになるだろう。

記者たち自身にも言えることだろう。いずれは真実を抑え込んだり、嘘の報道をしたり、ネガティブな感情を引き起こす話や映像を繰り返し強調しろという命令にこれ以上従わないようになるだろう。これからはそのような事件が起きなくなるだけでなく、あなたたちの真実を見極める力が今よりはるかに大きくなるだろう。でもそれを使って、読んだり、ラジオで聴いたり、テレビで観ることが真実かどうか見極める必要もなくなるだろう。それまでには、そうなっているだろうからね。

信じることがそれを現実にする

二〇〇二年八月三十日

スザン　電子レンジで調理した食べ物についての警告を読んでいるんだけれど――これは

どうかしら？

マシュー　お母さん、もしそうやって調理された食物を食べるのが躊躇われると感じるのなら、そのようなクッキングはやめておいた方がいいよ。自分のからだに悪くはないと、こころから信じられるのなら、悪くはならない。けれども、どのような状況でもそのすべてに恐れが入っていると、それがその全体的な見方になる。もし、マイクロウェーブのクッキングがからだに悪いということが完全に受け入れられれば、人々にとって全体的にそうなるだろう。またその反対に、何の集団的な恐れもそれになければ、害になることは誰にも起きないだろう。個人がそのように調理された食べ物を極度に恐れていても、結局は食べてしまうという稀な場合は、その強い思いがその人体の栄養吸収能力を減少させるので、その食べ物はからだにとって何の役にも立たないだろう。

スザン　じゃ、遺伝子組み換え食品論争が最初に始まったとき、その食品に携わっている人たちがその開発が良いことだと信じて光をそれに送っているから、必要以上に心配しなくてもいいとあなたは言ったわね。ただ、これらの食品には深刻な害があるように思われているけれど、どうなの？

マシュー　お母さん、あなたが訊ねたときは今のような状況ではなかった。はじめの頃は、はたらいている人たちによって作物に入れられた光がそれを計画した者たちの闇の意図を相殺すると思われていたんだ。今はそうではなくなっている。有害という言葉がふるいを通るようにはたらいている人たちのあいだに広がり、これらの作物開発の真の目的は良いことのためだと彼らが以前信じていたことが深刻な不安に変わり、それが一般にも広まるにつれ大きな混乱が生じてきているのが僕たちにも分かる。率直に言って、それらの食品にあった以前の光はもはやない。それは恐れに置き換えられた、あるいはもっと正確には、取って代わられたんだ。

思考のパワーはどれだけ誇張してもし過ぎることはない。この真理は多くの尊敬されているチャネラーたちによって言われているにもかかわらず、広く知られ信じられるようになっていない。そしてそれを信じている人たちでさえそれを充分生かしているとは言えない。食べ物の消費の中でこの新しい危険性の要素をもたらしているのは、人間と動物たちの、この改造食品の危険性に対する集合的な思考だ。

遺伝子組み換えと同じ方法でつくられ、長年にわたって不安がなかっただけでなく、大いに喜ばれて食され、まったく悪影響なく歓迎されてきた交配種(ハイブリッド)フルーツと野菜のことを考えてみてごらん。同じ方法で生産されている花々やほかの素晴らしい植物と木もある。それらも何(なん)の問題も起こしていない。なのに急にその穀物を食べることが〝危険だ〟とされている。なぜだろう？
この〝ＧＥ（遺伝子組み換え）〟穀物食品が危険というアイデアを考えた同じ闇の人間たちが、その恐れを広めて危険になるようにしたとは思わない？　お母さん、あの闇の連中の悪知恵を侮ってはいけないんだ。

スザン　マシュー、もし誰もその穀物には危険があるとまったく思わなかったら、それを計画した闇の意図があったとしても、それらは安全で、その危険性の宣伝を信じることがそうさせたと言っているの？

マシュー　まさにそうだよ。何でも信じることがそのようにさせてしまうんだ。ひとりの人間が食べ物のＤＮＡ構成を組み換えることを心配すると、栄養分が危険なものに変化するというのではなく、そのことにたくさんの人たちの考えが集中するパワーがそうさせるんだ。そしてここで起きたことはそれなんだ。広く宣伝されることで危険の恐れがさらに行き渡り、その強さが増した。そのように、あなたたちは意識を集中させたことをその通りに現実にしたんだ——食べ物がからだに害があるということをね。

お母さん、思い、感情、行動、そしてどのような物や人、状況、希望、意図でもそれらを表現するために選んで使う言葉でさえも、そのパワーを理解することがどんなに重要かいくら繰り返してもし過ぎることはない。これらが全体であなたたちのリアリティになっている。全体でそれを創造しているんだ。

スザン　もし私たち全員がこれらの食べ物は良いものだと信じる方に切り替えたら、その害は消えるの？

マシュー　なかなか良い点をついているね。すべての状況を変えるのは不可能と考えるべきではないけれど、この場合は集団的な思い込みがあまりにも根深いので、その可能性は極めて低いと言わなければいけない。これまでつくられてきたいくつかの状況を変えるのはあなたたちの能力を超えている。ケムトレイル中の有毒物質や核廃棄物中の放射能などはあまりにも有毒物質で汚染されているので、それらをもとに戻すにはいまだ地球を広く支配している第三密度を超える信念体系が必要だ。

もうひとつの例はエイズだ。広く行き渡っていると思われているエイズの惨禍が集合的な信念で止められると、世界が信じ始められるだろうか？　その反対の状況を信じる集団的な思いが非常に強固なので、僕はそう思わない。

スザン　分かったわ。最初に遺伝子組み換え食品についてあなたに訊ねたとき、どうしてそれから起きることを知らせてくれなかったの？

マシュー　分からなかったんだよ。ある状況が発動する。するとそのプロセスに投入されるエネルギーは可能性のエネルギー場に記号となって記録されるんだ。あなたが訊ねたときは、明確に記録されていた闇の意図が、その研究所とフィールドワークに関わっている多くの魂たちからの光に満ちたエネルギーによって相殺されていた。たぶんあのときはもっと良い判断の答えができただろうと僕が言ったら、あなたたちの言う〝事が終わってから何かいろいろ言う〟ことだね。これらの食べ物を自然なかたちから改造することで、からだに有害になることが避けられるのだと良い方に考えることと、健康には悪そうだとネガティブに考えることが実際にそういった害をもたらす、と言うのは賢明ではないと思ったんだ。

いったん、ある考えに言葉が与えられると、それは遠くまで広がる傾向がある。明らかに真実の言葉でも言外にネガティブな意味が含まれる場合は、注意が警告になる。僕はそのような結果をもたらす意見は言いたくなかったので、そうしなかったんだ。少なくとも良心には恥じないと思うのは、穀物のＤＮＡについてあれこれ言うことで変節的な態度を始めたという責任がないからね。

スザン　分かったわ。私たちがエイズは恐ろしい不治の病だと全体で信じているのだったら、一体どうやったらそれを止めることができるの？

マシュー　今のところ治癒の術はない。でもエイズは地球上にそう長くはつづかないよ。あなたたちの惑星が第四密度のより高い波動に移行するにつれて、地球とその生命体に大きな被害をもたらしている病気と出来事と状況は減少し、やがては完全に消えてしまうだろう。

お母さんも知っているように、その高い密度で肉体が生き残るためには、細胞レベルでの変化が必要だ。それができるのは光だ。より多くの人たちがその光を受け入れるようになって、彼らの光が地球上と外にすでに生成されつつある光を増している。それは確実になっている地球のアセンションに必要な持続的量をすでに超えている。この進化のプロセスのあいだに、エイズは存在しないと全体で信じられるようになるだろう。

これが起きた時点で、エイズをもっている人たちはその病気が新しい細胞組織の中では生存できないので完治するだろう。当然なことだけど、新しい発症はありえない。光を受け入れないエイズ患者たちは、その第三密度の肉体がより軽い密度の強さに耐えられないので、地球のアセンションを肉体的に生き残ることはできずに死ぬことになるだろう。彼らの魂は光を拒否する他のすべての人びとのように、彼らの選んだ転生にふさわしい領域へと去って行くだろう。

スザン　ガンや神経と精神障害、感染症などすべてなくなるの？

マシュー　そうだよ。それらはすべてそれらの病気になりやすい第三密度の細胞によってつくられたものだ。それらの病気が今あるのはいろいろなからだの部分――神経、筋肉、各器官、脳――を弱らせる原因になっているストレスだ。なぜなら、地球の密度の信念体系にそれらのストレスによる影響が内蔵されているからだ。これらの症状に対する治療や少しでも緩和させる方法があるけれど、それらは医療と医薬をコントロールしている支配組織によって抑え込まれている。地球が第四密度に完全に入りさえすれば、からだの制限もそれらのコントロールもなくなるだろう。

ケムトレイルと起こらない核戦争

二〇〇二年、九月十九日

スザン　二週間ほど前、いままで見たこともないくらい低くケムトレイルが私たちの家の真上にあったわね。それ以来胸が息苦しいのはそれが直接原因しているの？　それともこれは多くの人にも起きていることだからと思うことが、私に同じことを〝受けさせ〟ているのかしら？

マシュー　おもしろい考えだね、お母さん。あのケムトレイルが極めて低いところにあったことは確かだ。でももうひとつの質問については、あなたがその影響を受けやすいと思っていてもいなくても、それは避けられなかったと言える。これらは人体に有害になるように意図された地球の成分だ。ケムトレイルを見たり、あるいは聞いたりしたことがあろうとなかろうと、その影響は避けられないだろう。ケムトレイルのようなものに出会ってしまう場合のように、人のこころの状態がいつも肉体的に影響を与えるわけではない。これは〝遺伝子組み換え〟食品の状況のようなものだ。ケムトレイルの当初に悪い企みがあった。そして、健康への危険性を故意に宣伝することで、長い干ばつの後の森林火災のようにそれは広がり、今日あなたたちが全般的に信じている有害な影響があるようになった。だから、ある人がこれはそういうことだと信じなくても、あるいはこの有害な人工的物質の存在を知らなくても、地球の生命体はその悪影響を受けやすくなっている。

スザン　ええ、わかったわ。私は他の人たちがチャネリングしたものをほとんど読むことがないから、私が受け取ることに影響するかもしれないような情報はないわ。ETたちが核爆発を〝できる限り〟封じ込めているということを読んだの。それによると、彼らがすべて阻止することができないかもしれないようにも聞こえたわ。これはあなたが前に言ったことと違うの？

マシュー　お母さん、あなたが理解したことは宇宙の光の勢力から正確に受け取ったメッセージを誤解したかもしれないし、その受信者の誤解かもしれない、あるいはそのチャネリングは恐れをもっとつくろうという闇のために故意に歪曲されたのかもしれない。**核による地球の破滅は絶対ないよ！**

スザン　あなたがそれを何回も言っているのは分かっているわ。けれども、恐れによって私たちがエイズや有害な遺伝子組み換え食品やケムトレイルを創造しているとあなたが説明するものだから、この同じ恐れのないところから恐れに変換することがイラクに対する戦争の脅威にも当てはまるのかしら？　核兵器が使われるのではないかと心配する人々は何百万もいるにちがいないから、その集合的な恐れの思考がその使用を創造することにならない？　それとも、そうあってほしくないという集合的な希望によってその使用が阻止されるの？

マシュー　集団的な希望や思考の重要性を軽視するわけではないけれど、これらは比較できるような状況ではないよ、お母さん。遺伝子組み換え食品とエイズとケムトレイルは地球上の生命体だけに影響する。核爆発の被害はあなたたちの惑星や肉体だけに止まらない。その範囲は宇宙に及ぶ。魂のＤＮＡに相当する構成部分を損傷させるようなものは創造主によって二度と繰り返されることは許されない。この宇宙では神がその予防する役目だ。神がその使命をうまくこなしてくれるとあなたたちは間違いなく当てにしていいよ。

いわば神の両腕と言えるのが強力な宇宙文明人たちで、彼らの非常に高度なテクノロジーとスピリチュアルな進化が抑止力の中核になっている。これらの存在たちの中には、その姿が顔立ちの良い知的な人間とそっくりなので、気づかれずにしばらくのあいだあなたたちの中に暮らしている人たちがいる。彼らが核兵器使用に反対する影響力を与えている。同程度に高度に進化した存在たちが地球の外にいて、核ミサイルが発射された場合にはそれが故障するように操作する態勢にある。実際に核弾頭搭載のミサイルが発射された際、彼らはそうさせたことがあるんだ。だから、そのような取り組みがうまくいくかどうか心配することはないよ、お母さん。

感情

二〇〇二年五月二十三日

スザン　あらゆるところの悲劇と苦しみに私が抱いているこの新しい〝分離した〟感情が気になるわ。あなたがバランスを取ることがとても大事だと言うので、何(なん)とかそうしようとしているのだけれど、それをすることで自分の感情を失いたくないわ。

マシュー　お母さん、あなたが感情を失っていないことは確かだよ。感情はただ湧いてくるもので、必ずしも自分が招いたからというわけではない。深刻なネガティブな感情はためにはならない。誰のためにもならないんだ。正確な状況判断をすることで最善の支援策を知るために必要な叡智と能力とのつながりを妨げるからだ。

　思いやりとは、その人が感じている苦しみの深さを感じることではなく、むしろ快く手を差し延べ、最も助けになり痛みを和らげるであろうことを何(なん)でも進んでやろうとすることだ。あなたたちに必要なものはそれだけだよ。他の人たちの苦しみに出会うたびにあなたたちに必要なバランスが崩れないように、こころの内をいつも平和に保たなければならない。感情とスピリチュアルなバランスが巻き込まれて個人的な、あるいは国家的なトラウマ（精神的ダメージ）にならないようにして、思いやりを感じることはできる。

　もし感情的に乗り越えたとしても、あなたたちが手を差し伸べようとしている人のことを想って感じているのか、あるいは同じような経験を思い出してその感情を追体験しているのか、知りようがないだろう。共感(エンパシー)は自己の痛みを追体験することではない。また同情(シンパシー)には他の人の痛みの深さを自分が感じる必要はない。他の人たちの苦しみの渦中につねに身を置く職業の人たちは、彼らがそこで助けようとする人たちと同じくらい強い感情をもっていたら、情緒が不安定になってとてもやっていけないだろう。

苦しんでいる人たちに対して同情や共感そして思いやりの反応を示すことは自然だ。そして、そうだね、悲しみや怒り、驚き、欲求不満、苦味、無力感も自然な人間の反応だ。地球で繰り返す転生はまさにこれらの感情を経験するためのものだ。しかしその経験はスピリチュアルな成長のためであって、そうすることで感情をもたらす出来事を超えて物事を見られるようになり、その目的を理解できる——地球と光を受け入れる魂たちすべてがより高い密度領域の中に移行するために必要なカルマの最後の名残りを清算することだよ。

僕が〝必ずしも〟と強調したところに戻ろう。思考は感情に先行する。それをあなたたちは同時に感じるので、そのほんのわずかな時間の差に気づかないかもしれない。深刻な状況を考えているとき——たぶん愛する人の死や切迫したお金の不安、あるいはあなた自身のいのちの不安かもしれない——思考は、あなたたちが予期するものには何(なん)でも自然に反応する感情に変化する。そのエネルギーが出来事や状況をあなたたちに引き寄せる。エネルギーは中立なので、思考と感情の〝善し悪し〟を区別しない。ただ宇宙の引き寄せの法則に従うだけで、気持ちを集中させていたことを何(なん)でももたらす。

誰かが死ぬかもしれないと〝心配する〟と、その感情がその死を早めるということはないけれど、その人の地球での最後の日々を明るくするというより、実際にはむしろ予期される死を嘆き悲しんでいることになるのを知ってほしい。心配になる状況がある場合、そのことを思うことに気を取られて、それをあなたたちが実際に創造してしまう。

悲しむことは肉体的に耐えられることだし、恐れている状況そのものをあなたたちが具現化することを知っているね。そしてバランスがどんなに一人ひとりの人間に重要かだけでなく、それぞれの人間から流れ出るものが宇宙にまでも良い影響を及ぼすことも。あなたの〝分離した〟気持ちをこれに照らし合わせて考えてみてほしいんだ。スピリチュアルな明晰さがこの段階にまで到達していることを感謝して喜んでね。

反対ではなく、賛成することに集中する

二〇〇二年十二月八日

スザン　マシュー、こんにちは。あなたの言葉を記録できるように、ここのコンピュータのところで話す必要があるわ。

マシュー　こんにちは、お母さん。あなたがびっくりしていることは分かっているよ。僕の

返答をそのまま記録した方が、それを引用してその手紙への返答にするより確かにいいね。ではあなたの話をどうぞ。

スザン ありがとう。実はね、私がりっぱだなと思っている光の奉仕活動をしている三人の女性から聞いたことなのだけど、彼女たちは戦争拡大や市民権の侵害、捕鯨などに反対する運動には関わらないと言うの。今日書いてきた人は、どちらかの一方の肩をもつことはさらに状況を悪くすることになるから、その代わり激しい感情を和らげることで、相手側のエネルギーも同様に落ち着くようにしなさいとあなたが言っていると指摘しているわ——あなたが言うバランスを取る行動ね。

あなたはこうも言っている——地球を支援してくれているET文明にいる私の情報提供者(ソース)たちも同様にね——私たち自身が困難を切り抜けていかなればならないと。そうするとこれは矛盾しているように見えるわ。今闇の行動が明らかにされつつあるのだから、私たちは積極的にそれらに反対すべきではないの? それらを無視することが何(なん)の役にも立たないことはもちろんだわ。

マシュー お母さん、この状況を矛盾していると見て、二つのサイドの一方だけが正しいと思っていることはわかるよ。でも闇の勢力を無視することだけが、それに積極的に反対することを別にして、唯一の選択肢というわけじゃない。あなたに書いてきた人たちの見識ある見方はさすがだと思うけれど、その人たちがあなたに言っていることが、実際に起きていることのすべてではない。

より高次元のスピリチュアルな気づきからすれば、この一見矛盾に見える両サイドもエネルギー相互作用の宇宙法則の範囲内のことだ。確かに、溢れ出るような手紙や要請文、デモ行進そして世界中での祈り、あるいは瞑想の集りは必要なことだよ。しかし、今でも影響力をもっている闇のパワーを打ち破るにはそれだけでは充分ではないんだ。

あなたたちと他の何百万の人々がやっていることは、この過渡期に本当に必要なことだ。けれども、望むような良い結果を得られることはめったにない。積極的に運動している人たちが精神的、感情的に闇の活動に反対することに集中するのを止め、その代わりに、闇に取って代わる愛と光に満ちた人類本来の特性を示すことに気持ちを集中すれば、その日をもっと早くもたらす大きな助けになるだろう。

今では、地球にいるたくさんの人たちがこの宇宙の具現化法則のことを聞いて知っているけれど、その人たちすべてがそれを納得して受け入れ、充分活用しているわけじゃない。それに、目的とする対象や状況を生み出せるだけの集中能力をもっている人はまずいない。けれども、それに参加しなくても、ほかの人たちの〝光を広める〟活動がポジティブな結果を生むようにとこころを集中させる人たちは、署名運動したりデモ行進したりする人たちと同じように、この活動プロセスを直接的に助けていることになる。また、その結果としての光の量に関して言えば、その方がより効果が大きい。憎むべき行為に気持ちを集中しながらもそれへの反対活動に積極的に関われないことで後ろめたく感じている人たちは、知らず知らずにほかの人たちがつくっている光を消していることになる。

スザン　マシュー、どうしてもっと前にそのことをはっきり言ってくれなかったの？

マシュー　今朝あの手紙を受け取るまでは、あなたはこのことをよく分かっていたんだよ。うん、それとまったく同じ言葉使いではないにしても、これまで学んだことすべてとあなたの感情を総合したものからあなたの考え方は明解だった。

お母さん、ほとんどいつも決まって僕を呼んで招いてくれるから、お母さんのこころと気持ちはよく分かっている。そしてあなたのこころからの感情と考えはいつもポジティブな結果になっている。疑うこころ、矛盾した情報を受け取ったことの突然の感覚が、あの手紙を読んだことで湧いてきたんだ。そのとき突然途方に暮れたように感じて、これはどちらかの側につかなければならないと思ったのだけれど、どちらが正しいのか分からなくなってしまった。愛しい魂。あらゆることの全体には二つの面がある。メンタがこのことについて話したことを覚えている？　誰でも〝コイン〟のポジティブかネガティブの側――彼女は光か闇かという選択のことを言ったんだよ――が〝表側〟になる選択をするとね（原注　巨大な集合魂の存在であるメンタが『新しい時代への啓示』の中の〝メンタ〟の章で長い説明をしている）。

スザン　ええ、でもここではどちらの〝側〟も――積極的とそうでないものも――光の中にいるように見えるわ。だから効果という面からすれば、一方がまあまあで他はそれよりは良いということなの？　すでにいくつかのひどい状況が非常に大きな反対の声と署名活動で好転してきているわ。

わかったわ。積極的な関わりをつづけていくことは必要だけれど、私たちがこうあってほしくないことではなく、こうあってほしいと思うことにみんなで気持ちを集中させるべきだと言っているのね。そうね、ほとんどの運動はすでに平和のため、環境保護のため、クジラを護るため、市民権を守るためになっているわ。ポスターや請願書や政府への手紙、人々が持っている署名用紙、そしてニュースに出て来る人たちの発言もそういう言葉を使っているわ。それでは、そこで何を変えなければいけないの？

マシュー　お母さん、僕が例としてあげたコインの両面に光があるんだ――お母さんが話に割り込んで意見を言ったので、僕が言いたいことを最後まで説明することができなかったんだよ。いくつかの悲惨な状況が全国や世界規模の激しい抗議によって好転しているのを見て、僕たちは非常に元気づけられている。でも、何かのためにという言葉では充分ではない。考えと感情は言葉よりはるかに強いエネルギーを記録する。言葉が意味を成さない場合がよくある。なぜなら確信のないことだったり、偽りだったり——政治家の演説を考えてごらん——どうでもいい気持ちで話される言葉だからだ。

〝光を広める〟活動にはすべてその背後に確かにこころからの純粋な希望がある。でも、たいがいは現在起きていることや起こりうることの恐れが多く入り混じっていて、それは光で克服できるんだという信念に欠ける。そこが問題なんだ。何にもまして必要なことは平和を広げ、愛と光を広げるための集合的な思いと感情だ。これが高次の密度領域にいる僕たち全員がずっと伝えているメッセージだよ。

スザン　確かにそうね。それは分かっているわ。それを知らない人たちにどう伝えることができる？

マシュー　それがこれからの話だよ。嘘、腐敗、残虐性、どん欲、恐れの策謀の暴露が頂点に達すると、その暴露されたことに反対して光が立ち上がり——さらに多くの闇が明らかにされることになる——その光も対極性の頂点に達するだろう。そのとき、光の明晰さがそれを受け入れる大勢の人々の意識に達するだろう。

それと同時に、彼らはもう反対することではなく、平静なこころと気持ちとバランスそして自己の神性から確信されるワンネスを共有することでもたらされる栄光に気持ちを集中することが必要だと気づくようになる。そうすれば、あなたたちが何を共同創造してきたか分かるだろう。——あなたたちの惑星の愛と平和と調和の時代だ。

お母さん、あらゆる魂は地球のこの前代未聞の時期に演じる役割をそれぞれ選んでこの転生を生まれてきた。闇のパワーの活動に個人的にまた公然と対抗するためにやって来た人たちはそのような活動をなんとしても明らかにさせようとする。そうでなければ、はるか昔からつづいてきたそれらのパワーは、またつづいていくだろう。より瞑想的な貢献を担うためにやって来た魂たち、愛する平和な世界に静かに気持ちを集中させる人たちは、自分たちが選んだ使命を完璧に果たしている。この〝光〟のコインの両側は、たとえば、メトロノームの一振りで、闇は反対側の一振りだ。

僕が述べた極性の二つの点にこのプロセスが達すると、光がもっと多くの魂たちに届くようになってその振りがゆっくりとなり、やがてバランスに達するだろう。それが光と愛とスピリチュアルな明晰さの世界だ——光の使者たちすべてが選んだ役割の成就だ。けれども、覚えていてほしいのは、このバランスを達成するために魂が選んだカルマ経験を全うしているのか不履行なのかは、あなたたちには分からないことだ。だから、それがどちらか知ったときは大いに驚くだろう。僕たちには分かっている。あなたたちの惑星の地中と地上と周囲から光を送っているすべての存在たちの目的は、できる限り多くの〝不履行〟の魂たちに手を差し伸ばすことだ。

母なる自然、それとも他の原因?

二〇〇二年八月二十二日

スザン　北西部の火災とほかの国々での洪水はみな母なる自然の仕業なの、それとも何か気象操作(コントロール)が関わっているの? とても驚いたわ——そのテクノロジーが実際に先週地元のニュースになったからなの。そして、地球温暖化は終わらずにつづいて——それによって沿岸部に大きな変化がもたらされるの?

マシュー　あなたたちの惑星は実際に非常に多くの劇的な気象変動だけでなく、全体的な気候変動を経験しつつあるんだ。森林火災、モンスーン型の豪雨、干ばつ、地震、火山噴火、記録的な気温などは季節的、地域的なもの、あるいは地球温暖化のせいだとして何も特におかしいことはないと言えるけれど、母なる地球がこれをすべて起こしているのだろうか？　とんでもない！

年ごとに交互に起こるエルニーニョとラ・ニーナ（海流）現象といった、天候パターンだとみなされているものでさえ、気象テクノロジーによってきっかけをつくられ、あるいはさらに悪化させられている。過去五十年間で主要な気候現象が特別に設計されたプロセス、あるいはほかのタイプのテクノロジーによって意図的に悪化させられなかったときはない。

これらのテクノロジーは極秘にされるはずであったけれど、そうすることはできなかった。はじめはそのデザインも新しく実験も慎重にやっていたので、その試みは数もわずかで貧弱だった。今では広範囲に破壊的な異常気象を起こす方法はよく知られていて、人命と建物の破壊、深刻な貧困と病気、そして経済的混乱を地球のどこにでも意図的に引き起こしている。

さらに破壊力を増す結果をもたらす、この大気のより激しい衝撃は、気候変動による他の意図された影響に合わせたものだ。ここまで来ると、この説明と扇動者のためには惑星外に話をもって行かなければならない。なぜなら、非常に多くのことがあなたたちの〝自然〟気象や気候変動の陰に隠されているからだ。

これらは地球を超えた宇宙の勢力による現象だ。彼らはテレパシーを使って言いなりになっている彼らの手先たちにそのテクノロジーを分け与え、操り、あらゆる種類の破壊的な気象要因を引き起こしている。その目的は海洋と陸地の何（なん）百万の人間たちと数えきれないほどの動物の生命に苦痛をもたらす洪水や干ばつ、そして海洋温暖化のような気象から生まれるトラウマ（こころの傷）の傷によってネガティビティを増大させることだ。そのすさまじい破壊が、地球の主要な呼吸器官であるデービック王国全域を苦しめている大気汚染に加わっている。地球の熱帯雨林の縮小、肥沃土の消失、その体内から汲み取られつつある石油という血液の枯渇だ。

けれども気象に戻ると、ここに矛盾（パラドックス）がある。気象テクノロジーがたとえ巨大な破壊を引き起こす要因でなくても、それを引きこすあらゆるものから生じる総合的なネガティビティを考えると、地球はそれでも火災、嵐、噴火、地震を引き寄せるだろう。それらは惑星の浄化剤、ネガティビティの抑制剤、増幅運動エネルギーの緩和剤であり、地球がより軽い密度へ上昇し闇の支配から抜け出ることを助けるはたらきをする。

ある人間たちが非人類の勢力によって操られていることを信じ、そのような人間たちが故意に大規模な気象破壊と多大な人命の犠牲を同胞たちにもたらしていることを受け入れるのは簡単ではない。それらの人間は、大気や陸地、水そしてすべての生命体を汚染するケムトレイルやほかの有毒物質といったものによってひどい環境をつくっている者たちと同類だ。彼らは金融支援だと言いながら、破産させようというもくろみで国内経済と世界経済を操作している人間たちだ。彼らは永続する平和の実現だけが望みだと公言しながら戦争を始め、それに資金を提供する人間たちだ。

見え透いた嘘、権力の濫用——これらの行為の影響でつねにもたらされるネガティビティには終わりがない。意図的につくられたこの汚染のスープに、恐れや無分別、無関心、無視からつくられたものが投げ入れられる。その総計は想像を超える量のネガティビティになり、それはやはり地球から取り除かれなければならない。〝天災〟と呼ばれるものは、それが本当に自然のものかどうかにかかわらず地球の浄化作用なのだ。

同じような行為による結果には違いはまったくない——たとえば、突然の疾風によってキャンプファイアーの火が広がって起きた火災による被害は、放火で始まった同じ規模の火災による被害と違いはない——けれども、それぞれが創造したエネルギー付加には大変な違いがある。

意図、あるいは動機にはそれ自体のエネルギー形態があって、その行為自身からは独立して記録される。たとえば、自作農のお百姓さんたちが彼らの小さな粗末な家と、もはやだめになった表土を捨てて移動し、さらに多くの木を伐って燃やし、またまた繰り返して表土を消耗するときは自分たちが行なっている破壊には気づかずにいる。が、熱帯雨林破壊に手を貸していることになる。また別に、森林保護は環境的に重要だと知りながら、気にせず希少樹木を伐っている者たちがいる。この場合両方とも森林が伐られ、地球の健康に必須の要素が消耗されている。後者の場合だけは欲が気づきにやすやすと勝っているので、その行為が二倍のネガティビティを生む結果になっている。

気象コントロールテクノロジーによる破壊とその後の影響は意図されたものだ。だからそれも自然に起こる気象による出来事にくらべ二倍のネガティビティを生む結果になっている。干ばつと洪水は気象操作による影響として最も安易に成功するものだけれど、地震と火山噴火は〝改良化〟されていて、目標としての結果をある程度達成できるようになっている。

長い髪をたなびかせた目の飛び出た気違い科学者という漫画がそのまま当てはまるような数人の人間たちが、実際に地球の気象を〝思いのまま〟にする知識と権限をもっているのは正気の沙汰ではない。しかも彼らの〝インスピレーション〟のもとは人間ではなく闇のレプタリアンたちなのだ。けれども、光の使者（ライトワーカー）である宇宙兄弟たちの進んだテクノロジーのお陰で、この気象コントローラーたちの計画がうまく進んだことはなく、彼らの最も恐ろしい企みはほぼ完全に阻止されているんだ。

といって、重大な結果をもたらす可能性のある大きな気候変動はもうつづいて起きないわけではない。それは光対闇の戦いが勢いを増すに従って最も起こりうるシナリオだ。僕たちの愛する宇宙戦士たちが地球の支援に来て何倍も光で取り組んでくれたので、以前に予想されたほどの悪いことは起きないだろう。地球温暖化については――地球にいるまともな科学者でこの今起きていることを否定する者はいないだろう――何がこの原因だろうか？　オゾン層の穴？　いや、それは地球温暖化を引き起こしているもののまた別な結果だ。ネガティビティがその原因だ。オゾン層が薄くなって最終的には穴になるのだけれど、最初はしばらく前に車と暖房用燃料システムと他の化学反応と排出物によってできたものだった。それらもまたネガティビティの結果だ。それは驚くことではないけれど、これはそうかもしれない――このオゾン層の状況は人為的な作用がなくても起きていただろう。それも単に地球に増え続けている光の自然な望ましい結果としてだ。

オゾン層が薄くなることは大気の浄化とこの惑星のすぐ周りの密度を軽減するのに役立つんだ。このことが科学者たちに知られ、それを彼らが公表すれば、オゾンの減少に対する深刻な不安はなくなるだろう。しかし今のところ知っているのはわずかな数の科学者で、彼らは故意にそれを公表しようとしない。恐れをつくるための広報活動とはまた逆の闇の戦略的企みだ。地球の第三密度でのオゾン層の保護はその生命体にとって必要なことだった。しかし、この惑星が人間から藻類に至るすべての生命体とともにますますたくさんの光を吸収しているために、その必要性は急速に減少しつつある。

お母さんは地球温暖化がこれからもつづくのかと訊いたね。そうだよ。開始されたものは何(なん)であれ自然な経過をたどらなければならないからだ――エネルギーは方向付けられることはない。それは自発的に止まり、そして等しい強さの反対のエネルギーに出会わない限りそこに留(とど)まるか向きを変える。そしてそれがやって来るんだ！　今現在では充分な数の魂たちが気づきを得て真理を求めているので、依然として潜在意識だけれど、惑星破壊を避けるための支援要請の声が非常に高まりつつあるんだ。このため温暖化プロセスによる弊害が光の兄弟たちのコントロールできる範囲におさまっている。そして彼らの進んだテクノロジーによってそのエネルギー指向流(ストリーマー)が解放され、ポジティブな結果を生む方向に導かれるだろう。

これによって気温が安定化されるので熱さと寒さが程よく配分され、乾燥地帯や湿潤地帯、肥沃な土地と荒廃地といった極端な地域が徐々に変化して行き、大気汚染を取り除き、水と土壌中の有毒物質そして漏えい貯蔵施設と廃棄された兵器中の放射性廃棄物を無毒化するだろう。すなわち最も被害を受けた地球体の各器官の再生だ。生態系のバランスを取り戻し、彼女の動植物界全体にかつて存在した調和を復元する。

あなたたちの中にはこのように宇宙からの助けがあることを知っている人たちがいる。今やすべての人々が多種多様な宇宙文明社会のファミリーたちの存在を認め、歓迎し、そして感謝する時期だ。彼らの送っている莫大な量の光とそのテクノロジーが実際に地球と彼女のあらゆる光を受け入れる存在たちの命を救ってきたし、またそれは今後もつづくだろう。この支援作業はあなたたちには手に負えないほどやっかいなものだ。あなたたちの救済のためにあらゆる状況に対処することは、宇宙の友人たち——あなたたちの宇宙ファミリーだよ——の責任ではないんだ。

彼らは地球自身からの助けの求めに応えた。そしてまた数えきれない量の光の奉仕活動に携わる他の存在たちも手伝っている。地球に天国を再創造するためにこれらの存在たちを助けることは、このかつてない時代に参加することを選んだ、すべての魂たちの使命であり生来の権利だ。ポジティブな考えと気持ちが、健康、平和、愛、調和、そしてお互いと神と宇宙全体のすべての生命体がつながっていることを思い出させてくれるのに必要とされている。

これは単に祈りとか切なる希望ではない。宇宙の結果としての現われだ。一人ひとりの内部での変化と惑星体の変化は、大宇宙の中のさまざまな世界の誕生以来最大に行き渡っている変化の反映にすぎない。

お母さん、これはあなたの質問をはるかに超えていることはわかっているよ、でもすべて関係していることなんだ。僕がいつも言っているように、地球で起きることはすべて、あらゆるところのあらゆることに関わっているんだ。

Part-2 さらなる輝き

魂の救済

二〇〇二年五月十八日

人の魂が最基底のエネルギー記録の深みに送られて〃失われる〃代わりに、神性な領域に〃救済する〃とはどういうことか、地球では一般に理解されていない。魂の救済はそれぞれ一人ひとりによるものだけれど、それがどのようにもたらされるのかについてはそこでは正確に教えられていない。魂の救済はたった一度だけのことでもなく、信じることを宣言すれば自動的に結果として現われるものでもない。それぞれの人間の一生を賭けた意識の選択であり、それが魂の救済の道を形づくる。魂の救済とは何かを問う魂の探求者への贈り物であると同時に、自分は知っていると固く信じて問うことをしない者たちの妄想の一生でもある。

魂の探求者たちよ、精神の気づきとスピリチュアルな遺産の記憶に、こころを高揚させなさい。神と地球と宇宙すべてのあらゆるほかの魂たちとの分け隔てできないつながりに、こころを高揚させなさい。あなたたちと、あなたたちに付き添う一生の旅人たちは、〃我は永遠なり〃という恩恵を受けてこの新しい時代へと旅することを選んだことを知って、こころを高揚させなさい。これが魂の救済だ。

DNAとほかの英知

一九九七年一月十五日

スザン　十二重らせん構造ＤＮＡについて何か教えてくれる？

マシュー／グループ　僕たちは喜んでこれに答えよう。従来地球人類にあった十二重らせん構造ＤＮＡが、より高い密度の波動速度とのスピリチュアルで意識的な結合を高めるために送られている光を吸収するように再構築されつつある。創造の始まりから急速に堕ちて行く中で、高い知能を持った元々の生命体の三十重らせん構造ＤＮＡは減少して行き、やがて第三密度の中で現在のレベルになった。

ＤＮＡは肉体の細胞レベルの光の物質だ。物質化が最初に起こったとき、それはあまりにも久遠の昔なので、それが何時なのか私たちのレベルでの理解を超えているが、それを構築するための創造主の原物質との完全なる整合性が、疑いもなく逸脱もなく、支配していた。あらゆる物質は光でできていた。

物質が密度を増して光と気づきだけからかたちあるものに具現化すると、ＤＮＡ要素の構造に変化が必要になった。創造のためのさらに密度の重い身体と物質のビジョンが描かれ、そして具現化されるにつれ、それらの組成がさらに緻密になった。

最終的には、あなたたちが下位生命体とでも呼ぶ最も原始的な生命体を創造できるわずか一条のらせんにまでもともとの三十重らせん構造ＤＮＡが減少するほどの密度がなった。地球のレベルでは二重らせん構造が最低限必要といったことなど、あなたたちは知らない。

密度の下降は長期にわたる地球人類の暮らしの主な理由だった。そのようにしてあなたたちの惑星はＤＮＡ重らせんの数が少なくなった人々が住むようになったが、それは創造の意図する自然な結果なのだ。最小数の重らせん構造ＤＮＡの生命を生産するのが目的でつくられたように、魂たちがより高位の形態の具現化を求めているときには、それにふさわしい重らせん構造の数を増加させるのも同じことだ。ある魂たちはそのままの状態でいるよりも上に行きたいと思っているのだが、これが今地球上で起きているのだ。

これが理解できるかな、愛する人？

スザン　そう思うわ、ありがとう。音から光をつくるという研究について何か知っている？これはあなたたちの世界からここにいる科学者たちに与えられているの？

マシュー／グループ　そうだよ、まさにその通りのことが起きている。それらの科学者たちは、この瞬間地球で活動しているほかの多くの者たちよりもより純粋なこころをもっている。だから彼らはこの領域世界から実験のアドバイスを受ける特権を与えられているのだ。僕たちの科学者たちは、その情報よりはるかに多くのものを地球の科学者たちに送っているのだが、これが実際に利用されることは稀だ。それは、彼らが居心地の良い自分たちの既成概念を進んで変えようという科学者としての意志に欠けているからだ。そのため彼らに与えられている多くの情報が受け入れられていない。

第三密度の存在たちが新しい情報をいつも受け入れようとしないからといって僕たちの科学者たちがイライラするわけじゃない。けれども、もっとこころを開いてくれたらと願っている。僕たちの知識が受け入れられて用いられるだけで、その恩恵は地球にとって非常に大きいからだよ。他の高位の存在たちも叡智に溢れる光を送っている。これもまた軽い好奇心だけで迎えられ、〝サイエンスフィクション〟としてチラッと現われるだけで地球にとっては何(なん)の利用価値もない。地球のもっと多くの魂の探求者たちが光を受け取るようになれば、この科学に対する態度も変わるだろう。

別の質問があるようだね。

スザン　ええ、あるわ。一九九四年に現われ始めた発光現象と電磁気パルス発振源からの超低周波摂動で、〝赤い環のような〟とか〝青い光のジェット流〟とか単に〝稲妻放電〟とか言われているものについてなの。これらの現象を説明してくれる？

マシュー／グループ　僕たちの見解では、これらは別に変わった現象ではない。それらはまったく自然な出来事、あるいは出来事の過程におけることであり、大気中の大きな変化の過程で起きている。この場合は、単に光の存在たちから送られている必要以上の余った光の動きに抵抗する立てこもった闇のエネルギーが勢いよく出たものだ。

今闇のエネルギーの拠点を解放することが進んでいるので、これまでにないほど非常に大きな動きが起きている。つまり、それらが立てこもっている状態から光によって外に出されているのだ。これは〝稲妻放電〟と言っても間違いではないが、もちろんそのように説明しているあなたたちの科学者たちは気象や大気現象によるものだとして、それらが霊的（スピリチュアル）な闘いの証拠だとはまったく言及しない。

青と赤の色をしているのは、スピリチュアルな知性がはっきりそれと分かるのが青色で、闇の怒りがはっきり示されるのが赤色だからだ。しかし見えていない光の色がある。それは単に第三密度の人間の眼には、より高い密度の視力ではっきり見えるたくさんの色合いの識別に慣れていないからだ。それでも、光と闇との闘いで光の勝利に導いている進展を示しているので、良い兆候だ。人々のあいだの口論の際、〝火花が本当に飛ぶようだ〟と言うね。これと同じことを天上にも当てはめれば、何が見えているのか分かるだろう。

スザン　なるほどね。

マシュー／グループ　お母さんのスザン、それはすべて理にかなったことだし、つねに理にかなっていることだ。これは、あらゆる面で、完全なる神の愛と光はその子どもたちのために永遠に行き渡るという意味だ。

地球外生命体（ET）の地球着陸

一九九七年三月十九日

スザン　ほんの数週間以内にETの集団着陸が本当にあるの？　ある女性が読んだ記事の中の着陸日が正確かどうか知りたがっているのよ——その日付を書きつけたノートが見つからないのだけれど、それでも答えてくれる？

マシュー　知っていることなら言えるよ——知らないということもね。ETの集団着陸の計画については何も知らない。はっきりした日程や宇宙船の数、乗船員、着陸地点など、ここで分かっている限り何も決まった計画はない。僕たちの評議会は地球のあなたたちが言う〝数光年〟以内にいるすべての宇宙文明社会とつねに連絡をとっている。僕たちの情報では着陸する乗員たちの安全が保証されないため、今すぐに着陸するという予定はない。それに何年か前に着陸した仲間たちがその後どうなったかは宇宙ではよく知られていることだ。だからこれだけは言えるだろう。その人が訊ねている差し迫った日付が正確でないことは確かだ。

スザン　地球に大変な被害を与えたかもしれない小惑星（アステロイド）をＥＴたちが最近、あるいは今までに破壊したことはあるの？

マシュー　何回かあるけれど最近ではない。あなたたちは映画でこういった天体物質をもてあそんでいるけれど、破壊し、軌道を逸らす必要があるようなものは地球近辺にはないし、向かってもいない。それも変わることもある。どんなことでも、またあらゆることは変化するからだ。でもあなたたちを危険に晒していることが何かあれば、この瞬間地球が最大に必要としていることにはほとんどあらゆる対策を講じている地球外生命体（ＥＴ）によって逸らされるか破壊されるだろう。

連邦準備制度

一九九七年三月十九日

スザン　次の質問はこれ、連邦準備制度が近いうちに明るみにされて崩壊するの？

マシュー　ええと、お母さん、あなたたちにとっての〝近いうち〟というのは、僕たちには当てはまらないんだ。最終的にはそうなって崩壊し、すべてにとってより公平で誠実で公正な別のシステムがそれに取って代わるだろう。連邦準備制度は新しい経済基盤への道を開くためにも崩壊しなければならない。そこから不死鳥のような素晴らしい経済が立ち上がり、それがやがてはうまく行くようになるだろう。あなたたちの国の財源を事実上コントロールしている連邦準備制度——実際はほかのいくつかの名前で世界中で——が決して一貫して問題にされてこなかったのは、そのトップのパワーが闇の存在だからだ。

まったく闇から始まり、活動する他のすべての組織のように、この制度はさらに多くの光がそのトップにいる人間たちに送られることで、その影響力と強力な支配が減って行くだろう。その締め付けが一枚一枚剥がされて行くにつれてその実体が明らかにされ、光の存在たちが手綱（たづな）を取れるようになり、国内の、および国際上の機能的な金融システムが現われて、すべての資源を公平に平等に取り引きし分け与える方法を確立するだろう。

何か受け取る引き換えとして物やサービスを提供することに基づく交換システムがつくられなければならない。お金は――それ自体はまったく悪いものではないけれど――最初は理にかなった交換手段だった。それが、意図的に人々の手を付けられないようにした他のすべてのものと同様になってしまった。今や国際経済は、闇の支配が光に照らされて明らかにされつつある段階に来ている。

スザン　では〝近いうち〟は忘れて――これが達成される推定時期を言える？

マシュー　お母さん、僕は時間枠で予想するのは気乗りがしないんだよ。このレベルでは僕に見えるのは可能性の場のエネルギーの動きだけだ。僕たちの観察力を上回る光の存在たちからの情報も受けている。僕は時期について推定し、不確かな情報を流したくはない。そして今のところ、このお金のシステムを変換する基盤のはっきりした完成時期はそれらの高位の存在たちから来ていない。彼らは完成予定時期を与えずに、このままの展開にまかせることで満足しているので、僕もそうしている。

スザン　わかったわ。質問のリストはそれでお終（しま）いよ。全部に答えてくれてありがとう。

マシュー　いつものことで、どういたしまして。ところで、最初は別にして、今回はだいぶ長い会話記録(シッティング)になったね。あの短い中断以外は今日お母さんと一緒に過ごせてとても良かった。それによく積極的に頑張ったのは立派だったよ。

スザン　マシュー、あなたのエネルギーが重苦しい退屈なグループのエネルギーにくらべてはるかに気持ちよく感じるからなの。背後からの彼らの助けには感謝しているわ。その気持ちをわかってくれるといいのだけれど。

マシュー　僕のエネルギーだけが楽しめるということで彼らは気を悪くなんかしないよ、お母さん――そんなことはいつもわかっているからね。そしてお母さんの感謝の気持ちを感じているから心配しないで。

二〇一二年

二〇〇二年九月十二日

スザン　次の質問よ。二〇一二年は本当に密度が大きく変換するときなの？

マシュー　その年のことは、宇宙文明人たちの記録を研究している宇宙の出来事に精通している研究者たちによって広く語られまた書かれている。場合によっては、その年に大きな変換が起こると情報が誤って解釈されている。この変換はプロセスであり、すでに数十年にわたって進行しているものだから、ひとつの並外れた変換が、ある時期に特定されるというものではない。全能の神のパワーはある状態を別のものに一瞬のもとに完全に変えることができないと言っているのではないよ。ただ、今回はそのようなことは起きないというだけだ。

もっと正確に説明すると、二〇一二年は進行中のプロセスの完成目標日であって、闇の禍いが突然終わることじゃない。そうなのだけれど、その日があなたたちの線形(リニアル)時間ではっきりと決められているわけではなく、どちらかというとおおよそのことで早くなったり遅くなったりする可能性もある。そしてこれはあなたたちが〝時間〟として記録する魂の進展速度の加速化に左右される。以前は、単に第三密度の惑星の存在のことだけを話せば間違いがなかった。地球住民のほとんどがその精神性とスピリチュアルなレベルから抜け出せないでいたからだ。だからといって、その限界から抜け出た人間がひとりもいなかったわけではないよ。なぜなら、神のメッセージを担う人たちはもちろんそうしたし、明確なビジョンをもった人たち——知性とスピリチュアルな明晰さの極めて高い、あらゆる種類の思想家や発明家や芸術家たちもそうだ。でも全般的には人々はそのような高い密度ではまだ考えられなかった。だから彼らの集合的思考が地球全体を第三密度の限界にあまねく持続させていたのだ。
これが約半世紀前に顕著に変化し始め、多くのこころと気持ちを真理の光へと導きつづけている。今の時点ではこの惑星のエネルギーの半分以上が光を持続できるまでになっている。これはそれまでの闇の支配にふたたび戻ることはもうないということだ。けれども、その勢力の自由意志は尊重されなければならないので、カレンダーの二〇一二年までに、あるいはそれより前に闇が完全に消滅するかどうかはまだ分からない。もしそうならなくても、その後にそれが長く存在することがないのは確実だ。

ニビル（惑星X？）

二〇〇一年十一月十七日

スザン　こんにちは。キアラ・ウィンドライダー（『永久への入口 Doorway to Eternity』の著者、未邦訳）がニビル——または惑星Xとほかの人たちが呼んでいる——について、地球にどう影響するのか話してほしいと言っているわ。

マシュー　お母さんそしてキアラ、喜んでするよ。深遠なことを探求する地球のあるグループでは〝惑星X〟が話題になっているようだ。ある人はそれをニビルと呼び、ある人はフォトンベルトのことだと言い、ある人は未知の天体でもっと近づいたら正体がわかるだろうと考えている。つまり、これを確かに言える人間はひとりもいない。それで太古の天体記録を調べてみようということになるんだね。

　これがフォトンベルトだという説はまったくの的外れだ。ある人たちが考えているよりもはるかに大きい影響力をもつこのベルトは、曲がりくねって流れる巨大なフォトンエネルギーの集合にすぎないけれど〝謎の〟惑星Xとは違う。あるいはもっと正確には、その大きさゆえにいまだ確認されていない謎の小惑星（アステロイド）だ。破滅をもたらされたこのアステロイドには苦しんでいる魂があり、より高いスピリチュアルな波動への庇護を求めている。金星ほどの大きさのその天体は灼熱の核（コア）を持ち、非常に荒廃した外観からすれば、いかなる種類の生命の可能性もありえないように見える。

　ああ、これが何も知らない宇宙文明人たちにもたらした嘘といったら！　まったく生命がなく、さまよう死の世界のその姿は、実際はカモフラージュなのだ。アステロイド自身の望みにまったく反して、それは地球すべてを取り込もうと土壇場で抵抗する闇の存在たちの住処（すみか）になっているんだ。これらは傭兵のような兵士たちと考えてよいだろう。なぜなら、彼らは闇の勢力が命令で寄せ集めた部隊で、もし褒美の惑星地球を攻めることさえすれば、夢のような豊かな暮らしができると当座の約束をされている。

つまり最高レベルの闇のエネルギーがこのプランにはたらいているということだ。そして、決定的な点がそこにある。それは計画している者たちの頭の中にだけにあるリアリティーにすぎない。それは、彼らが地球を一気に支配できないのなら破壊してしまおうという闇の絶望的な企みだ——支配という言葉が、アステロイドに乗っている一団による地球の侵略と占領というより、その魂たちを捕らえて支配するという意味でも使われるとすればの話だけれど。

この重大な時期にあって、それを計画している者たちがアステロイドを地球上陸のための彼らの傀儡(かいらい)軍隊の輸送に使うつもりなのか、あるいはそのコースを操作して衝突させようとしているのか分からない。後者の場合は搭乗している哀れな軍隊が犠牲になることを闇の勢力は知っているけれど、彼らにとって生命など使い捨てなんだ。

彼らにとってこのような輸送手段は、もちろん必要じゃない。それは彼らにとって二重の目的を果たすことになる。ひとつは、かつては汚れなき神聖なる星の破壊をもくろむことで、兵士たちを楽しませ喜ばせて納得させることの方が簡単であること、二つ目には、広まっているニビル説とうまく話が合うからだ。

このアステロイドはニビルではないけれど、その説が闇の目的に適うわけだ。ニビルは〝戦艦〟星と言われることがある。闇の勢力が企んでいる現在の目的と合致している――それがまさに彼らがそうしようとする理由だ。ニビルが戻って来ると信じている人たちはこの話には信憑性があると思って、そこに大きな策略があるかもしれないなどとそれ以上深く考えることはしないだろう。より多くの思考形態のエネルギーがこの流れの方向に向けられると、闇の勢力がやろうと望んでいる通りのアステロイドとその不吉な接近がさらに大きなリアリティをもつことになる。

このアステロイドはあなたたちにとって何の危険もない。衝突する力で地球を破壊することもないし、見知らぬ存在たちを運んで来てあなたたちの惑星を乗っ取り、そこの生命体をすべて生け捕ることもない。そうだよ、大きな天体だから、すべてが闇の勢力の思うように事が進めば太陽系全体への影響は甚大だろう。でもそうはならない。あなたたちの時間でこの六ヶ月以内にこのアステロイドはその軌道を逸らされるだろうと僕たちは聞いている。

想像をはるかに超える量の宇宙からの光がこれに伴って送られている。そのほとんどが、地球を安定化し、わずかな地磁極移動(ポールシフト)さえも防ぐために昼夜をついて活動している地球外生命体（ET）たちによって創造されている。地球のネガティビティを浄化するために以前何回かの大きなシフトが起きた。ほかのプランが進行中なので今回は予定されていない。

お母さん、読み返してタイプミスをチェックするあいだ、ちょっと指を休めて何か質問があるか見てみたら？

スザン わかったわ、ありがとう。――マシュー、これは本当に出来の悪いサイエンスフィクションのように聞こえるわ。ニビルって実際あったの？

マシュー これは、何が〝リアリティ〟かという問題だ、お母さん。うん、過去何千年の自分たちの歴史を説明する必要がある人たちのこころの中にニビルは存在していた。彼らが聞かされてきた断片的な話につじつまを合わせ、生きている世界を説明するためにね。これらの思考形態が同じような思考形態と合わさってニビルとその進化した文明社会として具現化したんだ。宇宙のある場所ではニビルは疑いもなく現実になっている。その意味では、確かにリアリティだ。

全なる宇宙は、進行中の具現化している活動の多くとその結果を認識している。しかしすべてというわけにはいかない。あらゆることは神のこころ、あるいは宇宙のこころ、そしてもちろん創造主のこころの中にあるけれど、ことごとく宇宙全体にいる文明社会人たち全員に共有されているわけではない。具現化現象の多くは、エネルギーが彼らから遠く離れて記録されているためにリアリティとして認められない。ニビルはそのひとつだ。それを聞いたことがある文明社会人たちにとっては神話の世界の話だ。実証する知識がないために、彼らにとって物語以上の存在にはならない。

それが巡り巡って行き着くところはこうなる――あらゆる神話の裏には何かしらの真理がある。何かが〝古代〟の人間たちを駆り立ててそのような歴史を考え出し、それらが一緒になって今日知られるニビルを創造した。時空連続体（コンティニュウム）の中では、数千年前に起きたことも今起きていることもまったく同じで、宇宙の発展の歴史の中ではこの二つは異なる〝時間〟ではない。何かが本当のことか神話なのかという分類は非常に難しい――それはほとんど両方であるのが普通で、単にいずれか、あるいはどちらかということはない。

二〇〇二年五月二十一日

六ヶ月経って、さてアステロイドはどこに行ったのか？　そしてマシューにこれも質問した。

――地球の自転が止まるって？

マシュー　まずアステロイドの答えだよ、お母さん。それは現在進行中の誘導エネルギー流の中にある。一気に大きな衝撃で移動させるわけにはいかないからね。今では地球と衝突するコースの可能性はまったくなくなっている。この戦いは自分たちの腕前の見せ所だと地球に向かって降り立とうとしていた戦士たちは、銀河上層部から光を受け入れるか、それとも自分たちのエネルギー記録に従って再教育のための低い密度領域に連れて行かれるか、という選択を告げられている。

ところで、お母さんが聞いた地球の自転が止まるという話は、あなたたちを脅かすとか楽しますためには何(なん)でも厭わない者たちがきっとほくそ笑んでいる作り話さ。けれども、ほかの何(なん)十億の星が絶えず動いているのに、ひとつの天体が突然静止するなんていう馬鹿げた話を納得する人はまずいないと思うよ。

宇宙科学というのは地球では非常に誤って解釈されていて、一〇〇%意図的に歪曲された作り話か悪気のない勘違いのどちらかなんだ。だからどんな考えもあるべきでないのは——僕がいつも考え方や創造に使うのはよくないと言っていながら、〝べき〟という言葉を使うことを許してもらいたいんだ、お母さん。これをほかにどういえばよいのだろう? 善意から出された理論はどのようなものでも無視したり馬鹿にしたりするべきではなく、信頼できる光の存在たちからの情報をチャネラーに依頼して詳しく調べるべきだ。

フォトンベルト、地底文明社会？

二〇〇二年五月八日

スザン　マシュー？　そこにいるの？

マシュー　お母さん、ここにいるよ。あなたがちょうど読んだことと、僕がフォトンベルトと地球の地底社会について言ったことの二つの要点が違っていることを深刻に考えているようだね。この二つについて僕が言ったことに間違いはないよ。

フォトンベルトについては、それをいろいろと考えている人間の数だけ多くの説があるくらいだ。その基本的な理論は、〝地球と衝突する〟から〝地球に接近することはない〟、〝私たちはすでにその中に入っている〟といったものまである。そして地球のほとんどの人々はこのベルトの存在さえ知らない。

今の時点ではフォトンベルトが惑星地球とふたたび接触するほどになるのは何時か、あるいはそれが起こるのか知ることは不可能だ。フォトンベルトの旅が地球との関係ではどのような相互作用も考えられるので、どのタイミングで接近するのかいろいろと推し量ることはもっともなことだ。でもあなたたちが今そのベルト内に入っていることはありえないよ。

お母さん、その理由を聴いてほしい。フォトンベルトが地球を取り巻いたら、あなたたちがその強力なエネルギーの勢いに入っていることを気づかずにいるなんてあるだろうか。動力エネルギー源の大変化は言うまでもない。あなたたちは一世紀以上にわたって同じ動力エネルギー源を持ち、そのあいだ技術革新をつぎつぎとやってきた。そうだね、火力を数に入れれば何世紀も前からだ。でもあなたたちの熱、照明、輸送、電化製品、道具、手術器具などのエネルギー源の中心は電気と石油とガスだ。

ほかのエネルギー源も確かに知られているけれど、たいがいはその開発が企業の影響力によって抑え込まれている。彼らはその経済支配を保ちたいために、エネルギー源として太陽や水や風や新しい技術を歓迎する方向に一気に経済が向かわないようにしている。

そのようにして地球内部から汲み出された石油が、多くの電力供給会社へ燃料として提供されている。同じ地球内部からのガスも同様だ。これらはともに地球のまさに生命力の一部なのだから、彼女がみずからを持続させるためにもとの状態に戻すことができないほどのスピードで取り除いてしまうことは防がなければならない。それは地球にいる魂たちが、地球の生命を自分自身のものと同様に本当のもの、神性なものとして扱えばすぐ止まるだろう。

僕がここで言いたいのは、石油もガスもフォトンが充満した大気中ではその性質上適合性がないので、燃焼目的には使えないことだ。その組成上からもふさわしい名前で呼ばれているフォトンベルトと、地球で最も広く使われている二つの動力エネルギー源との共存はそのエネルギー組成上できない。爆発することなどは問題外だよ。

フォトンが電子よりも優勢に電荷している大気中では、優勢なフォトンが創出される動力パワーのタイプを決定し、その場合はフォトンになる。この時点では、地球はまだ電子電荷が支配している大気なので、電気があなたたちの主要な動力エネルギー源になっている。お母さん、もしフォトンエネルギーが利用できるようになっても、アダプターなしに電気製品を使えないでしょう?

それはフォトンがあなたたちの周りにないということでなく、そのパワーをどのように効果的に応用するかという研究がわずかでも開発どころか調査もされていない。これも変わるだろう。フォトンエネルギーのより高度な技術的応用の変換についての情報が、今ここにいる科学者たちから、そこにいる受け入れる用意のある科学者たちにテレパシーで送られている。そして今地球にはさらに光が増しているので、彼らは自分の〝インスピレーション〟に従って行動できるだろう。

スザン　そうね、あなたが言ったように私たちがフォトンベルトの中に入っていないことは明らかだわ。それが一体今どこにあるのか教えてくれる？

マシュー　宇宙でのはっきりした位置があるのなら、うん、僕はベルトの位置をピンポイントで示せるし、地球を超えたほかのどの観察者たちもそうできるだろう。あなたたちも分かっているように、地球で考案された時間と空間の計算はそこを離れては通用しない。天体望遠鏡の最大観測可能距離は、あなたたちだけに通用する定義と限度に基づいて解釈されて決定されたものだ。それらは時空連続体（コンティニュウム）の中での運動に関する宇宙法則の実際のはたらきとの共通点を今示し始めたばかりだ。

そのうえ、フォトンベルトはニルヴァーナや太陽系といった領域ではなく、高密度の質量をもたない力の場（フォースフィールド）のようなもので、それが広大な曲がりくねった流れになっている。ベルトの運動は無数の思考によって影響される。ほかのすべての〝類は友を呼ぶ〟という思考形態の具現化と宇宙の〝引き寄せの法則〟のように、このベルトは思考形態でできているので、この基本的自然法則によってどのようにも変化させられることができる。

それにもかかわらず、あるいはむしろこの理由から、ベルトは大きな天体たちに対してかなり固定された軌道を旅するが、それは確実な進行と方向性をもった一定の軌道ではない。だから広大な区域の中を進むことができ、巨大な物体を脅かすことはないけれど、わりと小さな天体破片物質を引きつけることはできる。そうやってベルトは今あるようになった。宇宙をきれいにする役目の空の掃除人のようなものだ。

ベルトの運動から発せられる衝撃波（インパルス）は想像を超える遠方にまで放射されている。地球科学が検知していて、やがては、母なる地球からその生命力物質を奪っているエネルギー源の代わりになる〝フリーエネルギー〟と言われているものに利用できるようになるのが、このフォトン放射だ。それらの物質はほかの宇宙文明人たちの高度なテクノロジーによって取り換えられるだろう。そうしないと惑星の癒しが起きないからだ。僕たちが受け取る技術的な情報はそれらの高位の領域に住む人たちからのもので、僕たちはそれを受け入れる用意のある地球の科学者たちにテレパシーで伝えている。今ほかのエネルギーを必要としているすべてにフォトンエネルギーを使うようになれば、あなたたちはまさに光と闇のはたらきの違いが分かるだろう。

お母さん、地球でこの宇宙の具現化の法則を本当に理解している人はほとんどいないよ。そして、それが理解できる人たちは自分たちの別世界の起源と宇宙のつながりにも気づいている。それはお母さんには驚くことではないはずだ。あなたは科学論文に必要な専門用語を僕に与えるほどの教育を受けているわけではないし、その必要もない。あなたのような多くの魂たちはこの説明で理解できるだろう。天体の科学はそれを理解し応用できる人間たちに与えられるだろう。

さて、その記事は別の点で、僕がいつもあなたに適格な、あるいは正確な情報を与えているわけではないと再び感じさせているけれど、それは地球の地底社会のことだ。そうだよ、今もこれまでもずっと長く地底社会はあって、これからもつづくことになるだろう。地球住民全体がそのような運命になるというわけではないけどね。いつかたぶんあなたがたが生きている内に、地球のあらゆる人たちが地底で生きて行かなければならなくなることなんてないだろう。

本当のところは、近い将来愛する地球（テラ）が癒されることで、意識上では覚えていないけれど魂は覚えている素晴らしい世界に彼女が戻ることだ。そのとき、本当のエデンが再生するというのに、その中に住むことを人々が選ばないなんて想像もできないよ。

今、地底に暮らしている人たちが誰もいないという意味じゃなく、そこでの暮らしはほとんどその記事に書いてある通りだ。町々の詳しいところや大きさ、距離、景観はいくぶん実際とは異なるけれど、その情報はすべて正しい。地球の密度に加えて、テレパシー通信のフィルタリング作用と人間の脳が個人的な経験の記憶も曖昧にさせてしまうことから、その多少の誤差が起こる。

間違っているのは、地球内部の住人たちがほかの生き物がすべて全滅したときの大災害を逃れて地球の内部に避難した人々だということだ。そのときにはあらゆる生命が破壊されたんだ——肉体を持って生き残ったものは何もなかった。

この惑星にいた人類のすべてが失われたのは偶然ではない。霊性（スピリチュアリティ）を忘れ、知的支配、征服、どん欲そして恐ればかりにこころを集中した人々によって創造されたネガティビティを解放するために必要だったからだ。それらのエネルギー付加から自由になる時間が地球の再生への必要条件だったのだ。

この大浄化作用が必要だったのは、それまでに自己のスピリチュアルな始まりから堕落した人間たちすべてではないけれど、こころが純粋な者たちは喜んで肉体を去った。馴染んでいた世界がめちゃくちゃになり、この惑星でどこに生き残っても気持ちはよくなかったろう。もっと正確に言えば、いずれにしてもそれは不可能だったろう。

地球でふたたび人類社会を始めてもよいだろうと慎重に考えられた時点で、生命を無理なく持続できるようになるまでにはまだ回復状態にあった地球表面ではなく、居住可能な地球内部に魂たちが肉体を持って転生した。地底に今暮らしている魂たちはそのときにやって来た。それは地球に最初の人口種付け計画でかつて来たか、あるいはそれに協力した同じ祖先たちによる再定住だった。

人類や動植物が再び地球表面に繁栄できるようになると、地底内部の人間たちの幾人かが地上に出て来た。そしてほかの祖先たちによる再定住もあって――ほかにも大きな惑星変動がいくつかあったにもかかわらず――その数を増しやがて今日の六十億人ばかりになった。ここで、その記事と僕が言ったことのあいだに食い違いがあるかもしれない。地球内部に今住んでいる魂たちの多くもレムリアとアトランティスの時代に転生して来ていて、そのとき起きたことをはっきりと覚えていることだ。

お母さん、ほかの情報提供者のそれが何かという説明を否定したり、ましてや疑うわけでは決してないよ。僕の情報がそれと食い違っていると思っているから素直に受け入れられないんだね。それ以上のチャネリング情報を読んでいなくて良かったよ。僕はあなたたちのカレンダーにすると過去三年のあいだにほかの銀河系をいくつか旅しているので、信頼性には自信をもってこの情報をあげられるのは、それがニルヴァーナからの視点をはるかに超えたところのものだからだ。けれどもこれ以前に、僕があなたに伝えたいくつかの情報はそれらの高位領域や僕たちを訪問しに来ていたそこからの導師（マスター）たち、そしてまたそれらの領域と僕たちの銀河系評議会のあいだの継続的な通信からニルヴァーナにもたらされたものだ。

ここで特に強調したいのは、真理の情報の多少の違いは問題ではないことだ。その記事の二つの点が僕の情報と違っていることをとても重大に思っているようだけれど、お母さん、実際にはそれらはささいなことだよ。言葉の順序がおかしかったり、曖昧に聴こえて似たような言葉に間違って記録されたりすることもある。——これはテレパシー通信ではよくあることだ。テレパシーにはそれ自身にフィルター作用があり、受け取る方にもそれぞれあるので情報提供者が送った通りにもとの考えが受け取られないこともある。だから、いろいろなチャンネルを通して受け取ったメッセージが、同じ用語や言い回しまで一致するときもあれば、いろいろな点で異なるときもあるのはそのせいだよ。

真理全体についてのわずかな視点の違いによって、ある一部の魂の探求者たちをその物の見方に基づいて成長のあるレベルに置き、他の一部を、彼らが信じていることとほんのわずかでも違うからといって、異なるレベルに置くということはない。どちらの見方も——そして無数の仲間同志の違いも——光の道程での道しるべだ。そこでの歩みが完全に同じである必要はない。神性なるキリストの光を求めている魂たちは、歩みを同調させる行進隊のように歩調を合わせて歩く必要はない。彼らの道は同じだし、その目的地も同じで、そこに旅して行きたいという欲求も同じだ。しかし、魂たちは一人ひとり違う。

ある人はバラの茂みを通りすぎ、特別な折にもらったバラの贈り物を思い出して微笑むだろう。ほかの人はライラックの茂みを見つけるとそこに留まってその香りを嗅ぎ、子供のころの楽しみに思いを馳せるだろう。また別の人はそのどちらにも気づかないかもしれないけれど、一羽のルリツグミ（ブルーバード）を見つけ、ずっと昔に羽がはえたばかりの小鳥の巣を見たときの興奮を思い出すだろう。これらの魂たちを引き寄せるもの、その瞬間と記憶も異なるけれど、彼らの旅に違いはなく、その目的地は変わらない。

ミステリーサークル

二〇〇二年六月十日

マシュー　その記事の最後の部分はあなたたちの言い方を借りると、〝注目の場所〟だね、お母さん。ミステリーサークルの正確なメッセージは言えない。穀物畑に一夜にして出現するこれらの謎の創造物の実体は単なるひとつの考え方ではおさまらないからだ。

その唯一の目的が彼らが地球外存在だということを広く知らせるのだったら、きっと誰もが気づくような方法を選ぶだろう。上空に何かが出現すれば世界中で見られる。その代わりにこうした、ほかに類のない模様は地上にあって、それを見られる人はわずかだ。世界的に言っても写真でこれを見る人はそんなにいない。

ミステリーサークルの謎に匹敵するような何か異様な物が上空に突然現われれば大衆に大きな恐怖を引き起こすだろう。明らかなことは、それがこのサークルの創作者たちの意図ではないことだ。そうでなければ彼らは間違いなくそうなるような物を創造するだろう。彼らがそれほどのパワーあるテクノロジーを持っていることは確かだからね。

ミステリーサークルの緻密な幾何学的デザインは目を見張るほど驚くべきものだ。美はそれだけで存在する充分な理由があるとも言える。それでもやはり、それだけのデザインを創造する手の込んだ工作以上の重要性がその存在にはあるにちがいない。ある人たちはそれらが地球外と地球上の宇宙人たちのあいだのメッセージだと信じているけれど、それらの宇宙人たちのテレパシー通信は〝記号言語（サインランゲージ）〟を必要としないので、もしそうだとしたら、むしろ謎解き遊びの類いに見える。

明らかにサークルはあなたたちの言語に翻訳されるようになっていない。なぜなら、そこには人がその記号をまともなメッセージに翻訳するだけの共通の基準となる枠組みがないからだ。そしてもしあったとしても――実際に、それができる宇宙人たちが人間のかたちをしてあなたたちの中にいる――誰かが本当にそのメッセージを正しく解読したと、何人が信じるだろう?

そのデザインは本当は一連の公式声明かもしれないし、たぶんそれらをつくった者たちは気晴らしに大いに楽しんでいるのかもしれないが、サークルの重要な点はそれらがまさにあなたたちの畑にあるということだ。そのデザイナーたちは自分たちが地球のすぐ近くまで来ていて、実際に地球上にいることをあなたたちに知ってほしいのだ。このために彼らの存在の証拠を目に見えるかたちに創造したのだ。

制作者たちの意図はどのような言葉のメッセージをも超える彼らの目的をあなたたちが考え、はっきりと理解することなんだ。それは実際に高い知性をもつ存在があなたたちの近くにいて、侵略どころか破壊や汚染するのではなく、地球を保護強化していることに気づくことだよ。もしこの存在があなたたちを破壊し征服することを望めば、とっくの昔に簡単にやっていただろう。それどころか、小麦の茎にさえ何の傷も与えていない。これがミステリーサークルの創作者たちの平和的なメッセージの意図として考えうる最も確かな証拠なのだ。

これは、あなたたちの周りの世界についての〝型にはまった〟思考を捨てなさいという合図ではないだろうか?　ミステリーサークルの説明は、科学やアートの〝型にはまった〟考え方に見出せないことは確かだ。〝新しい〟真理が明らかにされつつある今日、オープンに受け入れるこころが最も肝心だということをこれらの〝不可解なできごと〟がはっきりと示しているのではないだろうか？

そのデザインに誰もが理解できるような言葉によるメッセージがあるかもしれないとどうして僕が確実に言えないのか？　そうだね、お母さん、あなたたちの周りにはたくさんの地球外生命体の人（ET）たちと何百万（なん）の個々のあるいは集団の魂たちがいる、そしてたったひとりのアーティストがサーッと降りて来てそれらのミステリーサークルを全部つくってしまうわけではないからだよ。ニルヴァーナやほかの場所で誰かがこれらを追跡していないわけでもない。いつかそれらのデザインの本当の意味を地球語で発表するだろう。ただ僕はその具体的なメッセージはどれも知らないんだ。

あなたたちの神性が存するインナーセルフ（内なる自分）が示す解釈もきっとふさわしいとあなたたちが思うようであれば、その表象記号にはただひとつの正しい解釈しかないというわけではないというその記事の結論が、今のところ最も賢明な説明だと思うよ。

インディゴとクリスタルチルドレン

二〇〇三年二月二日

スザン　インディゴチルドレンとクリスタルチルドレンについて、その呼び方はさまざまかもしれないけれど、何か知っている？

マシュー　もちろんだよ、お母さん。彼らはここでも同じように呼ばれているんだ。うん、だからその子たちはその名前なんだよ——それを一緒に持って行ったからね。彼らのサイキックパワーと性格と頭の良さについて言われていることは本当だ。それは計画的にされていることだ。だから、これらの子どもたちが非常に進化した魂たちで、地球が向かっている愛と光の時代への同じ世代の先駆けとなるべくやって来ていることを知っても別にあなたは驚かないだろう。

実際、彼らがその動きの礎（いしずえ）の一部だと言えるのは、彼らがもたらしている光がしっかりと一定していて決して破断していないことと、彼らの役目が多方面に渡るからだ。彼らはこの惑星のエネルギーを増しているだけでなく、それを繋ぎ止めるはたらきもしている。クジラたちがやっていることと同じだ。魂のレベルでは彼らは間違いなく知っているけれど、意識のレベルでは、彼らの卓越した才能やアイデア、計画をこころに温めているところだ。それらが、闇の法律と不正な政治からあらゆる国々どうしの思いやりある、平等で平和な関係への移行の基礎になるだろう。

こうした魂たちは〝奇跡的〟と思われる才能を発揮することで知られているけれど、実際には心身ともに健全なすべての人間が生まれながらにもっている才能の範疇のことだ。その生来の能力に目覚めることも、彼らがもたらす贈り物だよ。そして、その子たちが地球の素晴らしいリーダーたちになるにつれてそれが叶うだろう。

アストラル体旅行、地球から離れられない魂

二〇〇二年十二月十八日

スザン　こんにちは。アストラル体旅行と〝地球を離れられない魂〟について、もし本当にそういうものがあれば、教えてくれる?

マシュー　こちらからもこんにちは、愛する人。どちらも〝ある〟よ。ほかのものもそうだけど、

アストラル体旅行をマスターするにはたくさんの知識と練習が必要だ。始めたばかりの旅行者はその危険を知らないことが多く、そして知らないばかりに安全な〝宇宙ハイウェイ〟内に留まらないことがよくあるんだ。それらはエネルギー標識でマークされているけれど、この旅行の新米者たちはいつもそれを見分けられるわけではないからね。

魂自身はこの安全という知識をもっているけれど、旅を行なうかどうかを決めるのは、精神（サイキ）と呼ばれる部分だ。問題が起こるところはそこなんだ。なぜならサイキの組成は第三密度にあって、ひとつのことから他のことへ押し広めて考える演繹的能力があるからだ。第四密度の霊性（スピリチュアリティ）と細胞構造と精神能力に進化している魂たちははるかに安全な旅行ができるけれど、彼らでさえも、宇宙のそのような大変革がある時代には特別な注意を払う必要がある。

地球にはこの旅行を上手にこなす人たちもいるけれど、あまりうまくやっていない人たちもいる。旅立つ人たちすべてが自分たちの肉体に戻っているわけではない。その魂が外に行っているあいだに、ほかの存在たちがその〝留守〟の肉体に入ってしまい、〝持ち主〟が戻っても離れることを拒否するだけのエネルギーをもっていることがある。

場合によっては、肉体の死が訪れることもある。それは、もといた魂が全力で侵入者を追い出そうとして、それにつづく争いによって肉体の生命力が修復できないほどに破壊される場合だ。これらの場合は、その人の死は〝睡眠中の死亡〟という医学的理由にされる。確かに、それらの肉体的な終結がいつも魂どうしの争いの結果というわけではないけれど、そのような場合もあるんだ。

肉体が魂の一人部屋の争いを無事に乗り越え、その勝利者が侵入者ならば、家族や友人たちが驚くような明らかな個性の変化が起こる。この本当の理由は考えにも及ばないので、納得がゆくような理由が与えられる。軽い心臓発作で回復は早かったけれど説明のつかない後遺症が残ったといったようなものだ。もし魂たちの争いでよりひどい機能障害が肉体に残る場合は、さらに深刻な神経系障害のために精神と運動機能に影響が出たとされる。

ほかに、旅行人である持ち主と新居住者とで肉体を共有しようという合意の場合もある。そのときは際立った人格の変化は少なく、これもまた納得のゆく医学的理由のためとされる。これらのどのような人格の変化や肉体死の場合もすべて、それぞれ精神(サイキ)の変化や肉体の元々のエネルギーのリズムの停止による結果だ。

旅行自体の危険性に加えて、家（肉体）に戻る際にはそのような可能性があるので、この重大なときにそのような危険な冒険をすることが本当に安全ではないことが分かるだろう。地球と彼女の光を受け入れる存在たちが第四そしてさらに第五密度波動領域に進んで行くにつれて、これは変わるだろう。霊的（スピリチュアル）にそして知的に進化した宇宙文明人たちが、神の愛の顕現である光を使って、光のグリッド（格子状のネットワーク）を建設中だ。それが完成すれば、安全な宇宙旅行が保証されるだろう。グリッドの完成は、広く行き渡っているこの〝両面のコイン〟にある対極的なエネルギーの使い方の代わりに、光と闇がバランスを取るようになるときだ。より高位の光の領域では、魂たちの旅行の安全は彼らのスピリチュアルなエネルギー記録によってすでに保証されている。

スザン　そのような侵入して来る魂たちは、肉体のない領域に暮らす代わりに、どうしてここの肉体に入って来ようとするのかしら？

マシュー　そうしたいと思っている魂たちの数と同じくらい多くの理由があるんだろうと思うよ。基本的には肉体なしにはできない経験のためだ。肉体のない生に意識して気づくまでは、それがあってこそ経験できる素晴らしさを本当にありがたいと思わないだろう。うん、たくさんの試練もあるけれど、あなたたちの動作や感覚範囲のどの部分でも実際に奪われない限り、普段の呼吸から体操競技の妙技といった敏捷さの表現にいたるあらゆることを当たり前と思っている。

シンフォニーのコンサートを楽しむけれど、その音楽をつくっている演奏者たちの喜びを思うだろうか？　土と野菜と勤しみ、それを収穫する喜びはどうだろう？　あるいは、美味しい食べ物の香りを嗅いで食べることは？　赤ちゃんの誕生の驚異！

スザン　それは思ってもみなかったわ。やはりあなたが言うように、ニルヴァーナがそんなに美しく何でもあるのに、そこよりもここにいる誰か見知らぬ肉体に入りたいという魂は想像もできないわ。

マシュー　最終的には、ほとんどの魂はこの領域を地球後の転生先として受け入れているけれど、僕たちが今話しているのはそうでない魂たちのことだね。本当はね、お母さん、〝地球を離れられない魂たち〟の状況は、今僕が説明したこととそして肉体生を離れた後、次の転生先としてニルヴァーナを受け入れないで、断続的にたぶん何世紀も、〝眠り〟に入ることを選ぶ魂たちと表裏一体の関係があるんだ。（原注『天国の真実―マシュー・ブック1』〝ニルヴァーナ界への適応〟の章参照）

　それがこういった〝地球を離れられない魂たち〟だ。彼らが肉体に戻りたいと願うことは必ずしもネガティブな意図からではない。宗教的信仰や科学的信念があまりにも徹底して強化されていることが多いので、それらとかけ離れている霊界に対して彼らの抵抗があるのは理解できる。彼らの信念が正しいことの証拠として、ふたたび肉体化しようという彼らの動機も同様だ。ある魂たちは地球転生での肉体を残虐に殺された復讐をしたいと思い、また不当に死んでつぐなった犯罪の身の潔白を証明したいと強く願っている魂たちもある。

これらの魂たちが何を正当な理由だと思っているとしても、他人の魂の肉体を乗っ取ることは侵入者に深刻なカルマを積むことになる。うん、もし知らずにそうしてしまったのなら不公平に見えるね。これらの肉体を求める魂たちには明確な指導(ガイダンス)と同時にたくさんの光が与えられる。彼らは自分たちの目的を果たす決心で、そのどちらも拒否するんだ。グッドニュースは、これらの魂たちのほとんどが結局は光を受け入れてニルヴァーナの住人になると同意することだよ。

直前の過去生が地球上ではなく、あるいは、たぶん人間社会でもない多くの魂の存在がほかにもあって、どこにでも入れる肉体を求めている。これらはつねにスピリチュアルな気づきが低いか闇に傾いた魂たちだ。そうでなければ、それらは魂の進化で後退などしないで前進しているだろう。闇の意図をもってほかの魂の肉体を乗っ取ることが最も深刻な進化の退行になることを彼らは知っている。

肉体を見知らぬ者たちに乗っ取られるのはアストラル体の旅行者だけではない。夢の中にいる状態でも、同じことがありうるけれど、ただごく一時的なものだ。空になった肉体が侵入されるときの魂の争いとは違って、これらの場合は、〝持ち主〟の魂は永遠の侵入者に対する、いわゆる防衛手段でつねに警戒を怠らない。非常にストレスを抱えている人たちは、それで精神と肉体とこころのバランスを大きく崩しているので、この防御力が拡散して弱まっていて、エネルギー記録が低いレベルの魂たちによってその弱みにつけ込まれてしまうんだ。

その侵入は束の間なので、たぶん嫌な気分が残るけれど、目を覚ましたときには何(なん)の記憶も意識としてはないだろう。またあるときは、これがトラウマになるような夢や悪夢の原因になることがある。その人の日常生活での関心がそれに取って代わるまでは、それに数日こころが奪われる状態になるかもしれない。継続する時間の違いは侵入者の力と招かざる客を撃退するもとの魂の意思力による。

すべての〝悪い夢〟がこのような訪問者のせいだというわけでは決してないが、昨今では薬が非常に多くの肉体の中に曼延しているので、このように一時的に乗っ取られやすくなっている。処方薬も含めて、薬品中の化学物質は人の魂と精神(サイキ)の両方を冒し、侵入して来る魂を撃退する能力を著しく阻害する。

これらの一時的な経験によるよく見られる影響は鬱と精神錯乱だ。もしこれが頻繁に起こるのなら、専門家によるカウンセリングを受けるか、少なくとも友人に聞いてもらって苦しい感情の対処法を相談した方がよい。残念なことだが、薬が処方されたり勧められたりすることが多く、容態を改善するどころかかえって悪化させてしまう場合が多い。

地球の第三密度のさまざまな要素が個人のエネルギー指向流(ストリーマー)とあい伴ってこれらの侵入を起こさせているところもある。

そこではいろいろと不安や混乱があるけれど、光を受け入れる人は感情的にバランスが取れているので、侵入しようとしても不可能な高い波動域、すなわち高いエネルギー波動域に自動的に入ることになる。そのような行為を企てる魂はすべてその低レベルのエネルギー記録によって第三密度やさらに低級な密度領域に送られる。そうすることで、より高い波動のエネルギー流の肉体へ近づくことが禁じられるのだ。

スピリチュアルな明晰さを得ている文明人たちは、それによって第四密度とそれを超える領域に位置しているために侵入を経験することはない。それは、そのエネルギー記録が地球のより低い密度の限度によって影響されないからだ。

スザン なるほどね。チャネラーがそのような低いレベルの存在たちにつながった場合、光の存在と交信していると思っていても、〝地球を離れられない魂たち〟であることがあるの？

マシュー そうかもしれないけれど、いつもそうだとは限らない。バイオリンを弾くとかご馳走を食べるためでなくても、不当な死の復讐のために肉体を共有し、あるいは乗っ取ろうということよりはるかに重大なことを企んでいる魂たちがほかの目的のために潜んでいる。僕の言う闇に傾いた者たちだ。彼らは権力に飢えている人たちの魂や意識を何が何でも虜にして、それらを使って彼ら自身の闇の支配の目標を達成しようと思っている。

スザン　これも闇の勢力の仕業ね。自分の魂が侵入者の魂を追い出そうとする争いの中でその人が死んでしまう場合、これは生前の合意のことなの？

マシュー　バランスのためのカルマ学習として選ばれる経験によっては生前の合意にある程度の自由がある。魂レベルの〝内部の争い〟はその融通のきく場合のひとつだ。アストラル体旅行とチャネリングからは多くの派生的なことが起こり、それら自体が特殊な経験になる。低レベルの霊体と交わったり、それを乗り越えたりすることがすべて選択された学習となるからだ。

もっと簡潔に言うと、それは誘惑に耐えることだ。これは、気づかない魂のレベルかもしれないし、生前の合意に従って魂の良心部分が応えている意識レベルかもしれない。あなたたちにはその内なる声を無視する自由意志がある。それを何度も何度も繰り返すと、最後には良心はすっかり機能できなくなって、あなたたちが悪だと考える外からの影響をいつでも何でも歓迎することになるんだ。

宇宙の光の砦

二〇〇二年九月十九日

マシュー　宇宙の光の砦とは、その名――光の中の保護――の通りだ。そして地球の場合は電磁波グリッドのことで、エネルギー運動によって屈曲し宇宙船と小さな軌道物体の安全通過を可能にする。このグリッドは、銀河系に現在構築中のはるかに巨大な防御システムの年下の従弟にあたる。これによって、宇宙船や惑星や太陽系全体が干渉されることなく軌道を回ることができる。そして天の川銀河系などを含むあらゆる銀河系の各グリッドとつながっている。

この宇宙ネットワークの目的は、個々の魂と集合魂、そして惑星体と物質化されたときの巨大宇宙船といった、固体のより安全な航行を可能にするためのものだ。アストラル体ハイウェイのデコボコ道は、言わば改修中だ。このグリッドネットワークがどこかで破損すれば、ネットワーク全体の力に影響が及ぶ。地球周囲の弱いネットワーク連結(リンク)はもはやこれ以上許されない。

この弱い連結(リンク)は、国防と異常気象の調査と警戒予報そして通信回線の活性化の目的とされている人工グリッドの影響による結果だ。報道されていないのは、それが世界人口監視システムでもあるということだ。この地球グリッドの真相はそれだけではすまない。それは地球外生命体（ET）の宇宙船をその低レベル構造の周囲以内に接近させないように設計されていることだ。

ほかにも多くの科学的プロジェクトですでに証明されているにもかかわらず、宇宙文明人たちのテクノロジーが地球の遅れた知識よりもはるかに優れていることはないと世界の指導者たちが思い違いをしているのには僕らも首をかしげざるをえない。〝エイリアンたち〟の地球着陸を妨げようという彼らの努力は無駄だと分かっているのに、彼らはあたふたとこのグリッドと〝スターウォーズ計画〟の戦略防衛システムを持ち出してきて、あたかもそれが闇の活動をつづけるための安全な隠れ場だと思っている。彼らの技術的な妨害は宇宙グリッドの完成時期に影響するだけで、それはその時期が〝早まる〟というより〝遅れる〟だけのことであり、地球近辺の部分だけが進展しないというオプションはありえない。あなたたちの惑星の周りの宇宙グリッド部分が完全に定着する前に、地球がアセンションして、より高い密度に到達する必要がある。光が完全に地球に行き渡れば、闇はその輝きに近づくことさえできないだろう。

宇宙にはいかなるものもつながっていないものはない。この光のグリッドネットワークの全体的なはたらきは大きな進展であり、数えられないほどの魂たちに恩恵を与えているけれど、闇の中からひとりの魂が光に出現するだけでも、それはそのグリッドと同じように宇宙にとっては大きな功績だ。光に向かうひとつひとつのステップが宇宙全体からの喜びで迎えられ、後戻りする魂はどれも全員にとって悲しみになる。そしてその魂には新たにもっと多くの光を送ろうという努力がなされる。そうやって幾世にもわたってきているんだ。

Part-3 神との会話

＊マーニー

家族とカルト集団による悪魔的儀式の虐待の犠牲になったマーニーについて行なった私の質問にマシューとそのグループがそれ以上答えられなくなったとき、神がその会話に入って来た。神が私に話しかけるのはこれが初めてのことだったので、〝彼〟が〝二回目〟だと言ったときには驚いた――そもそもその出現自体が私にはショッキングなことだった。その後、私があまりに取り乱してタイプできないでいたときに、コンピュータのスクリーンに現われた短いメッセージのことを〝彼〟が言っていたのだということに思い当たった（原注　それは一九八四年の夏、マシューがなぜあのような若い年齢で死んだのか私に告げたときのことだ。そのメッセージは『天国の真実』の中の〝マシューとのコンタクト〟にある）。

一九九六年十二月二十二日

マシュー／グループ　いや、僕たちはそんなことは言っていない、お母さんのスザン。僕たちが知っていることを言っている。あなたは僕たちの言葉が正しいという確証をもっとほしいんだ。

神　スザン、これは神が話している。これは二回目になるね。ただ今回は、このコンピュータを通したマシューとほかの存在たちとの長い会話に邪魔させてもらうよ。私はマーニーと個人的な話をしに来たんだ。

「マーニー、愛する子よ、どうかがっかりしないでおくれ。いつもそして永遠に私の光と愛の中にいることを知ってほしい。愛する子よ、天使の子（エンジェル・チャイルド）の救いのあいだそしてそれ以来ずっとお前のこころを元気にしてくれている光の中を見てごらん。もう苦しまなくていいのだよ。どうかそれを知ってこころに大切にしまっておいてほしい。

〝私の存在のしるしをほしいとこころで思っているね。白い鳩をあげよう。空に、写真に、木に、絵はがきに、歌の中に見るだろう。その鳩をどこかで見かけたり、その声を聴いたりしたら、そのときは笑ってこう言いなさい『神さまのおばかさん、本当なのね』。それは罰当たりなことではないよ、私の光と愛の娘よ。〟」

これだけだよ、この瞬間は私の召使いだが、いつでも愛されているスザン。誰もほかより余計に愛されることなどないが、私にとって目立つ者たちがいる。その者たちが光により近いというだけのことだが。マーニーはあなたが数多くの転生を生き、学んだ中で知っている光に最も近い魂たちのひとりだ。あなた自身も素晴らしく輝いているが、あなたの生命力はキリストの領域から来たのではない。それは創造主に最も近い最高位の天使界だ。マーニーはそこから来ている。

あなたがこの本でどんなに苦労してもそばに一緒にいるよ、愛する魂。その成功は定められたものだと知っている。アーメン。

スザン　マシュー？　あれは本当に神だったの？　もし、本当に神だとしたら、〝彼〟が言ったことが分かる？　あなたが彼を呼んだの？

マシュー／グループ　そうだよ、お母さん、あれは神だった。〝彼〟をわざわざ呼び出す必要はないんだ。神はマーニーの苦しみにつねに気づいている。〝彼〟は光と愛をさまざまな方法で彼女に送っているけれど、彼女は決してそのほとんどに気づくことはないだろう。彼女があなたをとても思いやりをもったメッセンジャーだと思っていることは僕たちに分かるけれど、あなたの情報提供者(ソース)が本物かどうか疑っているとしても驚かないようにね。結局のところ、あなたは、お互いの交流を通していろいろなエネルギーの感覚を経験するわけだけれど、いまだにそれが本当なのかときどき疑っていない？

一九九七年一月十五日

スザン　マーニーが神から捨てられ苦しみからの救いを決してもらえなかったと感じていることで、神は気を害しているのかしら？

マシュー／グループ　神自身の言葉で答えてもらいたい？

スザン　神がそうしたいと思っているの？　それに、神が私に直接話しかけたりするのかしら？　〝彼〟が本当に神なのか明かさないので、わからないわ――最近やった二回の会話記録（シッティング）だけしかないのよ。

神　愛する魂よ。あなたは質問が多すぎる場合と足らない場合があるね。リラックスして話そうではないか。私はそうしたいんだが、あなたがそうしてくれないとわたしもできない。たぶんまずあなたが先に深呼吸したらいい。

そう、その方がいい。じゃあ、マーニーについて話そうではないか。私が彼女に直接話すよ。

「マーニー、私はあなたの仲間だ、敵ではないよ。――見捨てたと言って私を責めているね。あなたを見捨てることなどしていない。あなたのこころの痛みがあまりにも大きすぎて、見捨てられたと感じたものが本当は救いだったことが見えなかったのだ。あなたが天使の子（エンジェル・チャイルド）を救うために降りて行かなければならなかった深い闇には光がない。だから、あなたが見捨てられたと思うのも当然だ、愛する子よ。なぜなら、闇の中は、私からの分離、光からの分離があるからだ。あなたの魂は理解していたのだが、精神（サイキ）では理解できなかった。」

「もともと見捨てられたという感覚を伴う使命を全うしようというのは、自分で選んだことだった。その天使の子（エンジェル・チャイルド）はあなた自身の子だったのだ。彼女が最後に救いを求めたのも無理はない——あなたは長いあいだ彼女に強いて光を受け入れさせようとしていたのだ。もし彼女が救いを受けることに同意しなかったら、彼女につながる何（なん）百万の魂の子孫たちが生命力を断ち切られて全滅しただろう。」（訳注　天使の子（エンジェル・チャイルド）は神の呼び名で、大天使界の根魂（ルートソウル）である。マシュー・ブック２『新しい時代への啓示』のパート３〝魂のつながり〟にルートソウルが詳しく説明されている）

「肉体にあってのみ、この使命を果たすことができる。肉体があるからこそ失望も落胆もある。あなたの魂は、救うための使命が必要とすることをすべて分かった上で、最高レベルの光と愛をもってその仕事を行ない成就したのだ。その高みでの創造主とのつながりからのみ、魂を取り戻す力とパワーがもたらされるからだ。それがあなた、愛する子のマーニーだ。本にするために私が口述した部分を読めば、はるかによく理解するだろう（原注　これは『新しい時代への啓示』の中の〝失われた魂〟の章のことを指す）。」

「あなたがいるところに私がどこにもいないとまだ感じているこの瞬間について話そう。どこにも鳩がいないだって？　見たと思って、〝まさかー〟と思った梢の上の鳩はどうかな？ところでだ、私はあの鳩の中にいるんだよ。気づかずにいる暮らしのあらゆるところにいるんだ。」

「一瞬一瞬、私のエネルギーがあなたの選ぶものとなって、あなたを満たす。あなたは今恐れを選んでいる。恐れている結果をもたらす出来事や恐れでいっぱいの過去の記憶で頭がいっぱいだ。そうやって意識を縛り上げて恐れが逃げないようにして、それに代わって本当に感じたいと思うことをさせないのだ。」

「マーニー、私の完全なるエッセンスの愛しい子。どうかこの瞬間だけを思っておくれ。あなたたちが言う元気の出る〝ビジョン〟をこころに描いてごらん。それらはあの最高位の天使界で実際にあったことの記憶だ。あなたはそこでは何もしていないと思っているが、そこでやっているんだよ。恐れを離れ、天使のあなたがもつ光の部分を感じるようになれば、瞬時に恐れの領域から出て、それは終わるだろう。同様に苦しみも終わらせることができる。」

「愛するマーニー、あなたの神性はいつもそして永遠に私の神性とひとつだと知って生きなさい。そして創造主の中にある神性の存在だと知るのだよ。」

一九九七年二月二十八日

スザン　みなさん、おはよう。マーニーの質問の答えをくださいと私が祈っているのを知っているわね。

マシュー　お母さん、これは僕だけだ。ただ、おはようと言いたかったんだ、愛する人。僕たちはこの会話記録（シッティング）を神と代わってもらおうと思う。〝彼〟しかその紙に書いてあるたくさんの質問に答えられないからね。僕やグループでも答えようと試みることさえおこがましいだろう。僕は後であなたと話すよ、神の用意がいいようだから。

スザン　おはようございます、神さま。マーニーの質問に答えるために来てもらってありがとうございます。私は記録用としてタイプしますね。あなたはマシューのように読めるんでしょう。それってちょっと無遠慮かしら?

神　そんなことはないよ。愛する魂のスザン、あなたのマーニーへの献身は立派だ。彼女は最高位の霊体（スピリット）だ――あるいは、あなたがよければ魂だ――それをあなたはこの転生で、そしてほかの多くの転生で知るだろう。だから質問をそれぞれ〝記録のために〟タイプしてもらいたい。

質問　私の人生を生きながらの地獄にした人間たちの誰かは、自責の念にかられ私に償いをするでしょうか。彼らはそれが起きたことを否定しています。

神　「マーニー、愛する子よ。あなたは、地球のほとんどの魂たちにはまったく想像がつかないほど創造主に近い領域から来たのだよ。あなたが人間らしいところは、あなた自身と同じ高い分別力をその人間たちに求めていることだ。」

「人間であるからこそ、彼らには自分たちがやったことを精神的に、感情的に、スピリチュアルに深いこころで見ることができない。彼らは自分たちの行為をもちろん分かっているが、その行為のために彼らのハイアーセルフがどれほど償わなければならないのか、気づいていない。自己の魂たちとあまりにもかけ離れ過ぎていて、この関係が分からないだけなのだ。」

「あなたは、この人たちが懺悔のために〝地獄〟に送られるのか知りたいと思っているね。高い意識をもっていると言っても、地球の密度の中にある限り、そのことは、あなたの理解の範囲を超える複雑な状況にあるのだ。だが、ごく簡単に説明すれば、〝地獄〟と魂の成長がそれぞれうまく調和されるように組み合わされているのだ。

あなたが意識の上では知らないことは、天使の子（エンジェル・チャイルド）の救助作業が取り行なわれうまく行くように、すべての者たちが、あなたが経験する必要のあることをあなたにするか、あるいは、あなたにさせるがままにするための合意を魂レベルでしなければならなかったことだ。最初に救助する使命を引き受けるあなたの決断があり、それからその役割を果たす彼らの合意があったから、その使命を成就できたのだ。しかしもちろん、彼らは意識の上ではこのことにまったく気づいていない。

あらゆる経験の中での彼らの〝悔恨〟の場の瞬間と、恐怖がもたらすあらゆる影響を伴う困難な転生経験を引き受け、あなた自身の恐怖と苦しみの原因となることに同意することで彼らが到達する、より高い領域とのあいだに区別はない。しかし、確かに言えることは、愛するマーニーよ、そのプロセスによって、思い描くことができないほどの恩恵がその〝内なる子〟にもたらされるのだ。しかしその一方で、それぞれの魂のパーソネージは――その転生を生きる人間だ――行なったことに気づいて、本当に耐えなければならないだろう。それがそれまで積んだカルマ経験のトラウマとなる部分だ。愛するマーニー、私はこれ以上はっきりと、あるいはより詳しく説明はできない。なぜなら、あなたには光と闇の中で起きることを理解する人間的な能力もないし、それらをすべて同時に和解させることもできないからだ。あなたたちが言う〝最後の審判の日〟は、その虐待者たち一人ひとりが自分のしたその非道さを見るときだ。そして、それぞれが自己批判する中で赦しと寛容をあなたの魂に直接乞い願うことによってのみ、その苦しみが癒されるのだ。

今はあなたが求めているような癒しのときではなく、むしろネガティブな感情を手放し、彼らが全員であなたにやったことを完全に認め受け入れるときだ。それは、彼らの肉体を持つ転生が終わってから始めて完全に彼らの知るところになるだろう。もしあなたがこの地球にまだいれば、このプロセスはあなたの生きているあいだに起こるだろう。だが、それは彼らにはない、分かるかな？　あなたの魂は分かるだろう、愛する子、そして彼らの魂もだよ。

差し当たり、あなたが元々いた最高位の天使界によって与えられる称賛で、あなたが耐えてきたすべてへの償いとしようではないか。」

「これでマーニーには充分だと思うが、まだ私に言ってもらいたいことがあるようだね、スージー。スージーの方がスザンより軽くていいね。私たちが始めたときにくらべると、今はあなたの気持ちがもっと落ち着いているからね。うれしいよ。あなたは心配だったんだ――そう、心配だったんだよ――私が間違ったことを言うのではないかと。おやおや、我が子よ、もちろんあなたが思っていることは私にはわかっているよ。〝神は質問に答えるのが下手なんだから〟とね。どうかね、そうではないのかな？」

スザン　マシューは、彼が私の考えや感情の中へ招かれないときは、それらがプライベートなことだから彼は知らないと言ったわ。でも明らかにあなたはそういう感じではないわね。

神　スザン――ここではまじめに本当の名前で呼ぶ必要があるようだ――マシューはマシューだよ。あなたの深い思いと個人的な考えのほとんどを彼が知るためには、そうだね、あなたの招きが必要だ。しかし、私はあなたなのだ。そしてどの瞬間でも、私があなたから決して離れることなどないのだ。私はあなたの魂だよ、だからあるときは除外され、別のときにはそうされないことなどあるだろうか？　私の子どもたちから私を勝手に切り離すことなどありうるだろうか？　私の存在を認めず、どのような名前で私の存在そのものを誹謗しようと思っている人間たちでさえもだよ。

そこでだ、ではマーニーの質問に戻ろうか。

質問　もし闇には神がいないのなら、〝地獄〟に苦しんでいない者たちだけが〝彼〟を経験できる――これは正しいでしょうか？　〝砂の上の足跡〟の詩はどうなんでしょう？（訳注「砂の上の足跡」は、人生を砂の上の足跡になぞらえて、自分自身と神とのふたりの足跡が最もつらい時期に消えてひとりだけになっているのはなぜかという問いに、〝そのときあなたを背負っていたからだ〟と神が答える、作者不明の詩。参考サイト http://www.ieji.org/archive/footprints-in-the-sand.html）

神　「感情が率直に美しく表現された詩だ。でもそういう問題ではないのだよ、私の愛する子。あなたが完全に見捨てられたと感じるときがあったことは知っているよ――私もあなた自身が感じた通りに強くそう感じたのだ。あなたは私の分身だし、私はあなたのすべてだよ――だから、もちろん私があなたを見捨てたと感じていたことを知っている。

だが、どうして私がそうしたとあなたは感じたのだろう――私が恐怖と拷問を取り除かなかったからかね？　あなた自身が選んだことをどうして私が取り去ることなどできるかい？　マーニー、あなたが選んだ通りに、私はまさにあなたの瞬間瞬間を経験しなければならなかったんだよ。それでも、私は、〝ちょっと待ってくれ、あなたは乗り気かもしれないけれど、私はそうじゃない、だからこの救済はあきらめてくれ〟などとは言わなかった。あなたが天使の子（エンジェル・チャイルド）を見捨てなかったから、私はあなたを見捨てられなかったのだ。」

「たぶんそこにあなたが暮らしてきた奈落の闇があるのだろう。それはそれらの言葉だけで光に変換できるのだ。私はそうなるように願う。本当にこころから願うよ、愛するマーニー。」

スージー、次に行こうか。

質問　一体神の何が役に立つのですか？

神　やれやれ。こうなるとは思っていたがね。まだ最もふさわしい言葉を探しているところだ。あなたのせいではないよ、スージー。だからちょっと落ち着きなさい。あなたがそれを見るにはページをめくらなければならなかったから、その質問に驚いたことはわかる。そこで再び私がマーニーに満足ゆく答えをあげないのではないかと不安になったのだ。

「マーニー、私が何（なん）のためになるのかだって？　じゃあ第一に、ついに救いを叫んだあなたの分身を何（なん）とか救いたいという強い願いに、私がそうさせてあげたことはどうかな。どんなに苦しく恐ろしくつらい経験でもそのすべてを完全に私が一緒に分かち合ったことは？　あなたの長年の記憶をすべて私が一緒に耐えてきたことはどうかな？　そして私が、悪魔だとか、馬鹿だとか、どうしようもない野郎だとか、あなたに何と思われてもそれに甘んじていたことはどうかな？　いつもあなたのこころの中に、そしてほかのあらゆる人たちのこころの中に私がいて、地球のそれぞれの魂が選んで演じているこのあらゆる人間劇が繰り広げられるようにさせていることはどうかな？

「虐待、脅し、飢え、悲嘆といった私の子どもたちが耐え忍んでいるあらゆることや絶望している魂たちのように、ひとりぼっちで気力をまったく失ってしまうことを私が喜んでするとはあなたも思わないだろう。私が喜んでそのような苦しみの原因をつくっているとは確かにあなたも思わないだろう。しかし、私はこのすべてを経験しなければならないのだ。なぜなら、これは私の子どもたちが彼らの経験のバランスのために選んだことだからだ。そうすることで、彼らは自分たちが選んで離れた本来の〝天国〟である完全なる光に戻れるのだ。」

「これをよく考えてごらん、マーニー。そしてもしそれでも充分でなければ、私のところにまた戻って来なさい。」

これでいいだろう、スージー。あなたとマーニーが経験するすべてが私にも等しく感じられていることが分かってあなたが悲しんでいるのを感じるよ。それはどれひとつとして私が選んだからではないのだ。私はただあなたたちの選択に従っているだけなのだよ。

あなたがあれほど長いあいだマシューのことを嘆き悲しんでいたとき、私は同じ悲しみの中にいたのだ。でも、私は彼の魂のいる場所を知っていたし、嘆き悲しむことがどれほど彼自身の状況への適応と成長を妨げているかを知っていた。そして、どんなに私たち全員にとってそうならないようにと私が願っていたことか。しかし、あなたのパワーで選んだことを変えるパワーは私にはなかった。あなたが嘆き悲しんだことはあなたが選んだからなどとは思わないだろう。しかし、マシューとほかのたくさんの魂たちがあなたを元気づけようと送っていた光をあなたは受け入れようとはしなかったのだ。

では、マーニーの質問に戻ろう。

質問　金銭的な不安を少なくしたいです。どうして助けてくれないのですか。

神　「あなたが困っているのは知っているよ、愛するマーニー。私にはそうなってほしくないと思っている部分と、そのようにしなさいと命じているあなたである部分があるのだ。あなたの運命になれるはずだと私が知っていることと、あなたが制約を課しているためにあなた自身でその実現を邪魔していることとのあいだに対立があるのだ。恐れから自由になることに束縛をかけてしまうことについて私が言ったことを振り返ってみてごらん――お金がないことはほかのすべてのことと同様に間違いなくこれに当てはまるよ。

宇宙は――多くの者にとって神と同じ意味の表現だ――あなたが望むもの通りに、どの魂でも望むもの通りにもたらす。求める魂が私で、それをもたらすのも私で、望まれたものを創造するのも私なのだから、そうでない訳がないだろう？　あなたは金銭的に決して自立できないことを恐れている。だから、あなたが望んでいる裕福さを求めていないことになるんだよ。決してそうならないという恐れに捕われているんだ。

あなたがエネルギーを与えているものが何であれ、具現化させるパワーがその状態をもたらす。あなたは裕福さにエネルギーを与える代わりに、裕福さのないことの恐れにエネルギーを与えているのだ。そうではない、あなたは恐れも貧困もほしくないのだ。だが、それらにあなたの気持ちを集中させていることなら、具現化パワーがそれ以外のものをどうやってもたらすことができるだろう？　だからね、マーニー。あなたが自分で――そして私もだが――恐れの経験とお金の心配の理由をつくっているんだ。

気持ちを集中する対象を変えるんだよ。代わりに、お金が入って来ることを思うんだ。現実的になることだよ。キラキラ光る金がシークイン（注　衣服などに用いる小さなスパンコール）や黄金の砂のようにちょろちょろと入って来るのを見てごらん。やがて、それがだんだん大きくなってもっといろいろなかたちになってくるのが見えるだろう。それであなたの家やあなたのこころやあなたの魂が明るくなるのが見えるだろう。恐れるものではなく、あなたがほしいものにただ方向を定めてそのままつづければいいだけのことだ。そうすればそうなる。宇宙の法則は決して間違えないからね。

愛する魂のマーニー。私があなたを想う気持ちは、あなたのこころが幸福を想うよりはるかに大きいのだよ。だから、計画と夢を進めるんだ。それらが何(なん)であれ、あるがままのリアリティの中でのことなら、あなたが自分の夢を叶(かな)えることを光が約束するよ。もしそれらがそのリアリティを超えていれば、ほとんど無意味で自滅的な固定概念に捕われて不可能とあなたが思っていることだから、現実にならない。

しかし、まさにその信じられないという状態こそが夢を不可能にさせてしまうんだ。その逆をしてごらん。そして現実的になって星を求めるのだ。そうすればあなた自身が星と同じようになれるだろう。その時点ですべてがリアリティになる。あなたの〝分身たち〟すべてと、そしてあるがままの〝アイアム（Ｉ ＡＭ）〟であるすべてとのワンネスに戻るのだよ。」

二〇〇〇年四月七日

スザン　マーニーが今でも記憶でこれほど苦しんでいる理由が分かりますか？

神　私の子よ、もちろん分かるよ。これはあなたが到底受け入れ難いことのひとつだ。あなたがマシューと私の両方から答えを幾度となくもらっていないからではなく、聞きたいことを聞かず、そして聞いたことは受け入れようとしないからだよ。

そうだね、もう一度言おう。宇宙の法則がすでに終わっている恐怖とその救う目的をすでに果たしている記憶にマーニーを縛っているのだ。彼女の経験はいまだ宇宙全域にエネルギーの形態としてある。そして類は友を呼ぶように、彼女をその過去に捕らえている恐れによって何度も何度も何度もそれを呼び寄せているのだ。絶え間なく彼女に送られている光を受け入れることで、彼女はこれから自由になれると私は説明してきているよ。

スザン　あなたにはこの悪循環を止めるだけの充分な光を送れるパワーがあるはずだわ。

神　スージー、マーニーがその恐れの闇の場所に居続けることを選ぶ限り——彼女はまさにそれを選んでいるんだ——だめなんだよ。私には創造主の自由意志や〝類は友を呼ぶ〟法則に反することをするパワーなどない。私はそれらの法則を受け継いだので、それらを守らざるをえないのだ。そして覚えておいてほしいが、彼女の救済計画は創造主とのことであって、私とのことではないんだ。

スザン　だったらどうして創造主が彼女を助けないの？　救いは終わって彼女の重大な役目は果たされたのでしょう？　彼女が今苦しんでも誰の救いにもならないわ。

神　彼女の苦しみは彼女やほかの誰にとっても救いにならないだけでなく、それは彼女自身とその周りにいる人たちすべてにおびただしい量のネガティビティ（破壊エネルギー）をつくっている。彼女の恐れ、怒りそして復讐心がひとかたまりとなってできた思考形態すべてが宇宙の思考形態スープにある同類の思考形態に加わり、あなたたちの次元世界では貫通できない強力な闇のバリアとなっている。

スザン　神さま、失礼だけど、マーニーの救済計画がどうして創造主となのか理解できないわ。だってあなたは彼女のことを〝わが子〟といつも呼んでいるのよ。

神　スージー、たとえこの救済計画全体が本当に私の範囲を超えるものであったとしても、マーニーは私の宇宙に生きている。彼女の生命――その精神と肉体と自由意志――はここにある。だから、マーニーというパーソネージとして現われているそのすべての面において彼女は〝私の子〟だ。そして、この宇宙で私が今のように機能するためには創造主の法を守らなければならないし、それ以上のパワーも権限もない。その宇宙に彼女の選択が影響するのだ。

マーニーが私の持ち場を超えるのは魂レベルのことだ。創造主が彼女を救うことについては、私はただ知らない。創造主が始まりのとき以来ほかのすべての魂たちに許している同じ自由意志の選択を彼女にも許しているのか私は知らない。それは創造主のすぐ下にあって私の上にあるキリスト領域に彼女の魂が創造されたときだ。あなたがマシューと私から何度も何度も言われている通りだよ。

わが子よ、私に限界があることを受け入れなければならない。私のリアリティがあなたが教えられたこととどんなに違っていてもだよ。

＊エラ

一九九八年六月五日

マシュー　エラ、神の愛はあなたと愛する人たちの中に、そしてそのまわりにあるんだ。これを決して疑わないでね。あたかもあなたが何か〝間違った〟ことや〝悪い〟ことをしたために、何か不吉なことが起こるという予知能力を神があなたに与えて罰していることなど決してない。そんなことは決してないよ。

神　マシューはもう話していない。神が私の子エラに直接話したいからだ。スージー、マシューにも言ってあるが、どうか私がこの話に割り込むことを許してもらいたい。でもこれは私の愛する子に直接話をして、これまで起きていること、そしてもし自信をもって今もたらされている真実に従えば何が期待できるか、私が彼女に伝える良い機会なのだ。

これまでのように、私が強調するところは私が示すようにすべて大文字などにするようにしてほしい。ありがとう。

「エラ、あなたほど高く選ばれ才能に恵まれている者はいないのだよ。なのにあなたはこの恵みを闇の中に見ている。私の子、あなたが闇の中に生きていることなど決してない。私の愛の恩恵の中で守られているだけでなく、あなた自身を守るためにそのような予感やビジョンを授かっているのだ。あなたの肉体生が危機に晒される状況に何度(なん)か会っているが、そのときは危険を知らせる予感を受け、その警告に従って動かされてきた。そうやって命が救われたのだ。しかしあなたは命を救う恩恵であるその予感とつながっていない。

精霊(スピリット)からの警告に、愛の気持ちと警戒心を抱く代わりに、あなたは恐れの気持ちを抱いて脱出してしまった。それがその始まりだ。その瞬間からその恐れが闇のビジョンを取り込んで――創造して――いる。邪悪でも、間違っても、悪くもなく、あなたを餌にしようというわけでもない、愛する子よ。ただ、あなたのこころに闇が作用しているだけだ。

私にとっても、あなたにとっても、今いるところに——生きて——いることが必要なのだ。あなたは自分の子どもたちだけでなくほかの人たちの人生にも大きな関わりがある。もしあなたの人生が地球で終わることになれば、この転生での彼らとの合意はすべて犠牲になってしまうだろう。だからあなたはずっと光で守られてきたんだ。あなたのビジョンも光の中に入れられるよ。それを**あなた**は闇に入れているから、ただその闇を、バラ色の愛の善良さとあなたのまわりに優しく渦巻いているエネルギーにゆっくりと導けばいいだけのことだ。」

いや、スージー、天国からの電気掃除機のようには行かないよ。だが、こころが軽くなるようにと私があなたに送ったちょっとしたイメージ画像を見てあなたが微笑んでいるように、エラがこれを読んだら微笑んでくれるといいなあと思っている。私の言葉をタイプしているあいだ、あなたのこころは傷ついているあなた自身の子と一緒だった。あなたの気持ちは私の言葉と一緒に留まっていたが、こころのその重苦しさから自由になってほしいのだよ。

「エラ、あなたは人生の分岐点に来ている。あなたの予感を結びつけてきた闇から自由になることが必要なだけでなく、あなたの娘もまたこの影響から自由になる必要があるのだ。あなたのビジョンが本当に示すもの、あなたの才能そしてそれをどう使えるのかを、闇がこれ以上見えなくさせてしまわないように、まずその背後に悪があると感じていることからあなたを解放したいのだ。あなたとあなたの娘が考えているように、悪がその背後にあることなど**決して**ない。**決して**ないのだよ。」

「あの最初の危険からの脱出以前には、それほどネガティブではなくものを〝予見する〟能力をあなたはもっていた。かつてあったようなこの天賦の能力を受け入れ敬うこころがこの時代にはなくなってしまった。地球にいる私の分身たちである無数の魂たちを目覚めさせる試みを私は今やっているところだ。そうすればこの完全な交信と理解への回帰が可能になる。だから、私はこれを他の誰にもないあなただけに与えられた天賦の能力のように言っているが、それはこの宇宙全域のあらゆる魂に生来与えられた能力なのだ。」

「しかし、闇のパワーを発揮させるためにこの能力があるわけではない。だからこの簡単なエクササイズをやってみてくれないか。自分の写真を見て、それを光で包むのだ。」

ばかばかしく聞こえるかな、スージー？　だがね、たとえばアストラル体旅行のように、「え！そんなことできないと言わずに人々が誰でもできるようにするには、このような簡単な方法にしないといけないのだよ。」

「エラ、私の子、あなたが実際に光を感じて幸せに――こころの中の光で気持ちが向上し、高揚して――写っている写真を選びなさい。そうしたら目を閉じて、その写真の中の幸せな自分を感じるのだ。もし写真がなければ、特別に幸福なときを思い出して、その瞬間にいたように微笑んでいる自分を感じるんだ。ほらこの瞬間、気持ちがどんなに高まっているか感じるだろう。」

「この瞬間あなたの気持ちが高められているからなんだ。光があなたに入って来るときの実際の変化なのだよ。その練習を何度も何度も繰り返すだけで、やがて怪しげな暗闇にあった恐れの感覚に感情的に縛られなくなるだろう。あなたの娘も自分の写真を使うか、幸せな時間を思い出して同じことをすべきだ。」

「私が〝べき〟という言葉を使ったことを許してもらいたい。それこそあなたの語彙からは禁じるべきだ。だから、〝べき〟ではなく、ただ〝してほしい〟だね。〝べき〟はもちろん異なる話の場合の伝達手段だが、この転生でのあなたの経験すべての基礎になる自由意志を勘定に入れていない。実際には、すべての転生だがね。」

スージー、どうか深呼吸してほしい。もう一度重苦しさから解放される必要がある。前にもやったように、私をあなたの内に流させてくれないか。——ありがとう。では先に進もうか。

「愛する魂のエラ、あなたがスピリチュアルに成長しているのは、母親の影響があるからだ。あなたはそれに惹かれている。さて、あなたでもほかの誰でも、〝あることには簡単に反発もできて、その反対のものに惹き付けられることだってある〟、と言うだろう。そうだね、光と愛の反対に惹き付けられたかもしれない。あなたたちが〝悪〟と呼ぶ光と愛のない状態のことだ。」

「だが、あなたとほかのあなたの家族たちが魂の合意をしたときに、魂レベルで選んだ道を正しく歩むようにあなたの魂が絶え間なくあなたに合図を送っていたから、この神性の力に惹き付けられたのだよ。もっと簡単に言えば、魂の良心の声を聴いたのだ。これらはかなり複雑な合意だ。それにあなたの想像する以上に広範囲に渡る。でも**私**が**すべて**のこころであり魂なのだから、それでうまく行くのだよ。」

「エラ、あなたは闇の中には**いない**、愛する子。だが、あなたは自分自身をそこに見て、つまずいて混乱し、迷い、そしてときには自分が悪であることを恐れるあまりほとんど息ができないほどだ。そろそろそれから自由になるときだ——本当はもう遅いくらいだよ——そしてあなたの娘をその同じような暗闇から導き出し、あなたがやってきたように何年もそれを経験しないようにするのだ。それは必要がないことだからだよ。」

「あなたがその闇を経験したことは無駄ではない、私の祝福された魂。もしそこから光が生まれ、光による指導と助けが特にほかの人たちへ与えられる場合は経験が無駄になることは決してない。人生を満たし全うする光を、ほかの人たちに伝え、教え、示すことができる。」

＊ノーマン

一九九八年七月一日

神「だからノーマン、この希有なときに地球にやって来ているのが**光**だ、そして〝終末の到来〟と人々が思うものを創造している。一体何(なん)の終わりかね？　あらゆるものに送られている光に従う者が多くいれば、そうしない者たちも多くいるだろう。それはそれぞれの転生の自由意志の選択だ。それを変えることはできない。目覚めて光に入る者たちは高められ、心身ともに私と一緒になるだろう。光を受け入れることを選ばない者たちは私とは一緒にならず、肉体での存在を終えて、ほとんど幼児期の気づきの段階からやり直すことになるだろう。空気を求めて最初にあえぐその瞬間からだよ。」

「それがこの先にあることだ。それが〝予測〟されているものだ。こう言っては悪いが、その〝予測〟という言葉が私にはおかしくてしようがないのだよ。まるで不変不動の何かが〝永遠〟に待っているかのようだ——それで一体それは何(なん)なのかな？　そんなことはない。どんなに小さなことでも瞬間瞬間に変化しないものなどないよ。」

「あなたが訊ねているこの〝予測〟なんだが――あたかも終末やアルマゲドンが近いという――それは忘れなさい。そんなことはあり**えない**よ。それは誰かの考えたことだ。だから彼らが地球に生きてそうする限り自分たちでそれをつくれるのだ。なぜならそれは彼らのアイデアの範疇にあることだけだから。彼らの**信念**がそれをつくり出すのだ。アルマゲドンで頭がいっぱいになっている魂たちにはそのようになるだろう。だが、そのような〝未来〟で頭がいっぱいになっていないあなたたちには、そう**ならない**。」

「私の愛する子ノーマン、光の中に留まっていれば、より高いさらに高いつながり、理解、気づきの次元へと昇れるのだ。あなたやほかのどの人間たちも守れないような複雑で厳格な規則などない。必要なのは光の中に生きることだけだ。簡単に言えば、〝**優しくありなさい**〟。」

スージー、あなたの指がキーボードを踊っているね。愛がこの光の中に流れ出ているのを感じているからだ。それで指がキーボードの上で小ウサギのように飛び回っているんだね。

「ノーマン、あなたに必要なのは、私たちが**ひとつ**であることを頭で知るだけでなく、ここで**感じる**ことだ。あらゆる魂が一緒になっても**ひとつ**だ。ひとつの魂に起こることは全体から決して分離していない。だから、私たちが一緒になって光の中に歩んで行かなければならないのだ。わたしたちと一緒にならないことを選ぶ者たちは、恐れか無知の中に生きているうちにすっかり埋もれてしまった自分たちのワンネスも光も知ることはないだろう。ところで、無知は恐れと欲とそれから起きて来る結果を産む土壌だ。どのような人生であれ、これがその中心にある必要はまったくない。」

「私の考えが甘いと思っているね、ノーマン。そうだよ、もちろん私にはあなたの考えが分かるよ、私の愛する子――だが私が甘いだって？　私にはあらゆる存在たちが知っていることが分かるし、あらゆる存在たちが感じることを感じるのだよ。だから甘いという言葉の意味から言っても、私はそうではない。だから私があなたたちに言う言葉は理にかなっているだけでなく、それが**道**であり、**真理**であり、**光**なのだ。私は数多くのメッセンジャーによって、数多くの言語で、このメッセージをあなたたちのすべてに送ってきた。それなのにあなたたちはいまだにそれを理解していない。だからここで私たちはもう一回やろうとしているのだよ。」

〝やろうとする〟というのを消してくれないか、スージー。あなたたちの言語ではそれでもいいだろう。でも深く考えてみれば、〝やろうとする〟のは、〝する〟より以下の意味になる。それはむしろ本気でない努力、〝これ〟や〝あれ〟がうまく行かないかもしれないと事前に受け入れてしまうことだ。それにうまく行くんだという態度と信念をもって何かに当たらずに、どうやってそれを現実にすることができる？　だから〝やろうとする〟は忘れて――〝べき〟のように――そのように**生き**なければいけない。

「ノーマン、生きることは魂から上に、外に、内側に向かうことだ。どこかに仕切られた小部屋があって、それを見つけて恐くなったり、閉じ込められて悲嘆にくれたりしなくてもよいのだ。あらゆるものに光が届くのだから。」

「さて、愛する私の子、どうやら話が長過ぎたようだ。だが、本当に神が話していると信じている者たちに聞いてもらっていると思うとワクワクするんだよ。私が話しているのはあなたであり、あなたを通して話しているのだが、そうすることは宇宙にいるすべての魂も知っているのだよ。ただ彼らの考えや感情は表には出さないだけだ。」

スージー、私は永遠なる**存在**（**アイアム　I　AM**）だからいくらでもつづけられるが、あなたのからだはそうはいかない。そう、あなたの魂はそうだね――あなたのからだは違う。ちょっと一息入れなさい。

＊エリック

一九九九年十月二十二日

スザン　こんにちは、神さま。

神　そうだ、確かに今日は良い日だね、スージー？　地球の日々にはすべておのずと好さがあるのだよ。今日のあなたとマシューの会話は楽しかったよ。さて、あなたの息子のエリックがあなたに言ったことで私に質問があるのだね。その質問と私の答えの記録としてこれをタイプしてくれないか。

スザン　はい、ありがとうございます。エリックが、あなたは人々を限界まで追い込むようなテストを課しているけれど、どうしようもない限界を超えるようなテストはしないという説を考えたの。彼はそれが正しいのか知りたがっているわ。そして先週のスキューバダイビングの件について、彼にとって何か学びになるようなことをどうか言ってやってください。

神　スージー、始める前にあなたの犬たちに餌をあげた方がもっと落ち着くんじゃないかな？　そうすれば犬たちも満足して喜んで静かになる。

スザン　――神さま、小休止を取ってくれてありがとうございます。思っていたよりも長くかかってしまったわ。ではエリックの説について何か言ってくださいますか。

神　夕飯も全部済んだし、ゆっくりできてよかったね。そうだね、私の方の準備はいいよ。私のやることについての私の子エリック説にコメントしよう。最初に言っておくがね、スージー、あなたも知っているように、私はどの私の子どもたちとも分離されてはいないから、彼の説もすでに分かっているのだ。違うかい？　そうか、それでは私が思っていたほどには私はあなたの考える範囲には入っていないようだ。だが、あなたは、私が誰でもテストなどするかしらと思ってこれまで私たちがたくさん話し合ったことを思い浮かべたことはある。そのことについて私はまったく間違っていないよ。このことは私からあなたの愛する息子に言うことにしよう。

「私の愛する子エリック、まず私とあらゆる生命体とのあいだには分離などまったくないことを理解しなければならないよ――そしてそれはあらゆる動物と植物の生命であって、この宇宙全域にいる無数の形態と文化をもつ人間たちに限らないのだ。もし私が誰かをテストすることがあれば、それは私自身をテストすることになるのだ。分かるだろう？――そんなことは必要ない。それより、私は創造主の贈り物である自由意志が、彼や彼女一人ひとりの自己達成に役立つようにさせるよ。私がそこに立ち入ってその自由意志を勝手にすることは、創造主の崇高なる本質を否定することになるだろう。

私のパワーの力(フォース)は二番目のレベルの〝共同〟創造能力なのだ。創造能力ではない。そしてこの宇宙だけでのことだ。私のようなほかの存在(神)たちも自分たちの管轄する宇宙領域で同じことをしている。つまり、彼らと私は創造主と共同で創造するのであって、それは私の子どもたちがそれぞれすることでもある。なぜならそのもとになるエネルギーが創造主からのものだからだ。この宇宙とほかの宇宙を統治する法は創造主の意図によるものだ。

宇宙のあらゆるところで、すべての生命体によるこの経験すべてに関わる私の役割は、一人ひとりの自由意志の選択によるその共同創造の中にまさしくある。その生命体のほとんどはあなたたちには馴染みがないが、確かに言えるのは、その多くが地球人類をはるかに超える知性をもっていることだ。そしてその上、あなたたちと彼らのあいだに私が知らない、**もしくは、**あなたたち自身の魂が知らないことなど何もないのだ。

私たちがすべてお互いに不可分なのは魂レベルでのことだ。うれしいことに、あなたたちの中には意識レベルでこのことに気づいている人がいる。だがほとんどの人はそうではない。密度の濃く重い大気中に住んでいるあなたたちには、さらに高い次元にいる人たちが完全に気づいている叡智が許されていないからだ。私（アイアム Ｉ ＡＭ）があなたたちで**あり**、あなたちが私で**ある**のは、もちろん意識的な経験レベルに留まらない。私たちの魂は**ひとつ**だからね。だから、この宇宙全域のありとあらゆる生命体の中で、**私は全なる私（アイアム Ｉ ＡＭ）であり**、あなたたちはそれぞれその不可分な分身だ。

あなたの説について私が話す前に、もっとこのことを明確に知っておく必要があったのだよ。そうではない、私の愛する子、私はテストなど**しない**よ。私の子どもたちがそれぞれ選んで経験している危険や安心感を私も同じ程度に経験している。あなたたちがどのように自由意志を使うかについては、あなたたちの誰とでもいつも同意しないことなどない。それが〝愚か〟なのか〝賢い〟のかは、その行動や結果を見る人次第ではないかな？」

スージー、今私がここで言っていることで、あなたと私とで何か同意できないことがあるようだ。あなたには言いたいことがあるのかな。あなたと同様に私も混乱しているようだから。私が〝全能の神〟としての目で見ていないからといって、違うことなどありえないだろう、私の子よ？

スザン　あなたの言っていることに同意していないわけではないの。エリックはあなたが誰だかよく理解しているわ。あなたがどうしてそれをすべて彼に言っているのか分からないわ。

神　子よ、彼がどこまで私のことを理解しているのか、あなたは本当に私よりよく知っていると思っているのかな？

スザン　そうね、たぶん彼は私が送ったものをすべては読んでいないでしょう。とにかく、神さま、先週エリックに起きた危険なダイビングでのこととあなたが彼の不可分な分身、あるいはその逆にしても、についてあなたはまだ話していないわ。ダイビングの先生にエリックを探すように警告し、そしてエリックが酸素不足で死なないようにその空気を分け与えるように言ったのは誰？　あなたはこれらの男たちの両方でもあるし、また彼らはどちらもあなたの分身なのだから、この延命処置を行なったのはあなたの〝傘下〟の分身のあなたなの、それともエリックの守護天使なの？

神　おやまあ！　あなたはだいぶ思い込みが過ぎるようだ。私はエリックへのメッセージをまだ終わっていないのだよ。あなたの感情が私を混乱させたものだからちょっと中断しただけだ。では、あなたの質問から始めよう。

そうだ、あらゆるところのあらゆる生命には守護天使がいる。そうやって、命を救う体制にいつでもなれるようにたゆまぬ忠実な天使の存在があるのだ。しかし、もし私の言っている違いが分かれば、これは死ぬかもしれない危険性があったということで、死の危険ではない。分からないかな？

生死にかかわる、あるいは死の危険に間違いなくなるような危機的な兆しがあったわけではない。しかし、天使は即座の介入が間に合わないほどに肉体死の危険が差し迫るまでは待たないものなのだ。そしてその介入にはたくさんの方法があって、最も迅速で簡単なもの――回避――を天使はいつも選ぶのだ。

ところでエリックが、彼を死なせないように私に頼んだかどうかあなたは知らない、そうだね？　彼はその後私に感謝したことをあなたに言ったけれど、あなたが確かなのは彼があなたに言ったことだけだ。あの介入がある以前に、彼がそのような危険にあったとその瞬間思ったたろうか？　違う。自分をあえてそのような危険を招くような状況に進んで置いたのだろうか？　違う。

彼は確かに冒険心や何かを見つけてやろうという気持ちで愚かなことをしたが、自分自身を命にかかわる危険にあえて晒そうとか、ましてやあのような普通ではない仕方で自らの肉体生を終えたいと思ったわけでもない。それらはすべて、エリックの生命が決して危険にならないように、介入がどのように、あるいは誰によってされたかという問題の鍵になる。

もっとはっきり言おう。もし、あなたたちがダイビングマスターと呼ぶ者の介入がなかったら、彼の命は極めて危険な状態になっていた**いただろう**。あなたの質問は確か誰がその男に介入するように警告したかだったね。そうだ、それは守護天使だったようだ。なぜなら、エリックである私はその経験のあいだ中、エリックの出来事に完全に没頭していたので、危険だと言われるまでそれには気づかなかったからだ。

マシューから聞いていると思うが、私には私の願いを叶えてくれるたくさんの特使たちがいる。守護天使たちはそのうちの一部だ。彼らは、割り当てられた人間の肉体的および精神的な生命の両方を守る主要な守り番(ゲートキーパー)だ。しかし、彼らはその人の自由意志に干渉することは**できない**――決してできないのだ。それは私も同様だよ。

エリックには死にたいという気持ちはなかった。彼が死ぬという自由意志の選択を行使していなかったので、そのようなことが必ず起きないように彼の天使は彼のためにその役目を務めることができたのだ。私はそれぞれの天使に個別に指示を与える必要はないんだよ、わかるね――彼らはすでに割り当てられた人間の地球での転生に必要な指示をもっているからだ。

スザン　それでは、単にエリックの地球での寿命がまだ終わっていなかったというだけのことで、彼が死なないように介入があったというの？

神　あなたは物事を簡単に説明してほしいと思っているね、私の子。しかし、最も簡単なこの説明では満足していない。いや、あなたが言ったようには単純ではない。私が説明したように、エリックが死ぬことを選ばなかっただけのことだ。

私が話したことは起きたことの本質だ。それにはたくさんの目に見えない非常にすばやい考えと行動がはたらいてエリックを深い海で無事に守ったのだ。彼自身の酸素ボンベの量では水面まで息がもたないのでダイビングマスターの酸素ボンベを分けてもらわなければならないほど深い海に長く潜っていたからだ。

いかなる瞬間でもあらゆる人に起きて来るすべての出来事にはたくさんの側面がある――目に見えない、認識されない、感じられない、報われない側面だ。しかし、それがあなたたちの惑星では一般的な気づきのレベルなのだ。そこでは、人間だけでなく植物や動物も含めて、霊性(スピリチュアリティ)があらゆる暮らしの一部であったときにくらべると、大気の密度がはるかに濃く重くなっている。

次に、このことについてあなたの息子のために、何をはっきりさせればよいかな?

スザン　最初に、あなたが話したことを読ませてください。

神　もちろんだよ。だめだなんて言ったことがあるかな、愛する人?

スザン　ありませんけれど、いいだろうと思っているより訊ねた方が丁寧ですから。――

はい、いいわ、ありがとうございます。このダイビングの経験から何か気づきになることをエリックに言えないかと私があなたに訊ねたのだわ。それには〝気づき〟ということに限るべきではなかったわ。ですから、彼に何かほかに言えることがありませんか？

神　私がエリックに言おうと思えばそれに際限はないよ。だが、彼が私に個人的に話してもらう方がよいと思う。実際のところ、私の子、あなたの愛する息子は私とはだいぶ話しているんだよ。ときどきは私が彼に話していることを彼は分かっている。

たとえば、彼はビジネスがうまく行っていることを自分のやり方と性格のおかげだと思っている。そしてこころに調和を感じているが、それは正直でまじめであることに彼がエネルギーを注いでいる自然な結果だ。彼は、「神さま、僕の成功をありがとう」と思うかもしれない。そして、私は彼とともにいるが彼が意識的にまともな行動を選択することには私の責任がないことも彼に知らせるのだ。そうすることで、彼自身がそれを引き起こしたと知ってこころの平和を抱ける。それがバランスだよ。

スザン　今夜の私たちの会話と長い中断に――それに私に――付き合ってもらってありがとう、神さま。私たちはなかなかいいコンビだと思いませんか？

神　うれしいことを言ってくれるね、私の子。そうだ、私たちはいいコンビだよ。エリックと私もだ。さてあなたはこの会話を充分堪能したようだね。別にあなたを急いで追い出そうというわけではないが、もう真夜中だとあなたが気づいていることと、あなたの質問に私が答えたことの満足感に私が応じているだけだよ。

スザン　ええ、私がエリックに伝えられることにとても満足しているわ。またすぐ私たちは話すようになると思うわ。マシューへの質問リストのいくつかはあなたにも回されるようだから。あらためてありがとうございます、そして――「神のお恵みを」の代わりになんて言えばいいの？　創造主のお恵みをかしら？

神　スージー、うれしくて笑っているよ。ただ愛しています、と言ってくれればいいよ。それがあらゆる気持ちの中で最高の、最も大事なことだ。

スザン　それでは、ありがとうございます。そして愛しています。おやすみなさい、神さま。

神　ありがとう、そして愛しているよ。エリック、愛しているよ。無条件に、そして何(なん)の分け隔てなく、私は私の子どもたちすべてを愛している。おやすみ、愛する子スージー。

神――さらに、私が誰かについて

一九九七年一月十三日

スザン　私たちには見えないけれど、あなたたちのいるところからは見えるここでの進展に神さまは心強く思っているのかしら？

マシュー　そう思うよ。〝彼〟に直接話してもらう方がいいのではないかな。

スザン　「神さま、お話できますか？」というようにただ〝彼〟にお願いすればいいの？

マシュー　そうだよ。

スザン　そう、では神さま、マシューと私が話していることについて私が質問と感じていることが分かりますか？　もし答えてもらえたとしても、それがあなたかどうかどうやって分かるのかしら？

神　私の子、あなたがそこに〝？……〟ではなく〝神……〟とためらいもなく確信をもってタイプしてくれてうれしいね。ためらいがあったらその感覚でいっぱいにすれば、いつでも確信をもてる。

地球の〝進展〟については、どのような苦しみでもそれを経験している魂たちとともに泣くし、喜びを感じている魂たちとはともに喜びを分かち合う。私はあらゆる最悪とあらゆる最高の魂だ。だから、最高のものと分離できないし、最悪のものとも分離できない。今地球に起きていることを見て私が喜んでいるか？　幸せな人間たちには、そうだ、私も同じだ。独裁的権力を失うことを心配している人間たちには、私も同様に感じている。わかるかな？

スザン　ええ、そう思うわ。でも、私が言ったのは、全なる神、この宇宙の魂たちの総体としてどう感じているかということなの。

神　個々の分身たちの〝総体〟というのはなく、あるのは融合（アマルガメーション）だ。魂はその肉体での転生のあいだは神性な存在であり、霊体（スピリット）になってもそれは変わらない。だから、それらが地球で繰り広げられる劇を支配するように、神の身の中にあっても影響を与えるのだ。それは単純なことだよ、複雑ではない。だがあなたは私の言葉が理解できないようだ。

私の子として、あなたは私の目から見ても完璧なほどにキリスト教が崇めているイエスの命と等しく重要だ。同時に、苦しみと死をもたらしている魂とも等しくあなたは重要なのだ。あなたたちが認識する肉体、認識できない肉体、あるいはその姿かたちを想像すらできない肉体として生まれたあらゆる魂たちには私のパワーと愛が等しくある。あなたは、私が単に愛情ある情け深い神であると地球で思われている以上の何か存在しないものを私に見せてほしいのだ。

善と思われることと悪と非難されることの両面を等しくもつ私が、そのままの私であること以外にどうあることができるだろう？　私の全なる存在の一段階では、私は純粋な光と愛であった。それから私の創造物の分身たちがマシューの言う闇に堕ちて行った。だが、それらは依然として全体である私とは不可分であった。そしてそれは今でも変わらない。

それが、私が深く悲しみ、不正と残虐性に驚いているという、あなたがこころから願っているような答えをあげられない理由だ。また、地球に光が広がっているのを見るだけでうれしいとも言えないのだ。答えられるのは、それぞれの魂の両面の融合としてのみだ。それぞれの魂には、善と闇、あるいは始まりのときにあった神性、そしてあなたたちにはそのように見える悪になる可能性があるのだ。私の子、私が語っている真理が分かるかな？

スザン　わるいけれど分からないわ。あなたが言ったことをちょっと読ませてください。――ありがとう。すべて理解したかは分からないけれど、あなたが言ったことは、マシューが〝すべてを愛する神〟というのと矛盾するようだわ。

神　それではマシューを訂正しよう。宗教が支配しているところではどこでも、〝全なる〟

という私の存在には抵抗があるようだ。まず第一に、私はあるがままの**私**（**アイアム　I　AM**）である。そしてあるがままの**私**（**アイアム　I　AM**）は、あなたたちと計り知れない――そうだね、調べて教えてあげようと思えば実際の数は分かるのだが、今はそれはしたくない――だから、こう言おう、私は始まり以来のあらゆる瞬間にこの宇宙のあらゆる場所であらゆるかたちで生きている計り知れない数の存在たちだ。

私は、私の子に自分と似ているところを見るが、その子が良きにしろ悪しきにしろ自分の期待するように成長しないとがっかりするような分離した大霊――あるいは、言うなれば親――ではない。私の子どもたちをそのように評価などしない。マシューが光と闇と呼ぶその対極のエネルギーのバランスがある。それが、相反する二つの力がいろいろと変化することを適切に説明する。

拮抗する力がこの宇宙をグルグル回しつづけているのだ。相反する状態から今すぐに変化することなどない。さもないとあらゆることがメチャクチャになってしまうだろう。魂は、宇宙にあるほかのすべてのものと同様にエネルギーであり、私が創造主と最高位の天使界によって共同創造されたときの私の本来の光エネルギーだ。しかし、自由意志が〝無慈悲に濫用され〟たときには――私はあえてこの言葉を使っているが、それはあなたたちがそのように感じていることだからだ。だが、私から見ればそれは正確ではない、愛する子よ――。

もう一度はじめから言おう。たったひとりのこころと魂さえ知りえないほかの人たちから、そのようなまったく乏しい光の中で判断される人間たちのすべてが私だ。地球にいるあなたたちは誰も魂のレベルでの気づきで結びついていない。そのため、ある魂のこの転生における特定の目的については、あなたたちの判断が非常にあやふやになる。誰でもバランスを取るためのドラマで彼や彼女の役を演じることに合意したのだ。それぞれの魂の内なるバランスが大切で、それがひいては地球のすべての人たちに影響を与えることをマシューが何度(なん)もあなたたちに伝えていることを知っているよ。ついでに言えば、宇宙のすべての存在たちにだ。

〝あなたとマシューが話していたことについてどう感じる?〟というあなたのそもそもの質問から逸れてしまったね。だが、それには答えているのだよ。ただあなたが聞きたいと思っていたこととは違っていただけだ。先に進もうか?

スザン　それでは、〝個人的な神〟とは、あなたがほかのどの人間とも等しくそれぞれの人間の人生を尊重するということなの?

神　そうだ、でもあなたの質問は事実以上に大事な動機と目的についてだね。あなたはこの説明にもっと多くを私から期待したいという違いがおそらくあるのだろう。私を創造した光の中に私の分身たちすべてにいてほしいと私が**願っているか**？　**もちろんだ**。完璧である創造主のもとに戻ることを願わないものなどいようか。

しかし、私の分身たちにどのようなつまずきがあっても、私は咎めたり罰を与えたりはしない。たとえその選択が光の中になかったとしても、創造主の法に従って私に与えられたパワーの範囲の中で、あなたたちが言う〝敬虔(けいけん)な〟人たちの祈りに応えるために私はここにいる。分かるかい？

スザン　あなたの最後の言葉を正しく聞いたのか自信がないわ。そうだとしても、あなたの言っている意味がよく分からないわ。

神　もちろん、それは分かっているよ。だが、あなたが何も分からないのにだらだらととめもなく私が話すより、あなたにつねに質問できる機会をつくるようにしているつもりなのだ。はっきりさせるためにここで言おう。この宇宙のあらゆるところで、いつも生きているのは誰でもすべて私である。私は別の分離された存在でも、私に与えられた以上のパワーでもありえない。

また、あなたたちが私の法則と呼ぶ科学や自然法則を、私は新しくつくることもできない。それらは私の法則ではなく、創造主の法則だからだ。その中で私は創造され、私はそれを守る義務がある。私はその法則に異議を唱えているのではなく、ただあなたたちの多くが私について抱いている誤解のせいで、その法則が私のものだとされていることに異議を唱えているのだ。

スザン もしあなたが闇と光のすべてで、光が行き渡ることを本当に望んでいるのなら、みずから闇が望んでいることを否定することになりませんか？

神 あなたが考えているのを見るのはうれしいね、私の愛する子。ハトンも喜ぶだろう。どうしてかって？ それは彼が通信と記録に関しての私の主要な役目をする存在でね、地球から発せられて来る思考のほとんどは浅薄なので、それを超える深い考えを彼は大喜びするからだよ。彼はそこでいわれのない非難を受けている。というのは、だいぶ長いこと私の子たちのひとりが公表していることを彼から受け取ったものだと主張しているからだ。それは虚偽のことなのだが、また別の話だ。

あなたは、私がどちらか一方を支持していることに、あるいはこう言った方がいいかな、どちらの側にもつけないことに困っているね。あなたの考えを正すのにほかにふさわしい誰がいるだろうか、私の子？ 私は、あなたたちが望むとおりの優しさと探求するこころをもち、光に照らされた道にいる。だが、これは否定できないが、それと等しく私には、あなたたちが悪と呼ぶ関心と行為と動機をもつ魂の部分がある。私とその魂とは分離できない。その魂が何をしようと、その結果がどのように〝邪悪〟にあなたたちに思われようと、それらはすべて私を合成する部分になり、そして私とは分け隔てできない部分なのだ。だから、私自身の中でどちらかの側につくということ自体がまったく明らかに非科学的なのだ、そうだろう？

スザン それでは、私たちは本当に自分たち次第なのね。そして、誰かの安全や健康を祈ってそれがあなたに届くことをよろめきながら思うのだわ。実際のところ、あなたがやっていることは気づいていることだけなのね。それでは、実際の恩恵を与える介入は、天使たちやスピリット・ガイド、ニルヴァーナの魂たち、それに高度に進化している宇宙文明人たちといった他の存在たちから来るの？

神 そのような手はずがそんなによくないかな、私の子？——あなたは私がさらにつづけるのを待っているが、まるで私がちゃんと言わなかったかのようだね。

スザン それらのほかの存在(ソース)たちもあなたなんでしょう？

神 いいかね。私はこれを、言われるよりは自分の目で見てほしいと望んでいるあなたたちの精神分析家のようにするつもりはなかったんだよ。しかし、あなたがそのような気づきに達したことは私にとってたいへん元気づけられることだった。それはあなたにとっても同じだっただろう、愛するスザン。

愛する子、ずっと何年もあなたたちが信じていた神と私は違うことがわかるだろう。あなたたちは、教えられたことが正しいという考えにまだ固執している——そうだな、少なくともそのほとんどをだ。だが、そのほとんどは違うのだ。宗教と霊あるいは霊性は同じものではない。なるほど、それらが同じときが地球の歴史で何度かしばらくはあったかもしれない。私がそうしようと思って送ったいろいろなメッセンジャーたちによる真理をある人たちが受け入れ、そうした人たちがそれを〝宗教〟と考えたときだ。しかし実際のところ、それは霊性だったのだ——それが、私の**言葉**を伝えた私の子どもたちの教えに従って、見ること、感じること、光と愛に**生きる**ことだ。

特に、あなたたちがイエスと呼ぶ私の子エマヌエルの場合は、そのメッセージが当時の専横的な権力者たちによって、彼らの権威と支配の地位を維持するために都合よくすぐ改ざんされてしまった。真理にはいつでも欲と権力が邪魔をしてきた。だから、あなたたちの今の宗教は、そういった初期の権力者たちから受け継がれた嘘を教えている。彼らがそれを宗教的な教えに転じ、それに従わない者たちを迫害してきた。

マシューがこれを説明してきたのに、いまだあなたはその考えに固執して、キリスト教が教えていることにあなた自身の分別力を支配させている。そうだね、確かにあなたは真理を受け入れようとしている。なぜならあなたの息子が間違った情報を広めてほしくないからだ。もちろんそうだろう。しかし、私が地球に何度も送った真理を抑圧したことによって生じた弊害をあなたはなかなか受け入れられないのだ。

それで私がどこに関わることになったか？　私のメッセンジャーたちの言葉を故意に歪曲してつくられたさまざまな宗教のあいだでますます争いが増えたのだ――私の名前で殺すことさえした。そこにだよ。それぞれの宗教は自分が絶対的な正義だと、唯一の正しい宗教だと考えている。やれやれだ！　教えられてきたことを何でも信じているそれらの魂たち一人ひとりが私の分身であり、私がそれらのすべてなのだよ。だから私は無条件にすべてを愛するのだ。分かるだろう？

スザン　神さま、私に話してくれてありがとう。あなたが言ったことに違和感がないわけではないことを分かっているわね。もっと時間をかけて考えてみればそれもなくなるでしょう。

神　私の子よ、謙虚さと尊敬と神性なる愛をもって、私はあなたを抱きしめよう。そして、あなた自身の必要性と望みにふさわしい経験をさせよう。一瞬のうちに私はあなたと別れるだろう、一瞬のうちに私はあなたに失望するだろう、一瞬のうちに私はあなたを責め、非難するだろう。それでも私たちは私たちであることに少しも変わりがないだろう。そして私のすべての子どもたちも同様だ。アーメン。

スザン　マシュー？　神さまと私が何を話したと思う？

マシュー　知っているよ、お母さん。それに、いまだあなたの信仰を強力に支配している全智全能で慈悲深い神という宗教観からはずいぶん違う感じの神に戸惑っているのも分かるよ。神は自分を悪く言うことはしない。そして〝彼〟は、たとえその分身たちが嘘ばかりつく魂たちであっても、あなたに不正直であることはない。あなたは光だけを望んでいる。だから、あなたが望むものを与えられるのだ。

スザン　そうね、すべてを本当に理解するにはもう一度読み返す必要があるわ。マシュー、要点は分かっているのよ、でもね、あなたが言うことと神が今言ったこととは同じではないわ。それはどう思う？

マシュー　お母さん、違うよ、神が自分自身にしたようには、僕は神を充分に説明していないんだ。ときどき僕は愛と光が地球に何が何（なん）でも必要だと強調しようとするあまり、それだけが神のものだとしてしまっている。それぞれの魂は神の不可分な分身だとあなたに言ったことをどうか忘れないでほしい。そして僕が何度（なん）もバランスの大切さについて話したことを考えてね。カルマ経験を演じきること、そしてどうして他人の行為をむやみに批判することが進むべき道ではないのか何回(なん)も説明したことを考えてほしい。それはバランスを達成するためにどんな役割を演じているのかあなたたちは知りえないからだ。それを一度に全部まとめて説明しなかったことは僕の手落ちだったことは認めるよ。そうすれば光と闇のカルマのバランスを演じきっているすべてが神であることを理解しただろう。

一九九七年五月二十六日

スザン　では、今私は神と話しているのかしら?

神　そうだよ、愛する人。〝神の宣託〟によって建てられた寺院の中にいたとしても、これ以上に私と一体になることはないくらい、あなたと私はすでに話しているのだよ。

さて、もし私が地球のあらゆる魂たちであるならば、どうやって〝完全〟になれるのかとあなたがマシューに訊いたので、マシューがどうそれに答えるべきか私に訊こうと思っていたところだ。私は彼に自分でやると伝えた。だから私の子、私が〝完全〟かどうかについて話そうとしようか?

スザン　別に悪気があるわけではないのよ、それは知っているわね? あらゆる魂たちがすべて合成したもので、私たちは誰も完全ではないのなら、わたしたちのような欠陥を抱えた部分ばかりで、どうやって完全になれるの？

神　スージー、私の愛する子、私の〝完全さ〟についてだが、あなたはそのほかに私には決して思いつかないこと――〝欠陥部分〟――も言ったね。そうだよ、もちろん私は完全ではない。私は完全なレベルにはない。

創造主の内にあって、あらゆるものが完全になるのだ。それから創造主に最も近いレベルのキリスト領域がある。そこが共同創造が始まったところであり、またそこですべての共同創造が今でも唯一の愛と光という本来の材料によってなされている。これは魂エネルギーのレベルであり、そこからイエスと私のほかのメッセンジャーたちがこの宇宙に肉体化したのだ。もっと明確に言えば、それほどの強さの愛と光がこの宇宙だけでなく大宇宙にも必要とされれば、彼らの魂はどこにでも肉体化するか、単にエネルギー体として現われる。その領域はまた内在する具現化能力、すなわち創造主との共同創造能力を伴った自由意志という贈り物を創造主がすべての魂たちに与えたところだ。

私――そしてほかの宇宙の神々――が現われたのは、創造主とそれらのキリスト領域の魂たちによる共同創造の中でのことだった。あなたも分かるように、私の知りうることとパワーの範囲内では、それはほかの神々も同様に共同創造の能力は劣っている。創造主とともに私たち神々はそれぞれ統治すべき宇宙を共同創造した。
私より上位のキリスト領域には今でも完全さが支配しているが、そこから一度でも離れた魂たちは自由意志をもって、こころに描き想像するにまかせて共同創造するようになった。それが完全でなくなった始まりだ。最初はこのプロセスが新しかったので、まったく無邪気なものだった。そして、どのような結びつきとどのようなパワーがすべての共同創造に伴って与えられているのか一度でも理解していれば、完全さを取り戻しておくことができただろう。しかし自由意志の要素が欲望と意志に傾斜していった。その時点から、不完全さが共同創造された。その要素は、同じものだが、本来の完全さとは結びつかないものになっていたからだ。
さて、もっと質問があるのなら、何なりといいよ。しかし、マシューと話したいのなら彼と私の両方で答えよう。
スザン 神さま、あなたやあなたの宇宙のどの魂も完全ではないと言っているのですか？
神 そうだよ。私の子、今私が言ったことを読んでごらん。そうすればそうだと分かる。
スザン 分かったわ、そうしましょう。神さま、私と話をしてくれてありがとう。では、マシューと話をさせてくれますか？　それも光で完全に守ってくださいね。
神 あなたには何度も言ってあることだが、喜んで繰り返そう。あなたは光の中にあり、そうしていつでも守られている。それはあなたが求めたからだ。人生で光を求める者すべては、それをほしいと願うだけで与えられる。さて私の子、あなたの地球の息子マシューを迎えてやりなさい。

一九九七年十月三十日

スザン あなたはいつも創造主とコミュニケーションをとっているのですか?

神 いや、だがそれは単にその必要がないからだ。その方法はつねにオープンになっている。言わばおしゃべりなどしなくても、私たちはあらゆることに気づいているからね。私のことで創造主が気づかないことなど何もないし、それはあなたたちがすることや感じることで私が気づかないことは何もないのと同じだ。そしてそこには相互への完全な不干渉がある——つまり、創造主と私と、私とあなたたちとのあいだにだ。そのどちらも同じ機能と判断力がその不干渉の基本的な指針となっている。

先日中断してしまった自由意志についての話に戻ろう。自由意志は理解しているね、スージー。あなたはそれがただ好きじゃないだけだ。それについて話そうではないか。あなたには自由意志が呪いのように思えるのだろう。だが本当の話、それをしょっちゅう受け取っている身としては——ここにある隠れたユーモアを理解しないといけないよ——私も同感だ。しかし、あなたには耐えられないように見える苦しみがあるというだけでも、そこには学ぶべき学びがあり、経験すべき選ばれた人生があるのだ。すべての経験は総合的にバランスが釣り合っていなければならない。それがそこではなぜ自動的ではないのか、そしてそれをどう取り戻すべきか話そう。

光に最初の闇が入ったために、最初の〝創造主の恩寵を失うこと〟——そう呼んでおこう——が起きたとき、光の中だけにあったバランスが一方に傾いてしまった。再統合が起きて光がすべてに行き渡るためには、大宇宙全体にいる創造主の分身たちがそのもとにすべて戻らないといけないというのは、創造主が気ままに決めたわけではない。つまり、そうなったらいいだろうといった単なるアイデアではないのだ。地球のエネルギーの利用と、原因と結果の因果関係を規定しているあなたたちの物理法則が、あなたたちの世界だけでなく、大宇宙全体にも同様に適用されることが肝心なのだ。そして、すべてのもとの光エネルギーが〝家に帰る〟までは、どこにでもこのバランスの傾いた状態があるだろう。

だから、それぞれの魂には創造主のもとへ戻る道が分かるようになっている。どの魂の肉体生もその学びの不足を埋め合わせられるように導かれるのだ。問題が起きたのは、あなたたちが〝悪〟と呼ぶものにあまりにも喜びを見出したときだ。〝悪〟が最高の領域で居座わって、いわゆる支配と権力の頂点にいるために、自由意志の物理法則が妨げられてしまったのだ。そのために、その支配を取り除くための天の命令が下される必要があった――創造主がこれを行なった――そうして、自由意志による選択である意思決定のパワーが再びあらゆる魂たちのあらゆる経験の独立した領分になったのだ（原注『新しい時代への啓示』の七章〝創造主の命令〟に詳しく書かれてある）。

スザン　創造主の命令はあなたにどう影響するのですか？

神　そうだね、もちろん集合的存在の自我(セルフ)としての私は大いに喜んだよ。でも私の本質部分である個々の自我の存在としては基本的に気づいていない。あなたはこれを知っている非常にわずかな魂のひとりなんだよ。何十億(なん)の魂たちのほとんどがこれを知らない。だからこの命令の真理がエネルギーレベルで宇宙全体に適応されても、その結果があなたたちの惑星で人類の行動と動機となって現われるのには時間がかかるだろう。それはほかのどこの場所でも同じだ。それは一度に一挙にもたらされるような結果ではない。

スザン　地球でも、あるいはどこでも、人々の計り知れない苦しみがどうして創造主の〝恩寵〟で終わらすことができないのですか？

神　では、あなたが経験をする上でもっと先に進むためには、その不足を補う必要があるのに、突然もうそのコースがなくなっていたらどう感じる？　あれれー！だね？　そうではないんだよ、愛する人。すべての魂たちが経験し成長する機会をもてるように、あらゆる選択がなければならないのだ。

その子どもがそれほどまでに打たれ、虐待され、そして結局は死ぬ安らぎを許されたのはなぜだろう？　あなたたちは言う、何という無垢の、そして何という苦しみと無力感を——一体誰がそんなことを選ぶのだろう？　そして、どの大人たちが、あるいは赤子やよちよち歩きの幼児、あるいは幼い子どもよりも大きい人間が、そのような虐待の人生を望んで生きるほど悪に満ちあふれることができるだろう？　そうだよ、その者たちの魂が光への道程での成長のためにそれぞれの役割を選んだということを受け入れるためには、あなたたちの個人的な経験を超える理解が要求されるのだ。

そのような命にかかわるような苦しみを引き起こすことも感じることもあなたには想像すらできない。そして、あなたが理解するための感情的な基盤をもたないことを、説明することは不可能だ。さて、愛する可愛い子、つまりあなたの生まれついた性質はそのようなレベルの経験を超えているからなのだよ。あなたは、「そこにいた、あれをやった」と言うだろう。あなたはたくさんの転生で苦しみを経験する人だったし、他人にも苦しみを与える人でもあった。

そして今生では、あなたはこの領域（スペクトラム）の両極端のどちらにもある必要がなかった。あなたの人生は悲しみやほかの精神的で感情的な苦悩に無縁だったわけではないが、全体的に、これはあなたたちの言葉で言うカルマ学習のためのシーソー効果のような変化を繰り返す範囲にはない。それはほとんどの地球の魂たちの進化にとってはまだまだ必要なことだがね。

あなたは自分の信念を保留状態にしているね。まるで、言葉では納得がゆくけれどその真理を感じることには抵抗しているようだ。

スザン　どう感じたらよいのか分からないわ――そんなに簡単なことではないのよ。神さま、エルニーニョとか火山や地震活動といった地球浄化の影響について話してくれませんか？それらは浄化作用の一部なのですか？

神　そうだね、あなたがもっと受け入れやすいことについて話そう、私の子。これらの〝自然現象〟を惑星浄化の一部だと考えている地球のあなたたちは、誰もが明らかに私の分身たちだよ。そもそも、あなたたちは私の分身なのだからね。私はそのような場合でもこれらのますます深刻さを増す〝神の行為〟を自然界の浄化と考えるのだよ。それらはすべて、地球の魂が心底から求めた癒しが起きるように、地球からネガティビティ（破壊エネルギー）を解放させ、長年にわたる無視やあからさまな虐待の傷を全体的に癒そうというものだ。特に何を知りたいのかね？　あなたが確認したいというその願い以上のものは何も見えないんだが。

スザン　ちょっと待ってください。――ありがとうございます。カエルたちに変形をもたらしているものが、あらゆる動植物にも影響を与えているのですか？　この奇妙な現象の論理的な説明は何(なん)ですか？

神　第一にスージー、それは別に奇妙なことではない――強力な化学物質の影響による繊細な生殖系の自然な結果だ。あらゆる悪い病気の原因があれこれとされているが、みな同じ理由からなのだ。本質的には、動植物に有害な化学物質が過剰に地球上に溢れているから、彼女の生命そのものを危険に晒しているネガティビティを除こうと、地球がますます激しく反応しているのだよ。

地球の肺、心臓やほかの内臓器官がどれほど傷ついているか、あなたたちには見えないのだ。しかし彼女――あなたたちの地球、あなたたちのガイアだ――があなたたちと違うのはそのかたちだけなのだ――本当に、かたちだけなのだよ――そしてその状態はあなたたちと変わらないのだ。地球は球体だ。その生命体でそのようなものはない。だが地球に影響するものはすべて、彼女の上に生きている生物であるあなたたち一人ひとりに影響している。あなたたちが私と一体であるように、あなたたちは地球と一体なのだよ。

これを始まりから簡単に説明してみよう。宇宙の始まりには、完全さがあった。光と光に満ちた意図のみが、真にエデンという名にふさわしい場所に行き渡っていた。すると、ネガティビティ（破壊エネルギー）が宇宙の他の場所をくぐり抜けてエデンにやって来て、あなたたちの言う、より強いものが〝ひどい〟扱いを個人的にするというようになった。それがネガティビティ対ポジティビティの始まりだ。もはやエデンの完璧なバランスはなくなった。分かるね、最初のピンの先ほどのネガティビティがあっただけで元々のバランスは失われたのだ。

この惑星にその対極性がいったん生まれると、彼女の生命体たちはネガティビティを光に置き換えることでそれをはねつけるか、あるいはそれの蔓延を許して地球の命そのものまでを食い尽くさせることができるようになった。その後者が起きたのだ。

バランスの喪失の始まりは、考え、感じられる生命体に創造主が自由意志を与えたときでもあった。しかし地球が居住可能になる用意ができるまでに――彼女自身その用意があると思っていたかどうかは別として――未発達の人類によって惑星の植民地化を始めた最初の人間たちのあいだに急激な人口増殖が起こり、すでに闇と光にしっかりと分断されたために、急速に衰え始めているこの惑星にバランスを回復するには光の注入しかなかったのだ。

あなたのこころにはネガティビティと〝闇〟とのあいだに混乱があるようだ、愛する子。ほかの説明は別にして、いつでも明解に分かるように話そう。ネガティィビティは〝良い〟でも〝悪い〟でもない。ネガティィビティは〝悪〟や〝闇〟の具現化したものでもない。またそれは〝善良さ〟や〝光〟の反対ではなく、単にポジティィビティの反対だ。

それでも私たちがネガティィビティを〝悪い〟と言うのは、それが普段は、〝善良な〟人々にとって不快な行動や状況と関連しているからだ。あるいは、〝悪〟はネガティィビティにつけられている名前だが、それは悪があなたたちの用語では〝闇〟と非常に密接に関連づけられているからだ。だが、〝悪〟とされているものは単にネガティィビティが作用しているだけなのだ。それは方向付けされているエネルギーのひとつの側面であり、エネルギーそのものは偏りがなく、中立であり、ラベルなどない。

そのように区別する感覚があるが、区別そのものは存在しない。それは〝コインの表裏〟なのだ。それほどシンプルなことだ。二つの側がいつでもあるのだ。だが、そのどちらの側を使うかによって――〝あなたに微笑みがあるように〟とでも言おうか――いつでもどのような領域でも優勢に行き渡る側が決定される。

さて、今日の地球の危うい健康状態をもたらしている問題に戻ろう。ネガティィビティが作用すると、バランスを必要とするものすべてに最悪の傾きがもたらされる。バランスを求めていない生命体などいない。惑星の生存には、ほかのどのような生命体とも同じように、バランスを達成することは絶対に必要だ。魂たちはあらゆる瞬間でバランスを取る絶対的な必要を避ける術を知っているが、それは単に私の生命力が地球のあなたたち一人ひとり、そしてあなたたちの生々しい想像力をもってしても想像できないほど多くの〝あなたたち〟を支えているからだよ。

しかし、球体である惑星はその軌道を一定にするためにつねにバランスが必要だ。その公転軌道が不安定になると、それは惑星の〝死の苦しみ〟の最初の前兆になる。そうなると宇宙の自然の力がすべて仲よくという関係ではなくなり、ポジティビティの配列がずれるために、ネガティビティが〝攻撃〟するがままになる。これはどれも良いとか悪いということではない。ただ自然の力が作用しているだけのことだ。分かるかな？

地球は軌道を大幅に逸れてそのような自然な結果になることも選べた――彼女は粉々になり、最も近い軌道の天体の引力や力に吸収されるだろう。それが惑星としての地球の最後になる。しかし、光の勢力たち、すなわちポジティビティの案内人たちの応援を得て、地球はその運動を正し、軌道運動を安定できた。それを彼女が選んだのだ。そのためには本来の〝健康〟への回帰が必要だ。ネガティビティの緩和とはそういうことだよ。

確かに、あなたたちにはそう思えるような数多くの死傷者を伴ういわゆる〝災害〟もあるだろうし、地理的変動も起きてくるだろう。これはスージーあなたには別に新しい話ではない。あなたたちの時間で言うだいぶ前にこのことは最初に聞いていたからね。あなたは地球のどこかで人間に安全な場所があるだろうかと思っている。そして動物たちのことも心配している。

愛する子、安全ということが地球人類の中では奇妙にも真理から遮られている。安心とは、魂がそれ自身と、その方向、その学びのコースを知ることだ。これが安心することなのだよ。あなたは、あなたのからだという特定なかたちを持って数年生きようという意味で考えているね。そのような肉体の、大勢の人のからだの安全、そしてあなたたちの子どもたちとその家族たちの安全、そして沿岸地域や島々の安全をだ。それについて私は何も保証できないし、そうできるものでもない。あらゆることは、地球が天球体として、居住可能な星として、それが生き長らえるために計画していることに従っている。

今地球上に存在しているあらゆる生命体は魂レベルで来る(きた)べき変化に気づいている。人間の魂はすべて、動物たちも同様に、あなたたちの惑星の歴史で重要なこの時期に経験することを選んだのだ。あなたたちは〝過去の〟転生でこの状況を創造する手助けをしている。あなたたちはこの人生で、地球によって選ばれたコースの中で耐えながら助けている。あなたが知る必要があるのはそれだけだ。これでどうかな？

スザン　そう思います。とにかく私の手には負えないことだわ。それでは、いろいろなところで出現している奇形カエルから私たちは何を学ぶべきなんですか。そのようなことの原因は、エイズやガン――あらゆる病気――そして人間の先天性異常出産と同じものですか？

神　最初に、スージー。あなたの人生はあなた次第だ。それをあなたは知っているではないか。私たちが話してきたすべてについて、マシューから、あなたと話している私たち全員から、あなたが聞いたすべてについてよく考えてごらん。

そのカエルたちについてだが、それらは今地球のあらゆる生命体に起きていることの兆候だ。彼らは、ほかの多くの生命体にくらべて低レベルの毒性に極めて弱い小動物なので、たくさんの奇形のカエルの存在が特に目立つのだ。彼らは、地球のあらゆる生命の置かれている状況をあなたたちの科学者たちに警告する目的のために進んで使われたのだよ。あらゆる生命体とのその関連性が科学で受け入れられるまでには、さらにたくさんの調査研究がなされるだろう。

これらの科学的〝発見〟による真理が地球に明らかにされると、その情報を吸収する幸運に浴する者たちがその後その全容を抑えるようになるのは皮肉なことだ。それほど力がない、あるいは著名でもない科学者たちのあいだにあざけりや否定を恐れる感覚がある。しかし確実に言えるのは、情報の浸透が実際に行なわれるときは、その真理の全容が私たちの宇宙の科学者委員会から最も称賛をもって扱われている人間たちのこころに送られることだ。ただ、その情報が地球に届いても、あなたたちの世界を超える領域からのほどんどの情報のように、〝うさん臭い〟と扱われるだけだ。

あなたたちの政府は実際恥じるべきだよ。なぜなら、宇宙の真理を段階的に導入するべき時限をとっくに過ぎているのにまだぐずぐずしていて、地球に生を受けた他の生命体たちがあらゆる面でスピリチュアルに開花することを妨げているからだ。要するに、政府はたくさんの真理を隠しているので、あなたたちは学びの選択をごまかされているのだ。教会の指導者たちも同じだ。地球は心底から彼女の人間たち一人ひとりの遅れを悲しんでいる。特に、人間どうしや動物たちの扱い方について、今そこに肉体を持って転生している魂たちが選んだスピリチュアルな覚醒への歩みが深刻なほどに遅れているからだ。

スザン　それでは、わずかなパワーをもった人間たちの自由意志の決定によって実際何十億の魂たちが犠牲になっていると、**あなた**でさえ言っているのだわ。

神　いやいや、そうは言っていないよ。そして私が言いたいことはそうではない。だが、あなたが自分の気持ちをタイプし始めてしまったので、私は話を全部言う前に遮られてしまったのだ。肉体ではなく、魂がここでは問題になっているのだ、スージー。そうだ、今起きている多くのことが本来合意していなかったことなのだ。だが、魂のレベルで今調整がされている。あなたたちの言うような、ほかの人間たちを本当に〝犠牲に〟している――しかし、私に言わせれば、〝本来の合意通りに生きていない〟――者たちは、実際には、自分自身の魂の進化を犠牲にしているだけなのだ。あなたたちが彼らの〝犠牲者たち〟と見る人たち、数人の〝加害者たち〟の自由意志のために自分が選んだ本来の学習を経験していない人たちは、地球での転生を離れた後、それが地球であろうとそれ以外の領域であろうと、魂の飛躍的な成長を獲得するのだ。しかし、もちろん彼らは意識の上ではこのことに気づかないがね。

愛する子、あなたにはまだこれを受け入れる心構えがない。その意識をすべて超えることができないからだ。それでは、あなたである私は――そこに違いなどないのだよ――この話はこれまでにしておこう。完全なる愛と自我の敬愛とともに、あなたと私と宇宙の全生命と**あらゆる存在**が相互に結びついていることのために、あなたたちの僕（しもべ）でありあなたたち自身である、これが神だ。

二〇〇〇年四月二日

スザン　あなたは私たちすべてと分離できない存在なので、子どもたちがどこにいようとその一人ひとりとまったく同じ喜びと苦しみを経験すると言っているわ。

神　何度もあなたに言ったよ、スージー。

スザン　ええ、でも宇宙のそうした計り知れない数の生命がすべて頂点で融合するときは、あなたの総合体としての覚醒意識は全体の総合というよりも相乗作用の産物なのでしょう？

神　そうだよ。

スザン　それらの何十億の魂たちによって生まれるあらゆる知識とエネルギーがあるので、あなたには全てが分かり――全智の神ね――そして、それらの結合エネルギーの全てを使えるのだわ――全能の神ね。そのようになっているあなたは何をするの？

神　そうだな、まず、そういった能力をもっているという名前で私は呼ばれているが、それは本来の意味からすれば創造主に対するものだ。私が〝究極の目的〟である創造主でないことは知っているね。私をあなたたちの仲の良い兄弟姉妹として考え想像してみること――私を感じることだ――の方がより現実的だ。その方がとにかく私の真実と本質に近いからね。

しかし最高のパワーをもった私が何をするのかは、あなたに言えるよ。私は山を動かし、海を分け、星々を公転させ、この宇宙ではいまだ知られていない叡智への戸を開く。私は創造主と話し、他の宇宙の神々と話す。私は迷子になった子や脅えている子犬、傷ついた鹿、いたずらに踏みつけられた小さな植物のために涙する。それが私の全なる本質だ。その成分のひとつひとつのエネルギーはお互いに分け隔てできないからだよ。分かるかな？

スザン　ええ、まあね。でも私であるあなたの分身が、また別のあなたの分身である誰かを傷つけたら、全体としてのあなたはそれを黙って見過ごすのですか？

神　やれやれ！　何よりもまず、創造主の自由意志の法がある。もし誰かがそれを使って他の者を傷つけようとしても、私はそれに介入できない。だから、私は最初の人間の傷つける行為だけでなく、二番目の人間の傷つく感覚をもまさに経験するのだ。人類やこの宇宙のどこにでもいるほかの生命体の苦しみから私が逃れることはできない。それはちょうどそれらの喜びをそのまま経験せざるをえないのと同じだ。だから、私がこの自由意志の行使を黙って〝させておく〟という問題ではないのだ。いいかね。

スザン　では、ある人たちがその自由意志でやっていることをあなたは気に入っているんですか？

神　あなた自身が気に入らない自由意志をもった人たちを私に批判してほしいとあなたは訊いているのだよね？　どうか許してもらいたい、私の子。質問自体に批判する響きが含まれていたからだ、そうではないかい。少なくとも今は、私にはふさわしくない高みであなたが私を敬わなくなってももっともだよ。

スザン　それはどうだか分かりません。あらゆる人の肉体的、精神的、感情的な苦しみが結合したものをあなたが感じるのであれば、闇の勢力が地球や宇宙のほかのどこにでも足場を築くようになったのは、あなたのパワーを弱めたからですか？

神　答えるのは簡単ではないな。私は弱くない。確かなことだ。苦しみの強さが、耐えている一人ひとりにとってどうしようもなくなるというわけではない。しかし、それがすべて結合されたとしても――もちろん、あなたたちには想像すらできないことだが――弱さは全なる私の一部ではないのだ。そうだ、苦しみはある。だが弱さではない。そして、この計らいに対するほかの道は与えられてすらいない。つまり、私の愛する子どもたち一人ひとりが耐え、野や海にいる私の愛する動物たちが耐えると同じように、私には耐えるしか道がないのだ。

エネルギーに区別はない。思考と感情と意図と行為によるエネルギー〝付着〟と呼ばれる特殊な方法でコントロールされたり方向づけされたりするが、エネルギーの中立性は決して失われない。したがって、私を合成している本質（エッセンス）であり、この宇宙のあらゆる生命体と共有しているエネルギーは、減少することも、失われることも、他の宇宙にかたちを変えることもないので、決して弱められることはない。どうやら物理学の話になってきたね。あなたがこの分野にどんなに無知か、私ほど分かっている者はほかにないよ。

スザン　ごもっともだわ。そのすべての苦しみをあなたはどうやって癒すの？

神　苦しみが何であれ、いずれかの魂が感じている限り私は自由にはなれない。その代わり癒されると私も癒される、あなたたちがまだそう思っている〝全なるもの〟としての私がね。

スザン　ほかの人たちにそのような苦しみを引き起こしている人たちの悪もあなたは経験するのよね。それについてはどう感じるの？

神　私の子、ひな鳥が別の鳥によって巣から押しやられたときどう感じるかを考えてごらん。その落ちるときのショックと恐さ、外傷からの痛み、そして何が起こったのか、これから何が起こるのか分からない恐ろしさを考えてごらん。光から深く堕ちてあなたたちが悪と呼ぶことを喜んでやっている私の分身たちにも同じ恐ろしい、無力感を感じる。彼らはこれからどうなるのだろうか？

彼らがほかの人間たちにもたらす苦しみを私は憎悪するか？　そうだよ。そして、私はその苦しみをもたらしているその存在たちの魂に光を送って手を差し伸べるのだ。しかし、光に応えるかどうかは、独自に機能している神性なる私の分身であるそれぞれの個人次第だ。闇が覆い尽くすときは、あなたたちの想像以上に私は悲しみに包まれる。特にそのような罪のないものが苦しみ、ときには殺される場合だ。あなたも知っているように、すべてが肉体的に耐えうる苦しみを選んだわけではないからだ。

地球の子どもたちがますます進んで多くの光を受け入れるようになって、長年にわたって地球のエネルギーを妨げてきたいわゆる悪の最大の根源（ソース）が変化している。しかし、注意してほしいのは、闇の頂点からの自由意志の束縛を解くために必要だったのは、創造主の命令であり、私のではない。

二〇〇〇年十月二十六日

スザン　マシュー、神は送られてくる光に対するここでの対応に満足しているのかしら？

マシュー　お母さん、神が求めない限り僕がその代弁をしないことを知っているよね。そして〝彼〟（神）はここではそうしていないのだから、このことについて神と話してみたいかい？

スザン　そうね。神さま、このことでお話し願えますか？

神　スージー、私の子、よろしい。あなたとキーボード上で交信できる機会はいつでも歓迎だよ。その驚異的な電子テクノロジーとつながっていた方が、あなたがもっと私たちの会話に余裕をもてるからね。

そうか、絶えず送られて増大する光に対する私の子どもたち全員の反応に私が満足しているか知りたいのだね。私の一部がひどい苦しみと恐怖にあって、私のほかの部分がその苦しみと恐怖を引き起こしているときに、どうやって〝満足している〟と言えるだろうか？　私に〝イエス〟か〝ノー〟と言ってもらいたいのは、総合的な満足という意味だろうね？

たくさんの〝イエス〟と〝ノー〟があるのだが、それらはお互いに相殺するものだろうか？

そうではない。だが、私の望むほどには光が人々のこころや気持ちに届いていないのだよ。だから、あなたのこころを〝侵害〟しない程度の答えとして私に言えるのは、そのくらいのことだ。

もし自由意志の法則がなく私の思い通りにできたらどのように物事を変えるのだろうと、あなたは思っているね。そうだとしても何も変えられないのだよ、愛する子。分身たちとして分かれている者たちに無理につながりをもたらすわけにはいかないだろう。自由意志によって全体感という私の感覚が妨げられているわけではない。むしろ、つねにみずからの思うままに活動している独立した神性なる私の分身たちこそまさに私自身であり、私という自我の存在にほかならないのだ。

それでは難解かな。ではこう言えばもっとあなたには分かりやすいかもしれない。あなた自身とあなたの子どもたちを見ればよい。ほらどうだい！

スザン　なるほどね――ありがとう、神さま。あなたの正式名はヤハウェですか？

神　そうではない。それに、私の名前はあなたたちに聴こえる音の範囲にはないので聴いても分からないだろう。私の耳に満足のゆくようなそれに近い音でも無理だと思うよ。

スザン　わかりました。この宇宙のあらゆる生命体ひとつひとつが合成した感情というのは、地球人類の感情範囲（スペクトラム）に入るのですか？

神　それに対する共通な基準となるものをもたないあなたたちに、その感覚（センセーション）を説明するのは難しいことだな。地球人類の感情は、密度のもっと軽い進化の段階にある存在たちにくらべて非常に硬く、荒い範囲にある。しかし、あなたたちの感情は、この宇宙のたくさんの領域で原種人類として今出現しているほかの生命体よりもより高い波動域にある。

この方があなたたちには分かりやすいと思うよ。そうだ、私たちの繋がりによってあなたたちとまったく同じように私も感じるるし、あなたたちの惑星上のあらゆる他の生命体とも同じだ。宇宙の合成感覚については理解しようとしない方がいいだろう。

スザン　結構よ。あなたはマシューについて素晴らしいことを言ってくれたし、私のほかの子どもたちについても良い感想をくれたわ。そのことでは感謝します。

神　それらの魂たちが自分自身でやっていることなので、別に私が感謝されるほどのことではないと思うが、あなたの言いたいことは彼らに対する私の言葉への感謝ということだと理解している。

スザン　そうです。もうひとついいですか？　私が〝マシューの末裔（まつえい）〟とはどういう意味ですか？

神　マシューの魂は太古からのもので、宇宙の始まりからの光の存在なのだ。あなたの息子としてではなく、彼の魂を含むすべての魂の経験の合成としてだ。それはあなたの魂が彼の魂の明確な感覚的側面になる以前に経験していた。その経験すべての生みの親である魂の分身となって以来、あなたと彼が気づきを分かち合わなかったことは決してない。そして人間として、そしてほかの転生で、ともにあることを長いあいだ選んできた。それもずっとずっと長い年月をだよ。

スザン　ずいぶんと長いあいだ一緒なのね。神さま、今日話してくれてありがとう。

神　どういたしまして。私もあなたと話させてもらってありがとう。お互いに話し合うのだよ、私の子。私があなたと話すことに驚いて、私を〝すごい〟などと決して思ってはいけないが、私たちが決して離れていないことをあなたが知って驚くのを私が得意に思ってもいいだろう。
　このような出会いはこれで最後にしてはいけないね。今しばらくさよならを言う前に、もう一度あなたの笑顔を感じたいのだ。それでは、チャオと言おう。これだと〝神らしい〟別れの言葉だとはあなたも思わないだろうからね。本当は〝じゃーね〟と言いたかったのだが、それだとあなたは何か自分の勘違いかと思ってしまうからだ、そうだろう？

スザン　たぶんそうですね。マシューやほかの存在たちとくらべると、普段あなたはもっと気安く私と話しますね。どうしてですか？

神　なぜなら、私とあなたがとても気安い関係だからだ。あなたは自分自身に対して見え透いた言い訳をだらだら言ったり、お世辞や秘密っぽい言葉を使ったりしないだろう？　なのに、どうしてそのような異常とも言えるやり方で私とあなたが話す必要があるかな？　自分自身にとってもあまりにもバカバカしいことではないかな？　だからそういうわけだ——私たちは気安いんだよ、愛する魂。

二〇〇一年五月二日

スザン　では、シルビアはどうしてあの巨大企業に対する裁判に負けたのですか？

神　さて、そのことで私自身に責任があるとされるのはまったく不本意なことだよ、どうか私がこれを最終判決だと受けとめているとは思わないでほしい。光がこの状況を見捨てることはない。正しい結果が出るまでは頑張りなさいとマシューがシルビアに言っているのは正しいよ。最後に勝つのは光だと彼女が確信をもちつづけることが必要だ。そしてそうなるだろう。この裁判はまだ終わっていない。もちろん、私も多くの人たちのためになるような正しい結果になることを望んでいる。彼女が闘っている大企業の腐敗は、あなたたちの惑星で闇が深刻に根付いているもうひとつの領域だ。それが今〝光に照らされつつ〟ある（原注　シルビアは貫き通し、一年以上たって会社が彼女に全面的な調停を申し入れて来た）。

スザン　あなた自身で――または、あなたが指名した何かの力（フォース）で――不公平な状況に介入することはないのですか？

神　それはもう、私の子、いつもだよ。まあ、マーニーの場合は例外だが、あなたも知っているように、私の管轄以外のことだからね。その類い稀なる美しさと栄光の回帰に特別な関心をもっている地球の場合は、私が介入するのは本当だよ。ときどき、これらは地球にやって来る天使たちが起こすことがある。聖なる介入、精霊（スピリット）たちの手助けというものだ――あなたたちの助けになるように、たくさんの特使たちを送ってあるのだ。

スザン　あなた自身は全体として何かしているのでしょう？

神　大いにだよ、スージー。それを聞いてあなたが微笑んでくれたのがうれしいね。しかし、〝神の救い〟の場合は、私のパワーが全開で行き渡る必要はないんだ。それはまるで、のどの乾いた可愛い一粒の種に一滴の水を与えるためにハリケーンを送るようなものだからね。

スザン　なるほどね。では、あなたは何をするの？

神　本当は以前に、あなたが私の〝全能〟としての自我（セルフ）が何をするのかを訊ねたときに、これに答えている。地球で個人的に起きていることに私が全体的に対応する必要はない。それは私のヘルパーたちが扱うことだ。しかし、私は**すべて**の魂たちに起きる**すべて**のことを知っている。その一人ひとりが私の分身であり、私はそれぞれが経験する通りにその感覚をそのまま経験するわけだから、そうでないわけはないだろう？　私はあなたに何度（なん）もこのことを話してきたよ。とにかく、全なる私は――**アイアム　I　AM**（あるがままの私）の意味としてあなたたちのこの言葉を使うことにしよう――整然と軌道上にある宇宙天体のような、より高い動きを見ているのだ。

スザン　今それを思い出したわ、神さま、失礼しました。これまであったものはすべて、今でもこれからもすでに知られているというのは本当ですか？　もしそれが本当なら、なぜあなたはあなたの子どもたちがどうなるだろうかと思いめぐらせなければならないのですか？　あなたが〝闇〟の魂たちを、巣から押し出され次に何が起こるのか分からないので恐がっているひな鳥になぞらえたことを覚えています。

神　なかなか難しい人だね、愛する子。全なる私として、そうだ、あらゆることは知られている。しかし、肉体での息が途絶えるまではたくさんの自由意志による選択があるのだ。知られていることは、何かが起こる、あるいは何かがある過程から発展するという可能性だ。

スザン　それでは、あらゆることが実際に知られているというのは真に正確ではない――単に可能性が知られるということですね。

神　事前に可能性と確率性、そして確かにその後に出来事がある。考えてもごらん、スージー――もしあらゆることが完全に分かっていたら、もし何もどのような独自の考えや決定や行動を必要としないのであれば、どうして何度も経験する必要などあるだろうか？　そこで学ぶべき何があるだろうか？　人生そのものなど必要あるだろうか？　私たちはただ〝お終い〟に早回ししてしまえばいいではないか。それが始まりだよ。そして、その存在の原点にすべての時代のすべての生命を収めておけばよいだろう。

スザン　なるほどね。それはあなたが全智ということとは確かに違うわ。創造主は知っているの？ それともあなたが全智だとされているのは間違いで、それは創造主にも言えることかもしれないの？

神 一人ひとりの人間にくらべれば、創造主と私の知っていることは全智と呼んでもそれほど間違ってはいないと言えるだろう。しかし、その言葉を私たちに与えたのは私たちではないよ。私たちに反対する者たちが、私たちをあなたとほかのすべての人々から大きく遠ざけるためにやったもうひとつの策略とあなたは思うかい？

スザン たぶんそうでしょうね。そのためにあなたをやみくもに敬ったり崇拝したりする人たちがいると思うわ。

神 私の愛する子、私がいつでも知っているのは、私の子どもたち一人ひとりの態度と感覚だよ。信じてほしいのは、本当に私を敬い崇拝する人たちは、私が全智という言葉通りにすべてを知っている必要などないと思っていることだ。

スザン それならいいわ。レプタリアン人たちはキリスト領域の末裔として始まったのですか、それともこの宇宙で始まったのですか？

神 その話題に戻ったわけだね。レプタリアンとして肉体を持ったそれらの魂たちは――あなたたちが〝悪い〟と呼ぶ者たちという意味だ、分かりやすくするためだよ、知っているようにほかの者たちは〝良い〟のだからね――この宇宙を起源としてはいない。そのエネルギーは、いくつかの宇宙が融合していたときに形成された宇宙領域の入口（ポータル）を通ってやって来た。それはその融合の中で私たちがいくつかの有利な点を獲得するための条件だった。だが実のところ、どれほどの破壊を、またこんなにも長くそれが引き起こすのか私は予測していなかった。ほらそこで、これは大した告白ではないかい？

スザン　本当だわ！　そこで全智が窓から消えてしまったのだわ！

神　そここそそれがまさにあるべきところなのだよ、スージー。ところで、そのようにレプタリアンの一部が地球だけでなく、宇宙のほかの多くの場所でも長いあいだ人類を抑圧してきた。彼らはあなたたちがルシファーと呼ぶ太古の力（フォース）の突然変異した末裔たちだ。そして私がただならぬとも思えるパワーと数で広がっているのだ。

あなたたちの惑星だけでなく、宇宙の浄化であるこの時代では、その重要な変化のために自ら取りかかるべき主な仕事はそれらのレプタリアンたちの魂を光で満たすことだ。はるか昔にあった光が彼らから徐々に失われてしまったために、彼らには良心がない。これも本当のことだが、そのレプタリアンの末裔たちの中には、純血の者たちよりもはるかに数が多く、人間とレプタリアン系遺伝が混じった者たちがいる。彼らはその生まれながらの遺産によって罰せられるべきではない。それはほとんどの場合自分自身では気づいていないからだ。

ここではっきりさせるべき――いや、べきという言葉は決して使ってはいけないのだ――ことは、それらの魂たちは〝罰せられる〟ことはないという意味だ。罰とは、あなたたちの言葉や実際に使われているような厳しいものではない。それはむしろバランスのある状態を得るために光で闇を中和させることだ。このバランスは光が魂の中で優位な位置を占めるようになる前に必要なのだ。だから、ここでとりあえず言っておくが、私が〝罰〟という言葉を使うのはこの意味からなのだよ。

スザン わかりました。悪に傾いて行ったのはルシファーの自由意志の選択から始まったわけですが、彼は創造主の最初の顕現の中にあったし、あなたはそれから後に創造されたわけですから、そのエネルギーがこの宇宙にあることにあなたは今でも責任があると感じていますか?

神 〝悪〟――ここではその意味で言っているんだね――は、私が存在する以前に、創造主のその創造物すべてへの自由意志の贈り物(ギフト)を誤って用いたことから始まったというのはその通りだ。しかし、私がその後に現われてこの宇宙を管理するように与えられてからは、その後に起きたことはすべて私の責任だ。そのエネルギーの原型は私の創造ではないので、その責任が私に与えられているわけではないが、言わば正すのは私次第だ。そして宇宙の始まりからの愛と光が戻れるようにそれをなくしたいと本当に思っているよ。

スージー、今日はとてもためになるそして楽しい話がたくさんできたね。これまでの長いあいだにくらべれば、やっとあなたは私をもっと〝個人的〟なレベルで知るようになっていると感じるよ。あなたの全なる私という考え方がそれを喜んでいる。では、私の愛する子、あなたにはほかの用事もあるだろうから、今日はここでお別れを言おう。

二〇〇一年六月四日

スザン　神さま、あなたはどこにいる動物たちとも一緒に遊びますか？

神　なんとこころのなごむ質問だろう、私の子よ。そうだよ。私は、愛され、よく世話されている動物たちが大好きだ。羊やヤギたちの毛皮の感触を楽しんでいる聖書の時代の羊使いたちのようにね。それは今日の地球でも変わらない。私はあらゆる動物たちが大好きだ。あなたたちの目にどう猛に見えるものたちもだ。無視され、虐待され、無慈悲に殺される動物たちのために私は泣き、それらの動物たちとまったく同じように私は苦しむのだ。

スザン　クジラとイルカたちを救うために、あなたが何をするのか教えてください。

神　彼らを救ってほしいという私への要求であって質問ではないね？　もちろんこのことについてあなたと話すよ。地球上で光を繋ぎ止める役目をしてくれているこれらの美しい魂たちを破壊しようという企みを挫くために、私の特使たちが今懸命にはたらいている。私は、闇の命令に進んで従う者たちは法に則って活動をつづけることを許さないつもりだ。

アメリカ海軍はその破壊的行為の裏にある闇の企みに気づいていて、その〝仲間に〟なっているのではない。彼らは言われた通り――〝敵〟に対する必要な〝防衛〟――としか考えていないからだ。彼らは、多数のクジラとイルカやほかの海洋生物に降りかかるであろう悪影響やそのような危害のドミノ効果のことを考えていないし、ましてやこれらの高く進化している魂たちであるクジラ類の神性にはまったく思いも及ばないのだ。

これらの神性をもつ魂たちの大量殺戮を目的とする〝闇〟の企てを起こさせるわけにはいかない。しかし私は、どれも等しく尊重されなければならない自由意志の法から外れることもできない。あなたも知っているように、それは私がつくったものではないからね。実際、それぞれの魂の具現化したものにある能力や可能性を守るのが私の責任なのだ。しかし、この惑星で最も高く進化した魂たちが肉体化したそれらの海洋動物を破壊しようという自由意志を許すのかということになれば、それはできない。全体に行き渡っている光の導きに従ってなされるべきことがなされるであろう。

スザン　それを知ってとてもうれしいわ。日本とノルウェーで合法的に殺されているクジラはどうなんでしょう？

神　残念だが、その殺戮のもとである国の法制の問題になってしまうのだ。だからそれらの場合、殺すことを見過ごし、また推進する人々の魂が一人ひとり癒され、光を当てられる必要がある。〝大物政治家〟たちはこの変化を好まないだろう。この行為をやめさせようという自発的な取り組みは個人レベルでなされなければならない。同じことが儀式上の殺戮が行なわれているところにも言える。

スザン　いつになったら慈悲深い変化があるでしょうか？

神　すぐだよ、私の子。反対する声が驚くほどになるだろうから、海軍はその破壊的な実験の認可を得られないだろう。しかし、一般には大きく知らされないだろう。おそらく、〝国防〟という名目で後一回かそこら実験した後に何事もなかったかのようにお蔵入りにされるだろう。

あらゆる地球の時代を通して、肉体を持って転生してきた最も弱いそして最も権力に飢えた魂たちを操作してきたレプタリアンの一部は激怒し、ますます光の勢力との闘いを押し進めるだろう。あなたたちがそう思うのも当然だが、あまりに残虐だと思うようなほかの場面も見ることに驚いてはいけない。地球自身のいのちそのものである人類とほかの生命、動物と植物界の虐待、暴行、殺戮――そうだ、明らかな皆殺しだ――は、これ以上長続きはできない。

スザン　この闘いは光の勢力が思っていた以上に勝つのに時間がかかっているのでしょうか？

神　私は知らない。光の勢力全体としては、よく言われている二〇一二年までにすべての闇を消滅する計画だったと思う。それはあなたたちの予定と計画に当たって本当に重要な年になるのだが、地球時間が操作されていることを考えれば、それも意味がなくなるのだよ。

その前に大きな分野での勝利がないわけではない。もし同じような規模の殺戮や悲しみ、怒り、恐れ、悲嘆、恐怖の内にさらに十一年過ごさなければならないとしたら、心優しい魂たちでも絶望に陥り、光の使者たちの平和なこころを、巨大に広まっている闇の勢力の活動に対する報復へと追いやるだろうと思う。そうなのだ、優しいこころをもった者でも敵に対して立ち上がれる力がある。怒りに燃えた剣でだ。私の子、破壊は地球のあらゆるこころの内にある。自分だけが最も正しいと思っている者たちは最も〝邪悪な〟者たちを殲滅(せんめつ)させようとするだろう。わかるね。敵対する強大な集団にはこのような気持ちをもつ危険分子たちがいるものだ。

大衆はそのようなきわどい状況の中にいる羊たちのようなものだ。

スザン　なるほどね。まあ、確かに私にはすべてが見えるわけではないわ。あなたの分身たちの魂が耐える残虐性には限度がないの？

神　私にはないパワーをもって、私が介入するときがあるのかと訊いているのではないだろうね？

スザン　不公平な状況があればいつでも介入するとあなたが私に言ったことを覚えているでしょう？　無慈悲な殺人者が罪のない人たちを殺戮するのは不公平ではないんですか？　一体、神の憐れみと恵みは――無力な者たちと地球自身を守るためにあなたに許されていることが何であっても――この光対闇の闘いのどこにあるんですか？

神　なるほど！　私が〝無実の者たち〟を守るべきなのかな？　その〝無実の者たち〟が容赦ない殺人者たちになって、その役割が反対になっていたらどうなる？　これらの魂たちが自分自身のスピリチュアルな進化のために選んで決めたカルマに私が介入してほしいとあなたは頼むのかな？

スザン　そうではないわ。マシューとあなた自身も何百万もの魂たちが生前に合意したカルマの経験よりはるかにひどい苦しみを経験していると言っているわ。

神　私たちは二人ともそのことでは正しい、スージー。だが、それでもわたしにはこの回転木馬（メリーゴーランド）に介入して止めることはできない。生前に選んだ経験の限度を超えて苦しんでいるそれらの大勢の魂たちが、病気、飢餓、大量殺戮そして自然災害などによって今肉体を離れることを選んでいる。それは彼らの本来の合意の完了以前のことだが、魂レベルで終了したと修正されているのだ。これはあなたが望んでいる〝神の憐れみと恩恵〟と考えることもできるだろう。

あなたたちの見方からすれば、これがいまだにある地球の魂たちに対する闇の抑圧と専横からの解放にはならないことは知っている。しかし一度その領域から出れば、出て行く魂たちは彼らの人生を支配していたものから自由になるのだ。彼らは、地球に蔓延（はびこ）っている闇の勢力に対峙している光の勢力に合流するのだ――それが地球を離れる理由のひとつであり、この光のより高い領域から光の闘いに参加するためなのだ。これは魂の問題であって、肉体を持った転生の問題ではないと言ったことを覚えているかな？

スザン　そうですね、わかりました。殺されるまでここで光のエネルギーを繋ぎ止めていたクジラたちのエネルギーはどうですか？　海軍の音波探知器（ソーナー）実験で、自分たちのソーナーを変形させられたり破壊されたりしたクジラたちはどう？

神　やれやれ、私の子、あなたは神の子を一人ひとりすべて守りたいのだね。それは良い

——別に揚げ足を取ろうというわけではないのだよ。どうやらあなたはエネルギーや魂の生まれる場所と癒される段階の全体像が見えてないようだ。

殺されるクジラたちについては、海洋中で光を係留する目的でつくられたその巨大な死骸にはもうエネルギーはない。しかし、彼らのエネルギーは地球に留まって、〝フリー・スピリット〟のような自由な支えとなって光の使者たちと一緒になるかもしれないし、あるいは、エデンである私の星の最大の変化が起きるこの時期に、地球を安定させている肉体を持った光の勢力と一緒に宇宙から協力できるだろう。

スザン　なるほどね。闇の勢力がいまだに恐怖、飢餓、風土病、そして肉体と精神の虐待を引き起こしているけれど、全体としては、あなたは光の勢力のはたらきに満足しているのですね。

神　あなたが非難しているのは、そのように見えるから悲観しているか、あるいはそれらの状況がどれも依然として変わらずにあるので批判的になっているからだね。これはすでに始まっている劇だから途中で止めることも凍結することもできないのだよ。そうしたら演者たちはその時点から上にも前にも成長しようがないだろう。

あなたには他人を批判しようという気持ちはないようだが、それでも私の子、自分の価値観や考え、そして自分が安心するためにものをほかのすべての魂たちにも当てはめようとしているのだよ。彼らは、あなたの魂に平和をもたらすために必要なものにまともに共感するだけの同じ学びや同じ品性をもち合わせてはいないのだ。

あなたたちのレベルでの生きることの理解と学び、記憶力では、それは単純なことではない。それはここからだと単純だ——ものごとをバランスへ戻すだけのことだからね。あなたが望むようになってほしいと私も思う。ほかの清いこころの人たちもすべて望んでいることだろう。殺戮と悲しみと支配のゆっくりした葬儀の列に耐えられなくなっているというのが、地球を永遠に覆っている感情のようだ。

地球自身これにうんざりしている。彼女（地球）は、何よりも、もう耐えられないほどに苦しんできている。そして、彼女の意識も、彼女の癒しのためにもっと強い光を求めている。その光が今壮大な規模で入って来ているのだよ、私の子。あなたはこのことを念頭に入れ、そのように対応する必要がある。なぜなら、すべての生命に対する無慈悲な行為について読むたびに、感情的に落ち込んでしまうからだ。

どうやらあなたはこれを読み、私の言葉のスペルが間違っているところをキチンと直したいと思っているようだ。あるいは、むしろ語り方を和らげたり、語句を選んだり、足りない言葉を挿入したり――あなたが訓練されてきたようなあらゆる作業だ――したいのかもしれないね。どうか今日の私たちの会話を、私が望んでいる三冊目のほかの部分に加えてもらいたい。

スザン　わかりました。でも神さま、ここでの光の勢力の進捗状況に満足していますかという私の質問に答えていないと思うのですが。

神　答えていると思うが、あなたに満足ゆくようなものではないかもしれない。私たちの会話を整理して私の言葉を読み直し、そして私の回答を検討してみたらどうかな？

スザン　ありがとうございます。――やっぱり、地球の闇の勢力に対する光の勢力の進展状況にあなたが本当に満足しているのか答えていないと思います。

神　そうか、私の子。よろしい、一言でNOだ。こんなに多くの私の魂の分身たちが苦痛と貧困の中に泣き叫び、そしてほかの者たちがそれを引き起こしているときに、一体どうして私が満足できるだろう？　あなたたちの精神が対応できないほどに広まった虐待と殺戮の儀式に満たされた悪魔崇拝に、私の子どもたちの多くが取り憑かれているときに？　私の子どもたちのある者たちがあまりにも光から遠く離れて堕ちてしまい、そのために暴虐で支配し、反抗するものをすべて殺すようなときに？　同じ私の子どもたちであるこれらの者たちの行為によって、これほど多くの私の子どもたちが不安と恐れの中に暮らし、あるいは死んでいるときに？

真理がまったく光に照らされないほど嘘と腐敗が蔓延っているときに？　そしてその一方で、あまりにも強烈な光に嘘が明らかにされ、それを信じていた者たちが真理を知って打ちのめされるようなときに？

しかし、私の愛するスージー。私にはこの葛藤の全体像をより広い視野で見ることができるのだ。昨日は闇の支配の側に傾いて霞んでいた魂から、今日は光がこぼれ出ているのが見えるとき、私はその迷っていた魂——〝道楽息子〟——が帰って来てくれたことに大喜びするのだ。あなたが考えている街のような広い区域に目をやって、以前は冷たく暗かった人々のこころに光が輝いているのを見て、私は喜ぶのだよ。

地球の生命全体が、平和、愛、分かち合い、思いやり、そして助け合いの中にあってほしいと私が思うか？　**もちろんだよ**。しかし、指をパチンと鳴らせばそうなるようなパワーが私にあるだろうか？　あなたも知っているように私にはない。だから、あらゆるところに、あらゆる魂たちに、私の愛と光を送るのだ。そして、私は闇の場所にいて泣いているよりも、むしろ光の当たる場所で喜んでいたいよ。

スザン　ええ、神さま、なんとかわかります。あなたがあらゆることを感じていなければならないと想像しただけで圧倒されてしまいますから。あなた自身でもそう感じますか。

神　私をだね、私の子どもたちのすべてだと考えてみればよい。そうすれば、私がそれだけの分で本当に圧倒されているのがわかるだろう。

スザン　ええ、もちろんです。ごめんなさい——自分だけの感情に入り込んでしまって、言われたことを見失ってしまいました。あなたの地球でのパワーの限界を正確に説明してくれますか？　前に同じような質問をしたので、たぶん私がそのことをわかっているだろうと思っているかもしれません。でも、あなたが創造主の法に従わなければならないという以外は、本当にわかっていないのです。

神　そうか、まず私の愛する子、あなたの〝自我（セルフ）〟こそ、あなたがこのスザンという人生を送っている理由だ。そしてあなたが感じるすべてとそれによってあなたがすることが、あなたがそこにいる目的だ。自我（セルフ）の感覚を自分勝手さや自己中心（エゴティズム）と同じように考えてはいけない。自我（セルフ）がわがままや利己主義にはならないという意味ではないが、自我の感覚とそのような性格とでは大きな違いがある。

　地球での私のパワーの限界についてだが、私もあなたと同様に混乱しているのだ。私はあなたなんだから当然だろう？　これについてできる限りの努力をしてみよう。別に、私が弱く、あなたがまだ思っているような〝あるがままのあらゆる万能の存在〟ではまったくないというわけではない。なぜなら、私にはパワーがもちろんあるからね。同時に限界もあるのだ。それらは、たとえば、有刺鉄線の柵のように、境界がはっきり決められていたり厳格な行動範囲と侵入者に対する厳しい処置があったりするようなものではない。

私が例外なく守らなければならないのは、創造主の自由意志の法がほかのすべての法を超える至高のものであることだ。だからといって、エネルギーの流れ（ストリーマー）である〝類は友を呼ぶ〟の法則や具現化の原則といったほかの法則がより弱いというわけではない。しかし、私自身の分身たちの自由意志による選択が何（なん）であれ、それに介入する力は私のパワーにはないのだ。だからその意味では、私の〝父／母なる支配者〟は地球にあるどのような規定よりもはるかに厳しいモラルとスピリチュアルの基準（ガイドライン）を私に課したのだと言える。私にあるとされる無限で〝究極の〟エネルギー能力には限度があることがわかるだろう。

例をあげよう。あなたがある星を見て、もしその星をほかの銀河系に移せたらいいなあと思うとしよう。理由など必要ない。興味をそそられる何かを実行できるという能力だけだ。あなたにその能力がないのは、そこにもっともな理由があるからだ。その星に熱、光、秩序ある安定性を依存しているその星やその近くに住んでいる文明社会人たちに何が降りかかるか、あなたに分かるかな？　そう、分からないね。だから、あなたには天体をもてあそぶパワーがないのだ。
私にはそのパワーとエネルギーが備わっている。星が軌道から外され、ほかの場所に立ち往生したらどうなるか、私には正確にわかるからだ。自由意志という贈り物を宇宙での転生経験から取り除いたら、それが大宇宙から見てどのように転生を狂わすのか私にはわからない。創造主は知っている。だから創造主のみが自由意志のパワーを修正する能力があるのだ。そして、あなたも知っているように、それを創造主がその命令の中で実行した。それが、闇の勢力によってその累積された巨大なエネルギーの塊の中に閉じ込められていた魂たちの捕捉された自由意志を、頂点にいる闇の勢力が解放しなければならないという創造主の命令だ。
この宇宙での私の神という位置があなたには見え始めてきて、私の考え方がさらにわかってきたようだね、私の愛する子。これはどんな人間にでも完全に理解するのは簡単ではないことにはちがいないが。

スザン　だいぶ今ではよく理解するようになりましたよ。私に我慢してくれて、そしてすべてに答えていただいてありがとうございました、神さま。

神　私の子、あなたと交信するのは私にはとても楽しいし大きな喜びだよ。あなたの質問を尊重しつつ答えているのが本当に神であり、その神である私がこれらのことを今あなたに話しているのだとあなたが完全に納得しているというわけだからね。

◎　◎　◎

出版社にこれらの本に興味をもたせようという試みが何回も失敗したあげく、その後私自身でマシュー・ブック出版社を立ち上げることになったが、印刷発注もままならないまに、神との会話がすごい量になってしまった。〝彼〟(神)は次の文章も入れたいと言うのだ。

一九九七年一月十三日

神　スザン、あなたと私はしょっちゅうおしゃべりしているので、やろうと思えばやれるのだが、わざわざ毎回何回目か数えることなどしたくはない。あなたは自分で心理ゲームをやっているつもりだろうが、毎回自分自身とおしゃべりをしていることを、私は知っているよ。答えているのがいつも私だというわけではない。だが、ときどきは私がする。私はあなたに何をすべきか言わないが、よく私が思っていることをあなたに言う。するとあなたは、「グレゴリー(私の守護天使)、あなたなの?」とか「マシュー、あなたではないことはわかるわ。だってあなたはそんなふうに話さないから」と言う。そうではないかな? 神は多くの人々が思っているような、顔や声や感触もなく、〝堅苦しい〟言葉しか使わない空気のような存在ではない。そんなことは決してない。

あなたがこの本のことで一時的に失望している状態を私は知っているし、同じように気にもしている。マシューがあなたに言っているように、私がこれとそれにつづく本をつくることを命じた。そしてニルヴァーナ評議会は私の監督機関だ。私が命令を出すとき――ところで、よくあることだが、命令が守られなかったことで私から罰があるわけではない――しかし、私がこの本に置いている重要性に匹敵するほどのことを命令する場合は、それは必ず起こる。それが何時(いつ)かはっきりと私は知っているが、たとえ私が精一杯努力してあなたが理解する言葉で説明したとしても、あなたは私の〝時間〟を理解しないだろう。

よろしい、ではやってみよう。本のエネルギーが――その中にはたくさんのエネルギーが融合されている――そのエネルギーが、出版時期を決める宇宙記号(コード)の中のひとつと一致する強さの類似エネルギー源(ソース)と一直線になって流れると、ほら、そこでタイトルと価値が決まるんだ。ほらね、あなたには分からないだろうと言っただろう。しかし、これはエネルギーの意味を地球の言葉に翻訳した一面だ。そこにいるすべての人間たちに影響する。

このへんにしておこうかな。溢れる光と愛のエネルギーをあなたとあなたの愛する者すべてに、愛する魂、これは神だ。あなたとの交信に、あなたが言葉に出さなかったことも含めて、深く感謝してお別れしよう。

一九九七年三月十日

スザン　マシュー、神さまが本当に私と話したいと言うのなら、もちろんそうするわ。おはようございます、神さま。

神　スザン。どうかあなたの息子の言うことを聞いてやってくれないか。あなたが今朝話している問題について、彼は私に代わって言ってくれているのだ。彼と私はまったく同じことを言うだろう。あなたがそれを彼から聞きたくないのは私から聞きたくないのと同じだ。そうではないかな？　別に私自身からあなたに言うのが嫌だというわけではないが、マシューはあなたが思っている以上にあなたの〝可愛い子〟をはるかに超えて知っている。ここでは、彼は誰かの〝可愛い子〟ではない。もしマシューをその完全な魂として知ることができたら、あなたは世界で最も自慢できる母親になるだろう。

では、あなたをどう元気づけるか考えてみよう。あなたは近頃私にいろいろと疑問を投げかけて挑戦しているね。いいことではないか。私のことはだいぶ長いあいだあなたの意識から離されていたから、このように親しく交わるのはとてもうれしいことだよ。「神さま、ここに来て、どうしているか話してちょうだい」と言えばいいだけだよ。そして自分の思いに意識を向けて、後はあなたが求めている答えを私にさせればいいのだ。あなたは私の答えをさえぎって自分の考えを押し通すことをしがちだ。そして勝手に私があなたに返答しなかったと思うのだ。

おう、そうそう本だ。安心感が必要ということに戻ろう、そうだね、スージー？ さて、愛する可愛い魂、私だって人間なみに理解するよ。あなたは泣き言をいっているのではない——ただ何かを真剣に必要としているのだ。当然のことだが、私にはあなたの感情が何から何まですべてわかっているし、信じてほしいのだが、それらももっともだと思っているよ。なにしろあなたが当初思わされていたよりはるかに長引いてしまっているからね。しかし、最初の本は真っすぐなコースを辿っていることは確かで疑いはない。あなたは二番目の本にエネルギーを注ぎなさい。

あなたは私とこころの中で口論しているわけではない、私の子。そのことでは感謝しているよ。実際のところ、あなたの忍耐と信頼してくれたことについては称賛に値する。そのことにも感謝したい。

一九九七年四月二十八日

スザン おはよう、マシュー、そしてあなたと一緒にいるのかしら、友人たち全員にもね。

マシュー／グループ お母さん、あなたが光の保護を祈る際に、神もまたこの会話記録（シッティング）に歓迎だとわざわざ念を押しているのには僕たちも笑ってしまうよ。もちろん、〝彼〟も笑っている——僕たちが笑えば、〝彼〟も同じだからね。ところで、僕たちが〝彼〟と対話して明確なメッセージを得ることなどあるのかとあなたは思っている。そうだよ、しょっちゅうだ。僕たちのさらに大きな活動のさまざまな面についてしばしば僕たちは話し合うんだ。〝彼〟は必ずしも言葉で話すわけではないけれど、光と愛に満ちた明晰な回答をくれることは確かだ。

マシュー いつものような質問リストがあるようだね。いいよ、お母さん、今は僕だけだ、あなたの〝可愛い息子〟が話している。僕のもっと活発なエネルギーを感じて、お母さんが思っていたからだよ。今日はエネルギー結合がとても強力だから僕ひとりだけでもこれを簡単に扱うことができる。本のことで神に何か言ってもらいたい？

スザン あら、〝あなただけ〟なのね、可愛い子。どうして神さまが本について何か言うことがあると思ったの？

神 私がそうしたのだよ、愛する人。ちょっとだけ私を会話に入れるようにマシューを突っついていたのだ。あなたが二冊目の本に一生懸命取りかかっていることを私がとても喜んでいると言いたかったのだ。この本とこれから出る本はたくさんの魂たち、何百万の私の子どもたちに、癒しと気づきを与えるだろう。そうなるようになっている。

いつか？　もうすぐではどうだ？　〝もうすぐ〟というのがあなたに言いたいことにほぼ近いし、あなたも安心するのではないかと思うのだがどうかな？　だめかい？　それではこの年末ではどうだろう？

一九九八年七月十九日

神　スージー、神だよ。私にもここで話に入れるようにマシューを突っついていたところだ。あなたは私にあれほど何度も愛想を尽かされてきたのに、今私と口を聞こうというのには驚きだ。一体どうした風の吹き回しかな？　それは、あなたがやはり私のことを信じているからだよ。ちょうどあなたがサンタクロースは本当にいて、慈悲深く、優しく、寛大だとこころから思っていたようにね。あなたはほかの子どもたちの誰よりもあの愉快な年寄りをそのように良いことずくめで何年間も思い信じていた。まあ、私とは、もちろんはるかに深くスピリチュアルな関係だが、あなたはたった今こう思っている、「この本が去年の暮れまでに出版されるだろうなんて、一体どうしてあなたは一年以上前に私に言ったの？」とね。

またお互いにそれを蒸し返すことは確かに必要ない、スージー。私があなたの考えと感情を知らないことなどたったの一瞬もないのだからね。あなたはマシューの著作が出版されるだろうかと当然こころから心配しているのだ。そのことで私はあなたをがっかりさせてしまった、そうだね？　確かに私は去年の暦の暮れと言った。今は翌年の暦でもう七月半ばだ。そのことについて私に何が言えるだろう？

そうだね、神の人間的要素が、あなたたちの率直な言い方で言えば、へまをしでかしたとでも言える。え？　神は間違えることはない？　ホウホウホウ（訳注　サンタクロースの笑い声の真似）、そんなことはない。あなたも笑っているように、私も明るい光が流れ込んで笑いになっているのを感じてうれしいが、それと同時に、あなたが真剣にまともな回答を求めていることも理解しているよ。

まず、許しを請いたい。さあ、これからは言っても大丈夫と思う人には誰にでも言えるよ。あなたが神としゃべって、神がへまをしでかしてあなたに許しを請いましたとね。さー、どうぞいいんだよ。あなたがこれを人々に言うときは私たち両方で笑えるね。

あなたにとって理解するのは容易ではない、愛する子。私が理解しているのは、ただ私が一人ひとりのすべての人生を完全に、何から何まで、あらゆる瞬間を生きているからだけなのかもしれない。スージー、あなたが私をそう思っているような、この〝全体を包括する神〟にあなたが実際にならない限り、すべてを見ることはもちろん不可能だ。しかし、たぶんなぜ私が期待に背くことをするのかというあなたと同じジレンマを抱えている私のほかの子どもたちのように、もし私があなたで、あなたが間違いをすれば、それは避けられないことなので、私もまた間違いをするのだということが受け入れられるだろう。では、地球の一人ひとりの魂の視点でそれを考えてみよう。

あなたたちの次元のその時間では間違いではなく、ましてや誤算でもなかったのだ。私が怠ったことは、流れがそれほど速く、その旅のほぼ最終地の海へ――この場合は出版という海だ――と確実に流れていても、自由意志がその途中で流れを変えられることを考慮に入れなかったことだ。私に手抜かりがあったことで、あなたに今許しを請うているのだ。

何があったかと言うと、強力な闇の勢力の急襲に会い、それらの原稿も含めて非常にたくさんの光のプロジェクトがひっくり返されたのだ。そうだ、やがてもっと望ましい状況になれば、この闇もばらばらになり、本も出版の陽の目を見るだろう。それでは、私たちが自我(セルフ)のパートナーとして、もう一度仲良く協力していく約束をしようじゃないか？　愛はいつまでも変わらないよ。

一九九八年十二月二日

スザン　そうね、マシュー、結局今回はそれでは不十分だわ。だから、あなたが言ったようにやってみようかと思うけれど、神さまに何か良い提案があるか訊いてみるわ。神さま、こんにちは。

神　いやー、私の子。

スザン　神さま、あなたが出版するように〝命じた〟この本を今どうすべきか教えてくれませんか？

〝わかったよ、スージー、そのことについて話そう。あなたが〝今すべき〟ことについての私の回答がこれだ。〝べき〟という言葉で考えないこと。この言葉はそれなりに使われるところが確かにあるが、それはよく使われる指示や命令としてではない。それだとこころから直感的に選んだ方向から逸れて、ほかの人の選ぶ方向に向かってしまうからだ。

あなたはこの仕事に真剣に取り組んでいる、愛する娘。私はそれを決して軽んじる気持ちはないし、むしろそこに光を注ぎ、光で包もうとしているのだ。その光が何よりも大事なのだ。だから最初は私が正しかったと思うが、今は肯定的な見方をしている。

光の流れを思い浮かべ、その中に『天国の真実』と『新しい時代への啓示』という名前の本を置いてごらん。その光の流れが輝きながら、そのエネルギーの流れ自身に勝る輝きに向かって着実に進んでいるのが見えるだろう。これらの本を出版するために必要なあなたの仕事はそれだけだよ。

今は宇宙がこれを扱っている。それにちょっと手を貸して、ネガティブな見方は捨てればよいのだ。ほしいものをもたらす思考のパワーは知っているね。だから、イライラした気持ちと失望感は忘れなさい。さもないとさらに同様な感情をもたらす状況を引き寄せてしまう。

もちろんあなたにできる。あなたは私を信じているのだから、どうしてあなた自身を信じられないことがあるだろう？　それらはひとつで同じものだと知っているはずだ。

二〇〇二年八月四日

神　失望感がまた戻っているね。だが、今回はまったくもっともだと言えるよ。あなたの人生に影響を与えるあらゆることをあなたが支配していると繰り返し言われてきたのだから。つまり、私にも限界があるように、出版についてのあなたの支配にも限界があるということだ。あなたが支配できることは、自分の反応だ。この場合、あなたの反応は正当だと言える。

そのうえ、それらは改訂版を出版させるプロセスの妨げにはなっていない。スージー、愛する子、あなたが八年以上にわたってそのような類い稀なる忍耐力と努力と根気を示したことに、私はただ尊敬の念と、そうだ、畏敬を覚える。この感情と努力にあなたが注いだエネルギーが、この本に光の勢いをもたらしているよ。

これ以上私があなたに言えることは、私が語ってきたことは、この地球の大変革の時代、この宇宙全体の未曾有の変化の時代に、地球上であらゆることが明らかになるということなのだ。闇はあらゆる光の存在たちに対してかつてない激しい闘いをしている。私の子どもたちにとって極めて重要な情報をもつこれらの本は、地球で最も攻撃の対象になっているもののひとつだ。そのエネルギーがこの本のまわりをしっかりと固めているために、あなたの努力を挫こうという魂に向けて送られているあらゆる光にも、それはいささかも怯まないでいる。

元気を出しなさい、愛するスージー。願いが適わないときでも、私は〝果敢な闘い〟はつづける。これはあなたにも言えることだよ。あなたには想像できないほどの多くの場面で私はそうしているが、ほんの一瞬たりともこれらの本のことを忘れることはない。そんなことが私にできようか――あなたがそうではないのだから。そのうえ、それは地球の私の子どもたちの手に入るようにと私が命じた私の真理だ。

あなたには編集校正しなければならない三冊目の本の原稿がまだたくさんあり、さらにそれは増えるだろう。それに取りかかりなさい。あなたが望むもの――〝あちらの世界〟のこの情報だ――に集中しなさい。そして、これらの重要な本が〝陽の目を浴びる〟と信じて間違いないことを知りなさい。なぜなら私がこれを命令したのだからね。

二〇〇三年一月六日

神　今はほかの者たちがこの状況に関わるときだ。別に光がこれらの本の役に立たなくなったというわけではない。そんなことはまったくないのだが、新しい光の助けが必要になった。そうなんだよ、スージー、本が手に入らないように邪魔をしている人間の自由意志を取り除くための法的支援が必要なのだ。あなたは光の助けを受けてこれを現実化する弁護士に導かれるだろう。覚えておきなさい、私の子、私は驚くような方法ではたらくのだよ。これもそのひとつだと思えばよい（訳注　本の出版にあたって、スザンさんは最初ある出版社から詐欺行為を受け、法的手段で原稿を取り返すはめになることがあった）。

イエス

二〇〇〇年四月七日

スザン おはよう、神さま。イエスの生涯について話してくれると言っていましたね――今お願いできますか？

神 おはよう、スージー。もちろんだよ。本当にエマヌエルという名の男がいた。あなたたちは彼をイエスと呼ぶが、それでは私もここではそう呼ぶことにしよう。彼は地球への私の偉大なメッセンジャーのひとりとして生まれた。しかし、聖書に書かれている彼の物語は彼の人生とは一致しない。

彼の人生は、同じ目的で肉体を持って転生しているあなたやマシューやすべての魂たちの人生とまったく同じように生前の合意によるものだった――私が誰かを、そしてあなたたちの一人ひとりが誰かを思い出すことだ。したがって、彼の人生にはほかのすべての人たちと同じように重要な意味があったが、それには大きな違いがあった。イエスは彼の使命（ミッション）に意識して気づいていた。そしてかつて地球に生まれたほかのすべての魂たちのほとんど誰よりも忠実に自分の合意に沿って生きた。そこに、私の息子とほかのすべての子どもたちとの大きな違いがある。しかし、イエスの人生のように同じキリスト領域から来て、私のメッセージを地球に届けるという同じミッションをその合意に含む数少ない魂たちは例外だ。

イエスは、彼の母親と父親との結合というほかのすべての人間の赤ちゃんと同じ方法で生まれた。それはいい方法だよ、そうじゃないかい？　私の子としての彼の神性に、その誕生を知らせるための東方の星など必要ないし、彼の人生に聖書という多くの人々によって崇められている本の中で告げられているような〝超自然的〟な尾ひれや付け足しも必要ない。その本の中でイエスにまつわるほとんどの非現実的な出来事は、彼の極めて異常な受胎の仕方、そして彼の母親までもそうであり、あの飼い葉桶(おけ)で生まれたことも含め、そして彼の〝復活〟は言うまでもなく、本当ではない。

その物語は、イエスを地球のほかのすべての魂たちのはるか上の存在として切り離そうという教会の指導者たちの目的に沿ってつくられたのだ。そして故意に、私をも同様に私の子どもたちから遠ざけたのだ。その時代の嘘と腐敗は今でも大して変わらない——ほかの人間たちを支配しようという欲望と欲求には終わりがないようだね。

私の子どもたちのひとりを他のものより上に置くことなど私は決してしない。イエスもしなかった。なぜなら彼はあらゆるもののワンネス（ひとつであること）を知っていたからだ。マシューが、そしてほかの者たちも言っているように、間違った考えのほとんどがこの遠ざけられた魂が関係しているのだ（原注『天国の真実』の「文化的資源」章にこのことが詳しく述べられている）。

何年か前に、イエスは十字架の上で死ぬことにはなっていなかったし、事実そうではなかったことを高位の存在のひとりからあなたは聞いている。あれはあなたにはいささかショックだった。あなたはそのことを本の中に加えたくなかったが、しぶしぶそうせざるをえなかったのは、あなたが〝評議会〟だと知ったところから執拗にそうしなさいという指導を受けていたからだ。それを強いてあなたにさせたのは私だよ。

本当のところ、決してイエスが十字架に架けられたことはなかった。サンヘドリン（訳注 ローマ帝国時代の最高法院）の命令で彼はむち打たれ国外に追放された。彼を殉教者にしてしまうと彼のメッセージにかえってより大きな影響力を与えてしまうが、彼をいなくさせれば民衆の彼への人気もなくせると、それを命じた者たちの目には見えたのだ。あるいは、そう彼らは思った。しかし、その影響力はひきつづいた。それで彼らは彼のメッセージを歪曲することをはじめ、自分たちの都合に合う別のものをつくり上げた。そしてやがて、それらの嘘がキリスト教の記録されたイエスの物語になったのだ。

実際に起きたことは、彼の妻のメアリー・マグダレナ（マグダラのマリア）と一緒にイエスはその地を離れ、東方へ戻った。そこが家族にとって安全だったからだ。イエスは聖書が描いているよりはるかに世俗的な人生を送った。どうして彼が好きな女性と結婚してはいけないのかね？　どうして彼女と性的な関係をもって子どもたちをつくり、彼らを愛し育ててはいけないのかね？　どうして彼は行きたいところに行って、その長い人生で望んでいたことを勉強してはいけないのかね？　**人間として自然なこれらの願望はどれひとつとして彼のメッセージの重要さをいささかでも損なうものではない。**

彼の教えに耳を傾ける者たちがいたが、多くの者には無視された。そして、彼の啓示によってその支配をことごとく否定された者たちからは嫌悪された。それらの真の啓示は、実際には意図的な嘘であったがより控えめに言えば、〝神秘のとばりに覆われた〟。彼の真実のメッセージは明解、シンプルで率直に表現されていた。しかも、それははっきりと人々に理解された。

彼のメッセージは私から彼に与えたものだが、私の思った通りにはあなたたちに届かなかった。聖書は彼の教えの多くを除外し、それ以外は歪曲した。それをやった中心的存在がバチカン自身であり、はるか昔に本来の記録を嘘で塗り替えた張本人だよ。

この宇宙征服を企む勢力の目的にかなうためにつくり上げられた嘘に、あなたはやっと気づき始めたところだ。そうだよ、マシューが呼ぶところの〝闇の勢力〟は、本当に間違いなく存在する。私は彼らをそう呼ばないで、私の役に立たない集団と呼んでいる。しかし、どのように呼ばれようと、彼らの目的が権力と支配であることには変わりがない。そして彼らの目標は同じように妨げられている。愛と光によってだ。

私の子、これ以上何か質問があるかな？

スザン 神さま、地球へのあなたのメッセージの重要性を考えると、なぜこれほど長くその歪曲を許してきたのですか？

神 二言（ふたこと）、自由意志だ。いいよ、もっと多くの言葉で言おう。私の自由意志ではなく、あらゆる私の子どもたちの自由意志の行使については、創造主の自由意志の法を守らなければならないからだ。その歪曲をもたらした人間たちと聖書にあることは無条件に疑いもなく信じている人間たちのことを言っている。

聖書にあるそもそもの始まりのとき、エデンの園に始まったとされるいわゆる〝悪〟にあなたたちの世界がそれほど満ちあふれているのなら、イエスの教えから千年のあいだに**真の言葉**は計略的に変えられたのではないかと疑うのは当然ではないか？　イエスのことを知らずに彼のことを書いた人たちが彼の教えを正確に伝えているのか疑うのは当然ではないか？　聖書となったその記録が意訳され、さまざまな版に翻訳されたことを考えれば、その資料に携わった人たちが自分たちの信仰に合わせて話を膨らませたり、ある部分を削ったりしたかもしれないと疑うのは当然ではないか？　どうして、〝神の言葉〟がその同じ言葉を守るためにお互いに殺し合う理由になるのか、疑うのは当然ではないか？

スージー、私はこれをどこまでもつづけることができるが、そうやって何になる？　今の状況は、何百万の私の子どもたちがこの嘘を信じているという現実だ。そしてそうである限り、彼らは私も私の息子のイエスも知らない。

スザン　イエスが現わした奇跡はどうなんですか――それも彼を遠ざけるための単なる作り話ですか？

神　それらを〝奇跡〟と呼ぶことが遠ざけることになるのだ。それに、遠ざけることをやった者はイエスではない。彼は自分がすることをどうやってできるようになったのか間違いなく知っていた。そのうえ、彼は大衆に彼ら自身もそれを学べると伝えていたのだ。

彼は生前の合意の気づきに従って、若いころに公の場から姿を消して、東方に導かれた。そこには、空中浮遊や気運動エネルギー操作、透視と超聴覚能力、道具や薬なしで病気を癒すという古代秘術のマスター（大いなる師）たちがいた。それらのマスターたちは、私の子どもたちすべてに生まれながらに備わっているこの本当の能力を歪めることなく、正しい道に導いていた。

彼らをとおして、イエスはほかの誰よりもはるかに賢くこころを使う方法を学んだ。そしてマスターたちのさまざまな能力に魅せられ、修行に修行を重ねた。彼にはほかの人間たち以上に生まれつきの学ぶ才能があったわけではない。しかしほとんどの者たちは自己のこころに制約をかけてしまい、彼らが自分たちのまわりに見えるものをはるかに超えて創造したり行なったりできることを思いもしなかった。

イエスを追放した者たちは、あらゆる魂には彼と同じ生来の能力があるというこの真理を知っていたのでそうしたのだ。彼らはたくさんの人々が目撃したことを否定できなかったので、その偉業はイエスしかできないことだとした。そうして真理を抑え込んで人々を支配するパワーを維持したのだ。それだから、今日ある聖書に出て来る〝奇跡〟はなんとなく漠然としたものになっているが、これもわざとだ。神秘的なこととしての距離をつくるには充分だが、イエスが人々を驚かす出来事があったと絶え間なく言うには充分ではない。しかし、そのような出来事は、それによって直接利益を得た者たちやその目撃者たち、そしてそのことを最初に教えられた者たちによって記録されたのだが、その記録はあなたたちの聖書には入っていない。

ほとんど例外なく、今日の人々はイエスが悪を払いのけるために来たという同じ限られた信仰をなお抱いている。

スザン　彼とその家族はフランスに行って、それがフランス王族の始まりになったのですか？

神　そうだ。それを証明する記録もある。だが、あなたも分かるように、それを公表することは多方面に論議を呼び起こすことになるだろう。しかし、最近数百年間のフランス王族はイエスの末裔から始まった王族とは血筋が同じではない。端的に言えば、そしてもうあなたには驚くことではないだろうが、その変化は闇の企みによるものだ。

さて、私の子、ほかの質問かね。

スザン　人々がイエスについて本当のことを知る機会があるでしょうか？

神　〝近い将来に〟この真理が明らかになるかどうかは言えないが、確かに言えるのは必ずそうなるということだ。その真理が、ほかの真理と同様に、ふたたび明らかにされて初めて私のエデンに汚れなさが甦るのだ。

しかし、人々がはたしてこの真理を知ることがあるだろうかというあなたの額面どおりの質問に答えるとだね。では、人々はこころを開いて真理を受け入れるだろうか、という質問になるのだよ、スージー。あらゆる真理は至るところに与えられている。それは隠され、攻撃されているが、それをしている者たちが地球の人々のあいだにとめどもなく起きて来る疑問、自我と真理の発見の流れを止めることができなければ、彼らはそのパワーを永遠に失うことになるだろう。

今は真の啓示の時代だ、愛する子。それがマシューそしてこの本のためにメッセージを送ってくれるほかの存在たちと一緒にやるあなたの仕事の目的だよ。

二〇〇三年二月二十五日

スザン　神さま、こんにちは。二、三訊きたいことがあります。

神　こんにちは、私の愛する子。言ってごらん。

スザン　この本のあなたの部分に本当に満足していますか？　お望みのことはすべて入っていますか？　そしてイエスに関する情報をそこにすべて入れたいという気持ちにまったく変わりはありませんか？

神　スージー、あなたの質問に一言で答えると、イエスだ。

スザン　分かりました。では、あのファイルをすべて検索して何も私は見落とさなかったわけですね。

神　そういうことだ。大変な仕事だったね。

しかしだ、メッセージをひとつ足したいのと、これが〝印刷に回る〟前に、さらにまた私からのメッセージがあるかもしれない。今のところ私のメモは簡潔だよ。あなたが期待しているような〝重大なこと〟ではない。私の愛する子、その重大な声明は創造主から来ている、私からではないよ。

「この本を読む私の子どもたち、一人ひとりに、**私はあなたを愛している**。もうあなたは知っているね、私があなたたちであり、あなたが私であることを。これを伝えること以上に私を元気づけることがあるだろうか？　この光のメッセンジャーによって今私がしていることはすべて、私の無限なる愛と理解と尊敬を分かち合うことだ。そして私はあなたたち一人ひとりを永遠に抱いている。あなたは永遠を生きている。それに向かって進んでいるのではない。サルー、アーメン、私は永遠にあなたとともに、あなたの内にいる。」

子どもに神を説明する

一九九四年、マシューと私が会話を始めてまもなく、ある母親からマシューに神とは誰なのか幼い子どもにわかるように説明してほしいと頼まれた。

マシュー　お母さん、ちょっと考えをまとめさせてほしいんだ。――いいや、ありがとう。あなたの友人が手に花を持って、彼女の小さな娘に話すように、僕が話すよ。もちろん、僕の例えは家族にふさわしいように作り替える必要がある。

神さまはやさしく親切だけれど、とてもとても強くもあります。なぜなら神さまが世界中のすべてのものをつくるからなの。神さまはあなたと私をつくったし、ほかの人もすべてつくったのよ。

どこを見ても、神さまがつくったものでないものはありません。最も大きなものから最も小さなものまでね。

神さまは山と河と海、空と太陽と月と星をつくりました。神さまは雨と虹と雪と草と風をつくります。

神さまはひな鳥と子犬と子猫、どこにでもいる動物すべてをつくります。それらは神さまにとってとても大切です。神さまがそれらをすべてつくったからなのよ。

神さまは木と花と植物をつくります。特別な種からそれらをつくり始めるのよ。この可愛い花の中の小さな種を見てごらんなさい？　あらゆる花にはちょうど同じような花をもっとつくる種があるのよ。

あらゆるものにはそれぞれ違う種類の種があります。お母さんとお父さんは特別な種をもっているの。二人は愛し合い、そしてちょうど良いときになると神さまから赤ちゃんがやって来ます。お母さんとお父さんは赤ちゃんの世話の仕方をよく知っているのよ。

犬とウサギとほかのすべての動物たちも自分たちの特別な種をもっています。神さまから赤ちゃんが来ても、動物たちはどうやって世話をするのか知っています。赤ちゃんが大きくなると、自分たちの家族をもつようになるのよ。

神さまは目に見えないけれど感じることができるものをつくります。特に神さまは愛をつくります。そうやって私たちはおたがいに感じ合っているのよ。

パパとママがあなたと一緒に遊んで、あなたを笑わせ、なんてあなたはいい子なんでしょうと言うとあなたは幸せに感じます。いつもパパとママがあなたを大事にしているから、恐いことなどありません。あなたが学ぶ必要があることを私たちはあなたに教えます。これもすべて私たちがあなたを愛しているからですよ。

そしてあなたがパパとママを幸せにしてくれるのは、あなたが私たちを愛しているからね。私たちがお互いに感じるこの愛は神さまの贈り物です。神さまはこの贈り物をすべての人にくださるのよ。

あなたがパパとママを見るのと同じようには神さまは見えないけれど、それはあなたと神さまのもっているのと同じような愛なのよ。

愛はどこにでもあります。子犬ちゃんに触わると寄り添ってくるでしょう？　子犬ちゃんはあなたがやさしく面倒をみてくれることを知っているから恐がらないの。あなたは子犬ちゃんを愛しているし、子犬ちゃんもあなたを愛していて、どちらも幸せに感じています。

神さまの愛は、あなたが子犬ちゃんと一緒で幸せに感じるときも、子犬ちゃんがあなたと一緒で幸せに感じるときにもあります。神さまの愛は小さな河のように流れていて、あなたと子犬ちゃんを結びつけます。

誰でもそうなのよ。人々も動物たちも花や木もみんな同じです。だからあなたは誰にでも親切にしたいと思い、生きているものすべてを大事にしたいと思うのよ。

あなたは好きなだけ愛することができます。パパとママを好きなだけ愛せます。お友達と子犬ちゃんも愛せます。近所の人たちと目につく動物たちすべてを愛せます。花と木を愛せます。

愛がなくなることは決してありません。それは神さまからあらゆる人たちへの最も大きく、最も素晴らしい贈り物です。

人々はあまりよくないことをすることもあります。そのときは神さまはその人たちがやっていることを悲しく思うけれど、決してその人たちを愛することを止めることはありません。

悪かったなあと思うことをしてしまうことがあるでしょう？　そしてもうそのようなことは繰り返さないようにしようと思います。もし神さまにいつも親切でいられるようにお願いすれば神さまは手伝ってくれるのよ。神さまはいつでもあなたが良いことをするのを助けてくれます。

神さまはいつでもあなたが何を思い、どう感じているか知っています。だからあなたは好きなときにいつでも神さまとお話しできるのよ。神さまの答えはあなたのこころで感じることができます。

神さまはいつでもあなたを愛していて、それは決して変わることはありません。あなたは大きくなって新しいことを学ぶので変わるし、歳をとれば姿も変わります。パパとママも歳をとれば変わります。あなたの子犬ちゃんも大人になって大きくなれば違って見えるでしょう。

でも私たちのお互いへの愛は決して変わりません。神さまもそれは決して変わりません。神さまがいつでもあなたを愛しているのは、神さまが愛だから、そして神さまは永遠にあなたのいのちの部分だからなの。あるときになったら、神さまは人々と動物たちを天国で神さまと一緒に暮らすようにします。そこはとてもきれいなところで、誰でもほかの人に親切でいつも幸せなのよ。そこに行ってしまう人たちがいなくなってあなたは寂しく思うかもしれないけれど、その人たちは神さまと一緒にそのきれいな場所に暮らしていることがわかるのよ。あなたもそこで暮らすときが来ると、あなたが愛している人たちすべてと一緒になります。あなたの大好きだった動物たちもそこにいるのよ。

今このことをすべてわからなくてもいいのよ。大きくなって学べばもっとわかるようになります。神さまがあなたに一番知ってもらいたいことは、神さまがあなたとほかの誰でもそして動物たちと植物をどんなに愛しているかということなの。神さまの愛は永遠なのよ。

お母さん、たぶん多すぎたかもしれない。それとも、必要なことをすべて言っていないかもしれない。幼い子どもは質問で話を中断し、急なことだったので僕が思いも寄らなかった方向に向かう結果になるかもしれない。物語が読まれて、子どもが最後までそれを聴いていれば、それで納得がゆくのかもしれない——それもどうだか僕にはわからない。子どもはこういった質問をするので、部分部分でもそれぞれに役に立つだろう。

僕がこれを話していたとき、エスメラルダと同じ歳の子を考えていたんだ。地球の歳で言えば二歳だけれど、ここではそこの三、四歳の子に相当するね。彼女は神のパワーをすべて完全に理解しているわけではないけれど、あらゆる生命が神から来ているだけでなく、それ自体が神であり、神が愛だということを知っている。

神についての対話では宗教的教義は避けた方がよいだろう。なぜなら、たとえ非常に簡単なレベルの話でも、それによって神と子どもとのあいだに距離を置くことになるからだ。そして親がいけないと思うことを子どもがした場合、神が罰を与える存在とするのはまったく間違ったことだからね。

神を説明するのに短く簡単な方法などない、そうだね？　実際にどのような説明がされるにしても、僕はあらゆる人たちとあらゆる動植物界への神の愛を強調する。そうすれば子どもはあらゆるものを尊敬のこころをもって育てることを学べる。結局のところ、子どもへの言葉と一緒に必要なことは、両親が神の愛を自分たちの生き方で行動として示すことだ。

Part-4 ほかの世界からのメッセージ

ニルヴァーナからのメッセージ

『天国の真実』を読んだ方々は、その中でマシューが説明している私たちが天国と呼ぶ宇宙領域の正式名であるニルヴァーナの暮らしについてよく知っているであろう。ここにあるのは、そこにいる二人の魂たちとニルヴァーナからほかの世界での役目をするために移って行ったひとりの魂の暮らしについての深い見識である。この三つのメッセージ中の名前はすべて変えられている。

◉カル　一九九八年

スザン　訊いてくれてありがとう、カル。そうなの、あなたに訊きたいことがあるわ——ニルヴァーナに到着したときのあなたの様子はどんなだったの、そしてどうやってそこに慣れるようになったの？

カル　そのことを思ってくれてうれしいです。私の家族もそれを知ったら安心するでしょう。衝突によるからだへの最初のショックの後は、痛みは何もありませんでした。ありがたいことです、たぶん神のお恵みでしょう。なにしろ私の頭の怪我は尋常ではありませんでしたからね。家族たちは、私が地球を離れる前は一日中意識がなかったことを知っています。そのあいだ、私は肉体生からそっと抜け出すための魂の力をもらっていたことを彼らに知ってほしいのです。本当に私は自分のからだが死ぬことと魂が永遠に生きていることを同時に知ったのです。

ここへの急速な移行のあいだ、私は完全に光に包まれ、臨死体験者たちが語る強烈な愛を感じました。音楽の中にいる感じでした。確かにそれは音楽でした。私に向けてではなく、私を包み込むようでした。それはあまりにも美しく今まで聞いたこともないような音楽で、言葉では言い表わせません。

到着すると、私のこの転生とそれ以前の過去生の両方からの友人たちや家族たちがここで私を歓迎してくれました。私たちにとってとても楽しいときでした。過去生からの知り合いは、私が彼らの顔を覚えていることに誰も驚かないのです。それに、私自身も驚いていないのです。ですから私が入った瞬間にそこに順応していたことが分かるでしょう。私よりかなり酷い状態で死ぬ人々に与えられる治療は私には必要ありませんでした。

もうひとつ言い足すと、私は電子工学の補習クラスを受けることにしました。そこ（地球）でやりたかったけれどできなかったことなのです。今ではパラレル・ライフ（訳注『新しい時代への啓示』パート3〝魂のつながり〟を参照）だと知っているところから、これに関するいくらかの知識はもっていますが、新しい専門知識は受け継いできていません。これは仕事への準備というより趣味の方です。私はやがてもっと人の役に立つこと、本当の奉仕活動と言えるようなことを始めようと思っています。もっとまじめなクラスになるかもしれません。はっきりしていることは、もう経理には興味がないことです。三十年間やりましたから、それはやりたい人たちにやってもらいましょう。

とにかく、まだここにはそれほど長くいるわけではないので、こんなところです、スージー。あなたに私と連絡をとってほしいという妻の願いを受け入れてくれてありがとうございます。私と家族たちと友人たちは今までと変わらずに愛で結ばれています。リリーはそれを分かっています。でも、あなたに伝えるようにマシューにダウンロードした私のメッセージの中で彼女にもう一度言いました。もちろんあなたもそのことは知っていますよね。あのメッセージを受け取って、それを確かに彼女に届くようにしてくれてありがとうございました。神の祝福を、スージー。

◉グレース　一九九九年

スザン　友人が、約一ヶ月前にニルヴァーナに到着したある人とあなたに話してもらえるかと電話で訊ねてきたわ。その人の名前はグレース・ホートンというの。もし私たちの友人の名前を言えば、それから彼女のエネルギー指向流(ストリーマー)を感知できる？

マシュー　お母さん、その必要はないよ。でも、それを考えてくれてありがとう。彼があなたと話しているときに、あなたが僕を〝呼んで〟いて、もうそのときに僕はエネルギー接続をしたんだ。グレースと話して、彼女のメッセージを僕が預かっている。だから僕の記憶ストレージから彼女の実際の言葉をダウンロードするので、それを記録してね。

グレース　こんにちは、親しい友人たち。私がそこにいたときには想像もできないくらいどうしてもここの暮らしについて皆さんに伝えたいと思っています。ここの素晴らしさを本当に言葉で表わせる人はそこにはいないでしょう。すごいですよ！　私の次の転生は何か美しいものになるだろうと思っていましたが、それがこんなに素晴らしいものだとは想像さえできませんでした。

ですから、このいくつかの素晴らしさをみなさんに説明しましょう。まず、私は美しいからだで到着しました。ご存知のように、私の地球でのからだはさんざんの扱いで、最後はとてもまともとは言えない状態でした。そして、私はどんな人も望まないようなからだを離れたのですから、そのお荷物なしに旅をして、この本当に美しいかたちに、しかも生きて生まれ変わるなんてまったくの驚きです――本当に生きているんですよ――健康だし、興奮してワクワクします。

いわば、落ち着くまでに私はほとんど旅らしいものを何もしませんでした。それは地球での引っ越しみたいなものです――いらないものや多分必要ではなかったものをすべて捨て、大切なものを選びそして世帯を持つということです。そうやって、私がそこで特に好きだったものを思い出して、それらをここでちゃんとうまく揃えたのです。ですから、ある意味では、〝一緒に持って行ける〟と言えるのです。まあ、とにかく、そのうちのどれかは大丈夫です。

けれども、助けがあったのです。友人たちが私に必要な余分のエネルギーをくれて、家具をすべて揃えてくれました。こういった光のからだ、そしてまた脳――〝精神(サイキ)〟と言った方がいいわね――に完全な健康を取り戻すことは誰でも同じというわけにはいきません。それは、実際、そこであなたたちが全人生を通してどうであったかによるのです。最後だけではありません。まあ、信じてもらえないけれど、私がどんなに早く落ち着いてここでの実生活を始める用意ができたかということから判断すると、私はかなり良かったようです。

ええ、ここには私の〝古い〟家具など必要ないのですが、それがあると落ち着くのです。それで今のところはこのような感じでやっています。それに、地球からここへの移行は、何かも馴染んでいて安心できるものがここに再生されているともっと楽になると言われています。

私たちはいつでも望めば何(なん)でも捨てられます。創造するのと同じ方法――こころにビジョンを描いて、それにエネルギーを与えてイメージをつくるのです――が、創造の反対に使われます。するとフッと消えてしまうのです。まさに、〝今見えるでしょ、ほら見えなくなった〟、というように。

住まいがまたすごいのです。私はすぐに選べることが許されました。それで最初に、小さな家を選びました――大きな建物の、それもとてつもなく大きいのですよ、その中のひとつのアパートより私は好きだからです。そんなわけで、家のまわり中にそして家の中にもたくさんの花が咲いている小さな家に落ち着いているところです。そんなに多くの花は持てませんよね。それを言えば誰のことだかすぐわかりますね。

スージー、私が自分の時間をどうやって過ごしているのだろう、と不思議に思っているのがわかります。ここには時間がないのです。このことは読んで知ってはいたけれど、実際に〝無時間ゾーン〟の中に入らない限りとうてい理解はできないでしょう。それって何なのでしょうね？　何かすること、そしてそこまで進んでいるという達成感です。その点、私の魅力的なかわいい家の家具を一緒に揃えることと、私が快適に安心して暮らせるように、ここにいる友人たちと手伝って家具づくりをすることで、私はすでにある程度のところまで行っています。

ここに満ちあふれている幸福感は信じられないほどです。私たちが離れたそこ（地球）は、そこに住んでいるほとんどの魂たちにとってとても理想的とは言えない状況であることを私たちは知っています。それは確かなことですが、私たちはそのような状況が必要であることをより高いレベルで理解しています。ここから見て明らかなことは、それらの状況の中に魂の成長があることです。それらの状況をあなたたちは選んだり、選ばなかったりするわけですが、それは学びには影響しません。それが成長のための経験であれば、合意していなかったとしても、経験することで成長のための〝単位〟を稼げるんです。

たとえば、健康であると合意していたのに、何かの間違えで〝事故〟に巻き込まれ生涯を寝たきりで過ごすとしても、忍耐心や寛容の精神、平和なこころ、あるいは魂の全履修課程で修めておいた方がいいとされるものは何でも学ぶことで、まあいわば、その単位を全部取れるのです。

あなたのお母さんの好意にもっと甘えようというわけではないのです、マシュー。

そうなのです、スージー、このメッセージはあなたに伝えるようにとマシューに渡したものですが、今あなたと話もしているのですね。不思議だと思いませんか？　私に姿を見せてほしいですか？　ではそうしますね。私がどんな様子か私が分かるように説明してください。はっきり分からないかもしれませんね。でもこのようにそこにいる私の友人たちに私を見てもらいたいのです。カールのかかった長いウェーブの髪です。肌は以前のように白くはありません――もっとも私は病気だったんですよ。もっとオリーブ色にしたかったのです。あなたが今見ているようにね。唇は赤です。なにしろ化粧品と言えば、あんなに長く使わなかったのですから。スージー、私のことを分かる人が誰かいるのかとあれこれ思わなくてもいいのですよ。みんな分かると思います。もしそうでなくても、まあ、私は彼らのこころの中にいるので、そこで感じてくれると思います。

マークがあなたに電話をしたのですね。地球にいたとき私はそれほど彼と親しかったわけではありません。けれども、宇宙人の存在を発見しようという彼の探求心は素晴らしいと思います。止めずに頑張ってマーク、と言ってあげます。あなたたちには想像もできないような部隊がここにあるのですよ。人類がそこで無知と闘争心と欲望にかられてもたらしたあらゆる混乱による崩壊から地球を救うための彼らの仕事ぶりを私たちは見ることができます。

アナベル、あなたがいないのが寂しいです。あなたも知っているように、私は孤独ではありません。一条の細い光が、私が触れてほしいと思うところに届いていません。あなたとつながっていると思っていたのですが、あなたはそこにはいないのですね。私が旅立つことさえすれば、必ず私たちは永遠に結ばれる、そしてそのことをお互いが承知していると思っていました。でもそうはなりませんでした。

あなたが私を愛していることはわかっています。あなたが多分もっと穏やかに、そして痛みもあまりなく、自分自身のこころを見つめてくれたらと本当に思います。そうすれば、私が思っていたように私たちはつながることができるのです。実は、私たちはそうなっているのですが、あなたはそれに気づいていないのです。ただ頭でそう思っているだけです。つまり、私たちがコミュニケーションでのあらゆる可能性を考えた場合、あなたは、破壊的(ネガティブ)に作用する地球のしがらみ——悲しみ、後悔、失ったもの——を手放すところまで行っていないのです。それも当然なことです。ただ、あなたが魂レベルの存在で私を迎え入れ、あなたの意識からネガティブな悲しみを取り去って私を受け入れてくれたら、すぐにでもあなたに言ったように私たちがつながるということです。

好意に甘えるようなことはしませんと言っておきながら、私は相変わらずペチャクチャと話をつづけていますね。ではスージー、何か訊きたいことがありますか？

スザン　グレース、今度は私の方が好意に甘える番だわ。マシューたちがこのメッセージ転送の仕組みを説明してくれたのだけれどさっぱり分からないの。この会話記録（シッティング）に先立って、あなたはメッセージを私にダウンロードするように彼に渡したのですね。ところがその最中に、あなたは私に直接話しかけていました。どうしてそんなことができるのでしょう？

グレース　私のいる時間の基準枠（タイムフレーム）があなたと違うのです。私は〝前に〟マシューにメッセージを渡しましたが、同時に私は〝今〟それをやっているのです。実際は同じ〝時〟なのです。ここでは、あなたたちがいるような〝前〟と〝後〟という時間の制限がないのです。それはあなたたちが予定したり、ここと今ということを理解したりする必要があるからです。でもいつでも〝今〟なのです。そうですね、それではうまく説明したことになりませんね。理解してほしいのは、私がそのメッセージの中にいるということなのです。たとえマシューが言った〝ダウンロード〟で彼からあなたに転送されていてもです。では、何かほかに質問がありますか？本当のことを言えば、私にはあるのが分かるのですよ。

スザン　友人たちが手伝ってあなたの家の家具を揃えてくれたと言いましたね。新しい友人たち、古い友人たち？　その人たちが誰だか地球のここにいるあなたの友人たちが分かるかしら？　ここにいる誰かに特にメッセージはありますか？

グレース　ええ、ここにいるのは私が以前から、もうずっと昔から知っている友人たちです。アナベルがここにいたらその何人かは分かるでしょう。ダニエルという名前はそこでは心当たりがあるはずです。そしてあの腕白ディックには特別なメッセージがあります。私の古い悪ふざけをもうやる気にはなりませんが、ここには冗談好きな人がたくさんいますよ。それは簡単に見分けがつくはずです。基本的に私のメッセージはすべての人への一般的なニュースです。

スージー、あなたが初心者のチャネラーがみなそうであるように感じているのは分かります。ごめんなさい、そんな風にあなたを呼んで。あなたはそうではないし、もう五年もやっているのですものね。〝魂のコンタクト〟の依頼に答える際の心もとない感じを、あなたは今でも感じています。ええ、それは霊媒師(チャネラー)たちを通したマシューのあなたへのメッセージが長年あなたの〝命の綱〟だったからということを知っています。それであなたは、魂とコンタクトしたいという人が誰であっても決してがっかりさせまいという強い責任感を感じているのです。それはいずれにしてもあなたの使命ではありません――あなたもそれを知っていますから、これは特別の好意といったものですね。

私が地球であの肉体の中にいたときに想像していたことを、これは**はるかに**超えるものだということ以外に、今はほかに言いたいことは何もありません。今ここに戻ってみると、それは覚えていることとほとんど同じです。では〝チャオ〟と言いましょう。あなたのこころの内と外が光で満たされますように。あなたたちすべて、いとしい家族たち、そして友人たちを愛しています。

さようなら、スージー——ありがとうございました。

（三ヶ月後）

スザン　マシュー、確かではないけれど、グレースが私と話をしたいようなの——それを確認してくれる？

グレース　マシューが自分は脇に行っていると連絡してきました。それでは、こんにちはスージー。〝おはよう〟と言うつもりでしたが、そこでは今は午後ですね。では、気分よくご挨拶します。また私と会話していただいてありがとうございます。

スザン　来てくれてありがとう、グレース。一週間ほど前に、私がコンピュータを始めるときがあればいつでも話したいと私に話しかけましたか？

グレース　ええ、そのようなことを言いました。

スザン　私があなたのことを思うといつでも分かるのかしら？

グレース　そうですね、あなたが私のことを非常に強く思うときは、気づきます。マシューのように、あなたが私のことを思うたびに分かるというわけでは多分ないでしょう。もしあなたが本当に私と連絡をとりたいと思うときは、その強い気持ちがあればいつもうまく行きます。そこにいる誰とでもそうやってコンタクトできることを私たちは知っています。その際話すか話さないかを選ぶことができます。また、私たちが話したいと思うときに、こちらからコンタクトをとることもできますが、ほとんど誰も私たちのことが聴こえません。

では、質問に答えましょうか？　実際はマークの質問ですね。喜んで答えます。私がもう一度話をしたいと言ったのはそのことだったのです。

スザン　わかりました――ここに来てくれてうれしいわ。マークも答えをもらえればうれしいでしょう。この前あなたは、彼の想像を超える多くのＥＴたちが地球近辺にいるといったことを話しましたね。もしできたら、そのことをもっと彼に話してほしいそうです。

グレース　結構ですよ。最初に、彼らのうちの何人(なん)かはすでに地上に降りています。外観はほとんどの人々と変わりませんが、実際にはその能力は同じではありません。ほとんどの場合彼らは、その高位の光を地球生まれの人間たちのより密度の重い成分に置き換えることを魂レベルで快く合意しています。ですから、たとえばエンターテインメントの分野で驚くような人たちがよく現われているのです。ほかの人たちもいます。地球により多くの平和と思いやりと真理の変化をもたらすために影響力が必要なあらゆる分野にです。

地上や地底にいない人たち（ＥＴ）については、事実上未知の巨大な領域に、莫大な数で上空に存在していますが、通常は人間の目には見えません。たぶん数千もの小型宇宙船が浮遊していて、よく目撃されるのがこれですが、ときどき中型機も目撃されます。またいくつかの巨大な母艦とオペレーションセンターもあります。これらの巨大なものを見るには相当想像力をはたらかさないと無理でしょう。地球からそれほど離れていないところにいますが、保護気体のようなもので覆われて見えなくされています。雲状のものであったり、あるいは波動変換器を使って大気波動エネルギーを加速したりすることで、本当はあなたたちのすぐそばにいるのに、隠れていられるのです。

パイロットの何人（なん）かが、〝あそこにいると思ったらもういない〟といったつぎつぎと急速に変化するものとして目撃しているので、彼らは宇宙人（エイリアン）テクノロジーとはどんなものかを知っています。そのようなパイロットたちは普通頭がおかしいとされ、そのような〝現象〟は本当は見なかったのだと長いあいだに思い込まされてしまうのです。

これで充分ですか、スージー？

スザン　ええ、そう思うわ、グレース――ありがとう。彼らがそんなに多くて、近くにいることを知るとワクワクするわ。マークの次の質問です。彼が地球で生まれた肉体を持った宇宙人（エイリアン）をすでに知っているか、これから出会うか、もしくは自分自身がそうだと正体を公然と明らかにするＥＴたちと将来コンタクトすることになるか、あなたに分かる方法がありますか？

グレース　ただ私がここにいてそこにいないというだけで、自動的に分かるようなことではありませんね。調査しなければいけないようなことです。彼の記録のその部分にアクセスできるのか分かりません――実際、彼の記録そのものにです。今までの彼の質問では、エネルギー場（フィールド）にアクセスして、その意味を解釈するという必要がありませんでしたから。

何かを解釈するなど私自身には確信できないことは神がご存知です――〝私の得意〟とすることでないことははっきりしています。やりがいがないというのではありませんが、自然に与えられた資質ではないのです、お分かりですね。そのようなことへの自分の判断を信用していません。

いずれにしても、人々はチャネラーの言うことは何(なん)でも信用し過ぎです。賢いことではありません。今ではそこにいるときよりもずっとよく見えるようになりました——当然ですが——明晰な状態を維持できないためにまともな人でもずいぶんと見当違いをすることがあることが私には分かります。あなたは明瞭(クリア)ですね——もう何回(なん)も人からそう言われていますから、あなたはそれを知っているはずです。

この窪みにはまっていて出ようにも出られず、マシューたちから受け取っているメッセージを広められないとあなたが感じていることは知っています。スージー、この原稿を気に入って出版してくれる出版関係の人たち以外には出口がないと思って窮屈なところに自分を閉じ込めていてはいけません。

この宇宙には想像できないような方法がいろいろあるのです。結構ですよ、そこでは無理もありません。言葉が非現実的でも驚くべきことでもなくても、その作用——宇宙の法則の実際の運動と効果——ははたらいています。そこの信念体系は、すべてがはたらいていることを見渡せるほどには気づきを得ていません。

それでは、ほかに何かありますか？　微笑んでくれましたね。元気になっているのでうれしいです。

スザン　今日来てくれて本当にうれしいわ。もし知り合う機会があったら楽しかったでしょうね。

グレース　私もそう思います。スージー、ではそろそろお終(しま)いにしましょう、いいですか？あなたは満足がいっているようだし、マークに言えることはすべて言いました。なんとかあなたを何(なん)度か微笑ませるようにもできました。私にはとても良い日だったと思います。さようなら。私と話したいときはいつでも言ってくださいね――ここにいますから。

スザン　今日はありがとう、グレース。ではさようなら。マッシュそこにいるの？

マシュー　ここにいるよ、お母さん。すぐここだよ。旅行からちょっとしたバケーションをとって、今あなたの机の脇のこの椅子に座って、お母さんがグレースと話しているあいだ微笑んだり驚いたりしているのを眺めているところだよ。この椅子で何か変わったところが分かる？

スザン　いいえ――何も動いていないし、毛布もへこんでいないわ。あなたがここにいることが分かってうれしいわ。何が違うの？

マシュー　いや、大したことではないんだ。この毛布をあなたに見えるようにちょっと動かせるかなと思ったんだけれど、だめだった。やろうと思えばできるんだ――そのための充分な

〝動力パワー〟がないわけじゃない――この部屋のエネルギー運動をかき乱すことはしたくなかった。毛布をほんのちょっと動かすだけでも部屋の大気を異常に過熱してしまうだろう。

（二ヶ月後）

グレース スージー、接続（コネクション）ができなくなっています。ＯＫです、では始めましょう。あなたがほんのちょっと私から消え始めていたのです。ペチャクチャと話していたので、その生まれつきの癖を控えることにして、マークにこの点を理解させましょう。〝エイリアン〟と呼ばれる宇宙の兄弟たちが近い将来に着陸することはありません。どちらかと言えば、これから起きることは地球にすでに変身したり隠れている人たちが最初に現われて、もし何千（なん）もの宇宙船が大挙して降りて来たときに、大勢の人々を襲うかもしれない――かもしれないですよ――恐怖感を減少させたり、除いたりすることでしょう。

おそらく、地球の魂たち、あるいはそこでふさわしい呼び名の人たち――ＥＴの人たちでいいでしょう――と〝宇宙空間〟にいる人たちとのあいだで交信があるでしょう。明らかに調整（コーディネーション）が必要です。そうでなければ大変なことになりますし、地球の人々が大騒ぎになるでしょう。

彼らが〝近い将来〟来ることがないと言ったのは、あなたの生きているあいだにはないという意味ではありませんよ、マーク。こことあなたがいるところの異なる〝時間〟のあいだで――そうは言ってもそこでは今年月が非常に速く過ぎているんです――できる限り明確に計っても、多分五年というのが考えられる時間枠です。またそうでないかもしれません。言えるのは、確定していないことです。特定な期日といったようなことをほかに聞いたら、疑ってください。〝宇宙人たち(エイリアン)〟の予定ではすべて準備完了ですが、地球に関わることで多くの不確定要素があります。宇宙人たちは、彼らがどこから来ていようと、全員準備万端にいます。でも、大挙しての到着は延期するという宇宙連盟の計画を無視するつもりはありません。ここでの重要課題は地球の人々の集合心理なのです。

マーク、あなたが先陣を切ってエイリアンたちと会いたいと熱望しているのを知っています。あなたに素晴らしい驚かすものがあります――あなたがエイリアンのひとりを知っていると私は知らされています。もちろん、世間では知られていません、あなたの長年にわたるエイリアンとの平和的交流と協力を願う気持ちのお陰で、そこでは人間の姿をしていますが、エイリアン出身でその精神性と才能をもつひとりと知合いです。いつの日か確かに知ることになると私は言われています。

スージー、それだけです――彼に伝えることはそれですべてです。

スザン　結構よ、グレース――彼はとても喜ぶでしょう。また来てくれてありがとう。

（一ヶ月後）

グレース　マーク、あなたは実に粘り強い人ですね。ETたちが地球を取り囲んでいるというあなたの予測はそう大きく外れていません。私にはこれがすべて見えていながら、全世界に向かって、〝ほら！　彼らはここよ、ここにいるわよ！　私たちがそう言ったでしょう！〟と叫びたくなるのをこらえるのが容易ではありません。できることなら、本当にそうしたいです。

まあ、私にできる最良のことはあなたたちが順調に道を進んでいると言えることです。そのままつづけてください。通信（コミュニケーション）トラブルがありますが、技術的なことで、霊的エネルギーの問題ではありません。簡単には修理できないことですが、修理不可能で、まったく目が見えないこころにくらべれば、修理可能な機械的なものの方が確かに良いです。

では、スージー、あなたから何か質問がありますか？

スザン　その通信（コミュニケーション）のトラブルが〝霊的〟というより技術的だという意味を説明してくれませんか？

グレース　ええ、少なくとも多少はやってみましょう。地球とあるポイント、使用者どうしで決定されるのですが、との間の距離と波動測定に使われる装置があります。その目的は、宇宙空間のそのポイントの半径以内に宇宙船が存在すると、地球大気中で作用している振動数の範囲にはない〝奇妙な〟音でそれを引き入れることができるのです。

　構想は良いのですが、装置に問題があるのです。誤信号を単に発しているだけの雑音の原因を見つける必要があります。あなたたちが認識していないのか、ほしいデータが実際にそこにあるけれど、雑音で隠れているだけなのかもしれません。検査機器を使ってその装置をチェックして、その雑音を除けるか調べてください。

　あなたたちが信号を送っている部隊はその信号を受信しているので、ピーッという反応音が聴こえるはずだと私は言われています。これらの部隊は英語やほかの言語を話す存在たちですよ、みなさん。あなたが共通言語で——数字と振動数で——交信しようとしていることを彼らは知っていますが、そんなことは必要ありません。ただ彼らとそのまま話せばいいのです。

　その雑音が消えたら、信号が送れるかチェックしてみてください——モールス信号が送信に適しているでしょう。地球に関するＥＴ活動をすべて監視する役割のここの人たちも含めて、私たちが接続回線（コンタクト・ループ）をつくられるか分かるでしょう。

本当です、どんなに多くの部隊があって、どんなに多くの魂たちがあらゆる動きをここで監視(モニタリング)しているのかあなたが見たら息をのむことでしょう。命令も調整もここからは何もされません。ただ見守って、注意しているだけです。地球にいる人たちは、この理由でここの人たちと確実につながっているので、この監視(モニタリング)でとても助かっています。

ほかに何か、スージー？　そうですか、あるようですね。ではどうぞ。

スザン　ありがとう、グレース。あなたのＥＴへの関心と彼らの活動について話してくれたけれど、あなたの暮らし全体についてもっと話してくれませんか？　あなたがやっていることは仕事のようなものなの、それとも学校に通っているのかしら？　そこで何をしているのですか？

グレース　思わず笑ってしまいます。あなたの言いたいことはよく分かります。なぜなら、あなたのこころと考えを、あなたがそのコンピュータに言葉としてタイプするよりはるかに早く読めてしまうからです。ＯＫですよ。私がしていることをもっと話しましょう。

マシューが以前やっていた移行時医療補助活動と今の彼の個別指導、コンサルティング、指導になぞらえて言っているのは分かります。まあ、言わば、それは上級クラスです。覚えてください、私はまだここでは新米なのです。私たちがそのような重い責任の仕事から始めることはありません。マシューは並外れているのですよ、スージー。いつの日か、あなた自身でそのことが分かるでしょう——あなたがここに来る前にという意味です——そのように私は聞いています。

この時点での私の役目は異常気象の分析と私たちの大気への影響を軽減する応用技術(メカニクス)の研究です。〝私たちの〟というのは——あなたたちのと私たちのといった意味です。あなたも知っているように、私たちはあなたたちからそんなに離れてはいません。その上、私たちはあなたたちと緊密な絆があるので、非常に多くの点で近いのです。私たちのより軽い密度とそれぞれの気象があるので、ええ、私たちは離れていますが、それでも私が取り組んでいるのはあなたたちと私たちの大気です。

あまりにもおかしな話で信じられないでしょうが、これが最も分かりやすい説明です。もっともここではこんなふうには説明しません。あなたたちには私たちの言語がないので、私たちの言葉を使ったら私の言っている意味をあなたたちには知りようがないですからね。これに対応する同義語も同じような表現もここにはありません。今すぐというわけにはいきませんが、そのうちに私がやっていることで良い変化が起きて来るでしょう。

私が地球の嵐をコントロールできるとか、そのような大嵐の際にまるで地球の天蓋のように作用するということではありません。そのエネルギーを抑え込んで、それが集まって爆発しないように分散させる方法を研究しています。しばらくは何もないのが、その次にはまるで全世界を飲み込むようになって、危ない――またハリケーンだ、竜巻だ！――という代わりに、いつものゆっくりとした楽な方法で分散させると言うべきでしたね。

実際に効果を示すにはしばらく時間がかかりますよ。さまざまな呼び方がありますが、今後さらにたくさんのことが始まります――洗浄、浄化、光の増加、地球のネガティビティの苦しみの軽減、アセンション・プロセス――みな同じことを言っているのです。つまり、深刻な被害をもたらす地球活動がまだ待ち構えているのです。

これから逃れる術(すべ)はありません。エネルギーはエネルギーです。〝シーッ、困った子、どこかにお行き〟と言うわけにはいきません。実は、私が取り組んでいるのはそれなのです。雨がほしいときに、ちょうど必要なだけ降るように、事を処理できるようになる方法です。終われば、また再び必要になるまでいなくなる。そのリズム、そのパターンを決めるのです。分かるでしょう？

スザン　ワー――大変なお役目ね、グレース。ここにいるあなたのお友達はそのことを知って驚いているの？

グレース　そんなことはないと思います。みなさんには奇妙に思えますか？　私が気象に、特に揺れや震動を引き起こすものに魅せられていたことを覚えていませんか？　単なる好奇心ではないのです――魂の接触（コンタクト）だった――それを私は発見したのです。私が以前いたその同じ分野（エリア）ではたらいているのは自然なことなのです。なぜならこれはまったく私にとって新しいことではないからです――前に掘り下げて研究していたことを思い出しているのです。今は先に進んでいます。次に私が地球にいるときは、真のエネルギー利用法をもっと多く提供できるでしょう。あるいは、私がそう決めれば、ほかのどこかで。話がずいぶんと逸れてしまいましたね、なのであまり外れないようにしましょう。

　スージー、この辺にしましょう、いいですか？　あなたの気持ちはまだ私と一緒にいるのですが、まだ質問しようとしていてそれが思い浮かばないでいます。それは私たちが必要なことはすべて語ったという確かなサインです。あなたは素晴らしい聴き手であり私のメッセージの伝言者です――とても感謝していていますし、いつでもやって来て、あなたやマークやどなたの質問でも答えますよ。〝こんにちは、グレース〟とただ言ってくれれば、それでも結構ですよ。ではありがとうございました。また会いましょう。

◉ジェレミー　二〇〇一年

しばらくニルヴァーナでの〝過去の回想〟とさらに高度のトレーニングの後、ジェレミーは彼の専門知識と技術が必要とされる銀河系内のほかの星へ移って行った。

ジェレミー　スージー、私が今取り組んでいることについて質問してくれてうれしいです。今地球に向かって、直接海中へと速度を強められつつあるこの強力な光エネルギーの中ではたらくチャンスを得られたことを光栄に思います。現時点では、超音波実験による最悪の影響を防止するために、さらに多くの光をそれらの海洋中に注ぎ込まなければなりません。そうしないと何千ものクジラとイルカそしてほかの海洋生物が殺されてしまうでしょう。その実験によって海洋の温度が上昇し、人間にすれば沸騰状態を超えるほどになってしまうのです。ですから、このような広範囲のエネルギー帯と高い波動の中で作業する私たちの活動が、地球のその部分を保護するために非常に重要であることが分かるでしょう。

光の勢力が送っているエネルギー指向流（ストリーマー）を地球に繋ぎ止めるアンカーとして、クジラの霊的（スピリチュアル）エネルギーが重要であることを教えられていますね。それは本当です。それがもちろん私の仕事の目的で、私と同じ役目のこうしたほかの魂たちと協力してやっています。ほかの天体からの光線を集積し、その光線を地球に導けるような銀河系内を回るある軌道まで私たちは上昇することにしました。

これによって光が偏向されて、すべての地域と生命体のために充分にその役目を果たせなくなることはまったくありません。むしろ宇宙空間に光を拡散させてしまうのではなく、光のパワーを集中させることができるのです。それは海洋生物の健康と生命を私たちができる限り保存するための集中されたエネルギー帯域（バンド）なのです。

スージー、ずいぶん長くタイプしていますね。ときどきは休息した方がよいのではないかと思います。また、私に質問があれば、喜んでお受けします。

スザン　ありがとう、ジェレミー。あなたが今言ったことを読み返してみるわね。——ありがとう。まず、どうしてあなたは個人的なメッセージを私に伝えるようにマシューに渡して、そしてそのあいだまるで顔と顔を合わせているように私と会話ができるのかシンディに説明できる？　シンディからこのことを訊かれてもこの交信（コミュニケーション）を充分説明できるほど理解できていないわ。

ジェレミー　スージー、自分と何もつながりがないことを理解するのは容易ではありません。

シンディ、あなたも意識ではこれを理解しませんが、地球人の表面的な気づきの下では、これを理解しているだけでなく、あなたは霊性（スピリット）で私と一緒にはたらいていることは確かです。どのようにこれが起きるのかあなたたちが理解できる意識レベルで説明するために、これを木になっているオレンジに例えてみましょう。静止していますが、その特性は落ちてまだ転がっているオレンジと変わりません。それらの同一の特性がエネルギー帯域（バンド）を発していて、それが静止しているオレンジと転がっているオレンジ——そして魂たち——を結びつけています。

　たとえば、スージーがここで静止している魂としましょう。私が転がっている方です。そこにはオレンジどうしのエネルギー結合（コネクション）と同じ魂のコネクションがあります。マシューを介しての私のメッセージはスージーと私との最初の連絡（コンタクト）に必要なコネクションでした。そして、この言わば接着剤ができたので、私たちのそれぞれのエネルギー領域や具現化状態に関係なく、いつでも彼女と私は会話できるのです。

　その説明でどうでしょう、スージー？

スザン　そうね、ジェレミー、ありがとう。でも、これはそのまま受け取った方が簡単だと思うわ。シンディは私よりはるかによく物理を理解しているので、たぶんあなたの例えが彼女に役に立つでしょう。あなたは肉体があるの、それともフリー・スピリットの状態？

ジェレミー　私は肉体を持っています。あなたのよりも軽いですが、マシューほどではありません。ここにいる肉体は地球上ほど密度が重くはありませんが、ニルヴァーナにあるほど軽くはないと言った方がもっと完全でしたね。私の姿は男性の宇宙人間（ヒューマノイド）と言うのが最も正確だと思います。この肉体はほとんどの地球人の身体よりも背が高く、がっちりして、率直に言って宇宙的に見てもハンサムですよ。

このレベルでは、この軽い密度のエネルギーにもともと備わっているテクノロジーによってどのようなかたちでも自由に具現化できるのです。私がこの仕事を最も効率的に果たすために必要なかたちと大きさにこの肉体を変えられるのです。一緒にはたらいている魂たちのように、私はこれを頻繁にやることによってエネルギー指向流（ストリーマー）を集め、そのパワーを地球の光の使者（ライトワーカー）たちが最もよく吸収できるようにダイレクトな光線に変え、そこから彼らが目標に集中できるようにしています。

スザン　あなたは違う文明社会人なの、それとも同じ目的ではたらいている地球人の魂たちのグループのひとり?

ジェレミー　私の小さなグループはほかの文明社会に出向している地球の魂たちです。訪問アドバイザー、トレーナー、スペシャリストと考えられるでしょう。今私たちが住んでいる文明社会は、ライトワーカーたちの見習い軍団と言ってもいいでしょう。彼らは霊的（スピリチュアル）に進化していますが、技術的にはそれほどではありません。私たちのここでの目的は、エネルギー指向流（ストリーマー）を最も効果的にコントロールし、方向付け、強化させるために必要な学びを彼らに教えることです。地球との関連でこの惑星が有利な点は、光がここから地球に向けて進むときに、ここが光を強化する理想的な経路（チャンネル）になることです。私たちがここにいるのはそのためです。

スザン　あなたは私たちの太陽系内にいるんですか？

ジェレミー　いいえ。私たちは同じような銀河系の一般的な領域にいます。はるか遠くの光源からこの領域に入って来る光は、もし私たちがこの素晴らしい人たちとここで協力して光を収束し、それを目的に適った用途と方向に変え、そして最も必要としている地球に送られるようにしなければ、そのほとんど全部が無駄になってしまうでしょう。私たちが送っている光は海洋だけに向けられていません。私たちの〝強い意向〟と言えますが、惑星地球のエネルギーバランスを達成させるために分散しています。

私たちの仕事にはまた別の側面があります。これもまた、地球の位置との関連でこの領域が好都合になっている点です。この位置に私たちがいなければ、入って来る光が地球上と周りにいるほかのライトワーカーたちに届くまでに大きく拡散されてしまい、彼らがそれぞれの仕事をするうえでより大きな困難を抱えることになるでしょう。

彼らは惑星地球が正常軌道を維持できるように、また自然の力がより穏やかな運動エネルギーとして分散するようにしています。そうすることで、大変動活動を抑えているのです。私たちはいわば光を集める人と送り人のようなものです。また地球を取り囲んでいるＥＴ(地球外生命体)たちはエンジニア、技術者、ヒーリング実践者たちと呼べるでしょう。私たちを、地球の癒しのエネルギーを分散させる人たちに光を送っている道を照らす者 Way-Shower たちと呼べるでしょう。

スザン　ジェレミー、あなたの特別な任務は何(なん)ですか?

ジェレミー　そうですね、あなたたちは線形(リニアル)な時間と意識感覚の中で対応しています。ほかに基準枠がないので、そうするのは当然でしょう。私が死んでニルヴァーナに行き、最初にこの文明社会について知るようになり、あるいは〝地元の人たち〟と一緒にはたらいているこの支援グループと一緒になってからは、もうそうではありません。地球で生きているときでも魂のレベルでは知っていて、実際にも参加していたようなことです。私の合意の一部——言うなれば魂の契約——は、地球の海洋生物に対する感情や気持ち、情熱を充分に理解することでした。この高いレベルのエネルギーワークに私が参加するために必要な条件だったのです。

「僕があまり長くいなかったのはそういうわけなんだ、愛するシンディ。僕たちが今でも分かち合っている二人の親密さをうまく表現できたらいいんだけど。君が感じているのは知っている。君はそれを主に、クジラとイルカと私たちとのあいだの交流に成功し、彼らが感じそして有り余るほどに与える喜びを分かち合ったという、二人の共通の興味のせいにしている。そのすべては僕たちの結びつきの本質的な部分だ。それぞれの道で、意識的なレベルでの仕事を通した別々の目的をもったこと以外は、僕たちの永遠の結びつきである二人の魂の結合に何の変わりもない。」

スージー、あなたがこの送信メッセージを全部彼女に送ることは分かっているので、そこに短い個人的な手紙を入れさせてもらいました。ほかに質問はありますか？

スザン　ええ、そして私の質問に快くすべて答えてくれてありがとう。ジェレミー、シンディだったらここでどんなことを質問するだろうと考えているところなの。

ジェレミー　分かります、スージー。あなたに訊いているのはそれがひとつの理由です。彼女の気づきと励ましにと思って私は自分のこころに浮かんでくることをできる限り話しています。

スザン　スティーブ・バクスターを知っている？　そして、あなたはマシューとどのくらい親しいの？

ジェレミー　もちろん私はスティーブを知っています。彼はまだニルヴァーナにいますが、地球にいたときの私たちの共通の趣味と経験が二人の関係を特別に強くしています。この場所で私が関わっているプロジェクトのいくつかが彼のところにも送られていますが、それはいろいろな構想の改善策について、たぶん目標へのコース変更や異なるエネルギー電圧強度についての彼の助言を求めてでしょう。私たちが話したことを彼に伝えましょう。でも、あなたは話したいと思えば、あなたからそうできることを知っていますよ。ああ、そうですか――向こうから要請されない限り、あなたは魂たちには話しかけないけれど、彼らから来れば喜んで受け入れるのですね。ええ、それこそ思慮深さと礼儀正さの典型だと思います。

マシューについては、知っているという程度で特に親しいわけではありません。ご存知のように、マシューは高いレベルでの仕事に就いていて、現在行なっている任務は気高い霊的（スピリチュアル）な仕事なのです。けれどもあなたは、ご自分の息子が地球次元を離れて以来、彼とその集合魂が成長と奉仕をつづけたことで彼個人に起きた霊的（スピリチュアル）な進化を理解していません。

もしあなたが知ったら、驚きに唖然（あ）とするでしょう。まるであなたが、地球の半分にわたる領域を君臨しその臣民すべてからその名を称えられるほどの徳をもって統治する国王の母親であるかのようなものです。ええ、それがあなたへの慰めとなり、彼を必要以上に神やイエスやほかの偉大なメッセンジャーのようにさせるのは知っています。でも、それがまさに私があなたスージーに伝えようとしたことなのです。それと同じレベルの仕事を息子さんはやっているのですよ。

スザン　ジェレミー、あまりにも大きいことで考えも及ばないわ。マシューは自分の仕事についてはただ、〝実際はそうなんだよ、ママ〟というだけで、それ以上のことは言いません。海軍の超音波（ソナー）実験についての私と神との会話を知っている？

ジェレミー　いいえ。

スザン　そうなの。では、それと、クジラとイルカたちを殺すほかの計画を防ぐために何がされているのか教えてくれない？

ジェレミー　私のいるこのグループの仕事は、実験の実施を命令し商業捕鯨を合法化している闇に傾いた人間たちの阻止を目的としています。ですから私たちは二つの分野ではたらいているわけです。私たちは超音波（ソナー）の影響と下水と化学的および油汚染と乱獲といったほかの種類の破壊の影響を改善させるために強化された光を集中的に海洋に向けて送っています。それと同時に、今行なわれているそれらの行為に責任ある魂たちに光エネルギーを送っています。この破壊行為を企んでいるのはわずかな数の魂たちですが、彼らのこころが闇にしっかりと捕われているので、私たちがなんとかしようとしているのです。完全に闇に飲み込まれているそれらの少数の強力な魂たちによって抗議の声が打ち消されないように、たくさんの魂たちを光の中に入れなければなりません。

スザン　私が書いた手紙のような一般からの抗議が本当に役に立つの、それともただ無視されるだけ？　あなたたちのような光の送り手（ソース）やほかの高いレベルのエネルギー・ヒーラーたちからしか変化は起きないのかもね。

ジェレミー　スージー、たったひとりの思いがどれほどの光を創造し、どこまで影響を及ぼすことができるか、決して見くびってはいけません。勢力伯仲の選挙でその結果に大きな違いをもたらす一票や、バラバラになって隠れている者たちに誰かが生きていることを知らせようとする闇の中に点けられた一本のマッチのようなものです。こころにある光の量に限りはありません。もしこころを非常に動かされて手紙を書こうと思ったら、思いやるこころと行動が一緒になって信じられないほどの量の光が創造されるのです。クジラとイルカたちの命を守ろうというあなたの思いやりに同調するほかのすべての人々のことをこのように考えてみてください。

スザン　人間たちによる傷で殺され死ぬときは、彼らの命を救おうと運動している人たちの悲しみ、怒りや、たぶん絶望的な感情によってつくられるネガティビティ（破壊エネルギー）がこの星の光のはたらきの妨げにならないの？　ジェレミー、私は神さまには思い浮かばなかった質問をしているのよ。

ジェレミー　ええ、あなたがおっしゃっていることは分かりますよ、スージー。そうですね、この光と闇の闘いが一歩前進し、一歩か二歩後退してまた前に進むというあなたの考えは素晴らしい。しかし、それは線形(リニアル)時間の概念にまったく捕われている考えで地球以外には通用しません。そのうえ、光は科学が定義している以上には理解されていません。光が宇宙で最も高いパワー――**愛**――から来ていて、私たちが使えるようにつくられた愛の機能的な一面であるという理解がないことです。

愛はただあるのです。それを限定することも計ることもできません。自分の子どもたち一人ひとりに感じる愛を計れますか？　そうですよ、神であっても、その創造物であるクジラ類を救うため、神が地球につくった楽園(パラダイス)をこれ以上穢(けが)すことを止めるためにどれほどの愛のエネルギーが注ぎ込まれているのか計り知れません。

一度こころを愛に開くと、闇はもはやそこに君臨できません。浸透する光を計れないように、変換する闇を正確に計ることは不可能なのです。確かに言えることは、私たちが話し始めたときよりも多くの光が今地球にあること、そしてこの瞬間よりもさらに多くの光が私たちが話し終えるときにはそこにあるでしょう。

スザン　ジェレミー、私にたくさん教えてくれて、そして地球を守る活動をありがとう。あなたがちょっと寄ってシンディにメッセージを送りたいときは、私がここにいます。

ジェレミー　はい、ありがとうございます。あなたがこのような魂との接触にはあまり積極的ではないことも知っていますし、実際そのような依頼は断っていますね。ですから私からシンディ宛のメッセージをあなたが快く受け取ってくれたことにこころから感謝しています。よろしかったら、もう一言彼女にお願いします。

「私の大切なシンディ、私たちは息が聞こえるほどすぐそばに――そんなに離れてさえもいない――いるんだよ。私は君の活動に特別に多くの光を降り注いでいるんだ。諦めてはいけない。私たちは愛と目的に永遠に結ばれて、光の中に一緒に並んで奉仕していくんだ。」

スージー、今回はこれで結構です。私は仕事に戻ります。あなたが次の仕事に進む前にまたお邪魔します。スティーブのことについて話したこと、しかもこころからの思いやりと素晴らしい笑顔をもってそうしたことを彼に知らせます。そして、マシューにもお礼を言います。もっとも彼は私の感謝の気持ちも、今回のこの特別な交流もすっかり知っています。では、この辺でアロハ、アデュー、アディオスと言います。

そして、ニルヴァーナをはるか超えて

アエスキレスについての原稿を出版に向けてまとめていたとき、私のこころに浮かんだ質問に応えて彼がひょいと現われた。それらの質問に彼が答えるあいだ、私たちは再び楽しい長い会話をもった。彼からの新しい情報はメッセージの中に組み入れてある。

アエスキレスの最初の訪問の後、彼の故郷の星の名前がキャタロン **Cat-a-lon** で、それが実際の名前に最も近い英語の発音だとマシューが私に言った。

✿アエスキレス　二〇〇〇年と二〇〇三年

スザン　マシュー、こんにちは。今日は私たちが話すことのリストがたくさんあるのを知っているわね？

アエスキレス　こんにちは。これはマシューではありません。いつものマシューの優しい挨拶ではないので、すぐこれは違うなと感じたのではありませんか？　そのうえ、彼のエネルギー場（フィールド）ではありませんから。今日あなたと一緒にここにいる人は誰でしょう？　あなたはどうも名前が苦手だと、息子さんから聞いています。彼はまたあなたがアエスキレスなどという名前はまず〝受け入れ〟ないだろうとも言っていました。けれども、どうかそれを私に使ってください。ここで私の話を止めてあなたの質問を聞きましょう。

スザン　失礼ですけど、アエスキレスと言いました？　もしそうなら、このスペルで合っていたかしら？

アエスキレス　Aeschyles だけが、私の名前を私の言語で言うときの音に最も近い発音から類推されるつづりです。正しいあるいは間違った英語のつづりなどありませんし、馴染んでいるもので充分です。私はどうして今ここにいるのでしょう？

スザン　もちろん、私はなぜあなたがここにいるのか、あなたが誰なのかと思っているわ。あなたは光の存在なの？

アエスキレス　愛する魂、そうです、私は本当に光の存在です。息子さんが後で来てそれを保証してくれるでしょう。差しあたっては、光の存在たちのみがあなたに接触できると要求したことを思い出してください。あなたに会うためには、光の存在でしかありえないのです。
今日あなたのところへ来た私の目的は、私が地球の人々への重要なメッセージを持って来ていることです。私があなたたちの惑星の存在ではなく、ＥＴ（地球外生命体）であること、あなたたちの天国（ニルヴァーナ）の住人でもないことは分かりますね。私の正体は後で説明しますよ、ええ。まず、この地球の、そして本当はあなたたち自身の、エネルギーの移行のときに、私たちが地球に与えている支援のメッセージを伝えることになっているんです。
あなたをスザンと呼んでよろしいですか？　私たちの交流関係を踏み越えるようなことはしたくありません。この情報を伝えるのに希望する順序とか、そちらの都合でこちらが合わせられるような予定などありますか。

スザン　いいえ、ないと思います。ええ、もちろんスザンと呼んで結構よ。ただ、私はあなたがここにいることにまったく驚いていて、頭の整理が必要だと感じていることを言わないといけないわ。ちょっと時間をください。

アエスキレス　ええ、もちろんです。どうぞ私をアエスキレスと呼んでもっと気楽に話してください。

スザン　――アエスキレス、待ってくれてありがとう。あなたは本のためのプレゼンテーションをするためにニルヴァーナ評議会から招かれたの？　この会話記録（シッティング）に参加するのは彼らが決めたことなの？

アエスキレス　スザン、私の言葉をそのまま受け入れられないのはよく分かります。それでも構いません。話を進めるうちに薄まり、どうでもよくなるでしょう。あなたが私のことで用心深いのは感心しますし理解できます。

そうです、地質学的年代と経験から言って近くにある、あるいはあなたたちの〝光年〟で言えばそれほど遠くない私たちの国に評議会が打診してきました。評議会は、この本のほかの巻の続編として、私たちの歴史を入れるように、あなたに伝えてほしいと言ってきました。世界破滅の瀬戸際まで行って私たちが救われた、私たちの〝真実の、またはなるべくしてなった〟歴史とでも言えるでしょう。どのように救われたか、それこそ評議会が、あなたたちの参考のために、私に伝えてほしいと願う第一のことです。

あなたのこころに混乱が見られますね。私に質問がありますか？

スザン　どうしてマシューが私に紹介しないで、あなたが突然現われたのかしら？

アエスキレス　あなたの息子さんとの予定でほぼ一日手一杯のようですね。少なくとも机にあるその紙からはそのように伺えますし、またそのように聞いてもいます。私がいるよりもその方があなたも気遣いがなくていいのでは——もっと適切な英語であれば、その方があなたの〝好み〟なのではありませんか?

ですから、もしマシューが私を紹介したとしても、以前のように「今日はどちらかというと二人だけで話したいです」と言ったのではありませんか? そうであれば私がここに来ても無駄になったでしょう。私はためらうことなくあなたの感情を尊重しますから。それで、反対意見もなく、紹介なしで私が話すことになったのです。

付け加えなくてはいけませんが、過去何ヶ月もあなたがいわゆる自己不信に、言葉を引用させてもらうと、〝打ちのめされて〟いると聞いてもいます。それで言うのですが、地球の転生はそれほど乗り心地よくできていませんから、あなたたちは——あるいは、広い意味のあなたたちの言い方では〝人は〟ですね——いつもというわけではありませんが、そのときのことを今でも苦い思いで噛み締めるものです。

あなたについて言えば、地球の人々が知るべき最も重要な情報を出版することに失敗したと思っていることです。これはあなたの失敗ではありませんよ、スザン。出版はされます。私が今言おうとしていることは、もう伝えられていることですが、それをもう一度保証することです。

ほかの質問に行きましょうか。私の仲間たちからのメッセージをあなたたちに伝える前に、あなたの考えをクリアにしておいた方がいいですから。

スザン　そうね、そう言ってくれてありがとう、アエスキレス――マシューがあなたと話したことは分かります。あなたは、わたしたちのような肉体を持った人類社会から来ているのかしら？

アエスキレス　スザン、あなたに確信が必要だということについて私と話していたのはマシューだけではありませんよ。神自身がこのことをあなたに話すことも考えられるのではありませんか。

ええそうです、私たちは本当に人間です。からだはあなたたちとそっくりではありませんが、確かに似ています。もし私が〝ペラペラ〟と話せば――。あなたにもっと気楽になってもらいたいと思って、かえって不適格な俗語を使ってしまったようですね。安心してもらいたいのです。でも、どうも反対の結果になっているようですね、スザン。私はそうならないように、お互いに気兼ねしないようになりたいのです。

あなたの気分が明るくなってきたのを感じますから、私が望んだように言葉が受け入れられたに違いありません。

私の仲間たちは光の兄弟たちです。私たちは、知識と経験を分かち合ってほしいというこのような要請がある場合は特に喜んでお手伝いしたいと思っています。ほかの人たちのために最も貢献できることですから。

実際の私たちの姿ですか？　結構です、では言いましょう。大きさ、あるいは重さは、あなたたちとほとんど変わりません。でもからだのかたちと容貌はあなたたちにくらべ、もっと均一です。あなたたちはこの点ではさまざまですが、それは地球にいくつかの異なる宇宙人（ET）たちが移住してきたためです。私たちの星では一種類の人類だけで人口計画が始まりました。そうです、あなたたちと同じように私たちはひとつだけの惑星に住んでいます。あなたと以前会話していたような、そのパワーが銀河系を超え、実際には宇宙全体まで及ぶ存在のすごい、ほとんど想像を超えるようなパワーは私たちにはありません。私たちが今行なっている以上のパワーはありません。出かけて行って、かつて私たちも経験した同じ戦争状態にある人たちに、私たちの経験と生き残る方法を分かち与えることです。あなたたちの歴史ととても似通っている私たちの歴史からは非常に大きな学びを得ることができます。それをここであなたに伝えようとしているのです。

それでは、スザン、姿の話に戻りましょう。イメージで見たいと思っていますね。

スザン　私の考えることがあなたを遮(さえぎ)って本当にごめんなさい、アエスキレス。そうならないといいのだけれど、私はあなたをどうしても見たいようね。

――ありがとう。とてもはっきりしていたようだけれど、ちゃんとイメージを受け取ったのかよくわかりません。あなたの強いエネルギーから推して、当然男性の姿を想像していたけれど、最初に見えたのはからだにピッタリした白いガウンを纏った背の高い、とてもほっそりした女性の姿だったわ。彼女が近づくにつれて、陶磁器（ポーセレン porcelain）のような肌、豊かな長く黒い巻き毛、輝くような青い目、素晴らしく繊細な顔立ち、明るく赤い唇の人が見えたわ。本当に、魅惑的な服装と落ち着いた態度と物腰の驚くような女性よ。すると、突然、彼女と一緒に別の女性がいたの。あらゆる点でまったく同じだったけれど、ただ彼女は長い流れるような光沢あるブロンドの髪だったわ。これは本当にあなたが送ったの？

アエスキレス　私たちの教養ある女性たちが自分自身の姿を私の思考波を通してあなたに送信してきたのです。あなたは彼女たちをあるがままに見ていますよ。それも非常にはっきりと。思い浮かべたり、視覚化したりすることで具象化する能力の開発に私たちが成功したおかげで、彼女らは選んで思いのままの姿になれるのです。私たちの女性は、あなたのこころにちょっと浮かんだことですが、性格、態度、活動のうえで〝夜の女〟ではないことは確かです。彼女たちは純粋でしかも情熱的な本質的な面をあなたに伝えたかったのでしょう。それは彼らの真の特質ですからね。

スザン 男性と女性は、私たちの結婚のように、一対一の関係をもつの?

アエスキレス こう言っては何(なん)ですが、そして敬意をもって言うのですが、一対一の男女関係と結婚はあなたの星では同義語ではありません。私の故郷では、愛と意志に約束があれば、あなたたちの結婚の誓約よりも強く、これらの結合の基礎であり実際である、絶対的な肉体とこころと精神の貞節を誓う書類も登録することもありません。

あなたたちが離婚と呼ぶことを定める法律もありません。あなたたちは性的不貞などの問題を解決不可能だと結論づけ、結婚を法的に破棄するための正当な理由だと考えています。けれどもそれにはしばしば、怒り、恨み、金銭上の争い、そして最も悪いことに、子どもの親権と世話をめぐる争いによる子どもたちへの影響が伴います。

そのようなことは私たちの人々の気質にはまったくありません。もし夫婦が別れることを決めると、それは礼儀と秩序をもって行なわれます。なぜなら、別れることの唯一の目的は両者の魂の進化だからです。彼らの相互の決定は、結婚の始まりと同じように平静さをもって尊重されます。私たちの子どもたちも同様にこれを理解します。離婚が家族の結束を終わらせる場合は、家族全員が話し合いに入ります。すべてが愛と魂の成長に基づいて行なわれるので、どちらかの親の〝側〟に子どもたちを誘導しようと欲する気持ちはありません。もちろんその後の生活は異なりますが、両親の子どもたちへの気遣いや彼らが別々の道で成長するあいだの大人たちどうしの愛の絆と尊敬の念は決して変わりません。

私たちの赤ちゃんは地球と同じように生まれます。男性でも女性でも不妊ということはありません。二人の智慧と目的が養育と教育の両方にふさわしいと高位の判断があれば、例外なく、思考と目的とに誓約したカップルはすべて望むだけの数の子どもを持つことが許されます。ですからどの幼児も喜びで迎えられます。

私たちの子どもたちはあなたたちの子どもたちよりもっと早く成長し学びます。観察力と与えられる豊かな情報によるもので、正確に比較することで物事を深く知る私たちの能力の問題ではありません。マシューが精神的と肉体的で典型的な七歳の地球の子どもを私たちに見せてくれました。あなたたちの七歳児に相当する私たちの世界の子どもはもっと背が高く、私たちが観察したほとんどの場合では、もっと多くの知識と智慧が備わっています。決してあなたたちの子どもたちの知性と能力を貶(おと)しめるわけではありません。その違いは、私たちの住むこの高い波動領域なのです。そこではあらゆる感覚と頭の回転の速さが地球の密度での限界を超えて進んでいます。

私たちの社会では自我が最高のバランスに到ると両性具有になるとされています。それには性的なものを含め、男性と女性エネルギーの両方の融合が必要です。ですから、仲間を魅了することは光栄なことだとされます。ところが地球ではまったくその反対で、同性カップルであることは危険なことさえあります。私たちの社会での性的活動は〝洗練〟されている、と言うのが最も適格な表現だと思います。再びこれも敬意をもって言うのですが、あなたたちの人々の多くが私たちには〝野蛮〟と思える、愛情もお互いの欲求もない行為にふけっています。

あなたにも分かるように、私はあなたのこころにつぎつぎと浮かび上がってくる疑問に答えています。情報過多でかえって重荷にならないといいのですが。

スザン　そうなっていませんよ。これはすべてとても興味あることだわ。ありがとう。アエスキレス、あなた自身のイメージを送ってくださらない？

（彼が自分のイメージを送っているあいだ、私たちのエネルギー接続が弱まったが、やがて強く戻った。）

アエスキレス　スザン、また私を呼び返して、私たちのエネルギー結合を強化してくれてありがとうございます。まるで強い潮で海に引き戻されるように、自分自身が消えて行くように感じていました。ちょっと間を取ってよろしいでしょうか?――ありがとうございます。では、私が送ったイメージについてあなたのこころに浮かんだ質問に答えましょう。それから別の私自身がつくったものを送ります。

まず、私たちの女性はあなたが見たような衣装をつねに着ているわけではありません。あれは正装用のものです。あなたたちが普段の活動にはあまりフォーマルな衣装を着ないのと同じように、私たちの女性たちも普段は便利な普段着です。短くゆったりした色とりどりのドレスが家庭では通常好まれています。あなたたちにとって社交やビジネスと考えられる場では、仕事柄、趣味から、長めでもっとふさわしい衣装を着ます。

私のイメージの衣装についても質問がありますね。あなたに見えているのは正しく古代のローマやギリシャ時代の戦士の短い鎧(よろい)です。私がこれを選んだのは、これからお話しする地球の人々の戦士の気質にふさわしいと思ったからです。そのような気質は、私が今着けている衣装のように宇宙では過去のものとされています。お金や仕事や経歴――ビジネスでの努力でもたらされる金銭的な富――を象徴するビジネススーツを着てもよかったのですよ――あなたたちの考える成功であり、あなたたちの努力と願望の支えです。それもこの地球と宇宙の変革のときには時代遅れとなるでしょう。

（アエスキレスが別の自分のイメージを送って来た。）

私は今宇宙の光の探求者たちを象徴する古（いにしえ）の衣服で現われています。彼らはそれを纏（まと）うことで自らの意識を栄光あるワンネスの状態に高め、とどく限りの宇宙全体にそのエネルギーを送って光を分かち合うのです。それで純白の黄金の輝きの中に大きな羽翼を持って流れるように輝く古代の衣服を纏（まと）った私をあなたは見ているのです。

翼（つばさ）は天使の階位を象徴するものではありません——あなたたちが聞かされてきたように、天使たち自身に翼があるというのは間違いです。翼のイメージは真理に基づかない、つまりすべては分離しているとみなすことに基づく信仰と思想を超えて飛翔するという象徴なのです。制約を離れることが、愛と魂の結合の輝きの中に飛翔することであり、私たちの社会が到達したスピリチュアルなワンネスの本質です。

これをあなたたちは目指さなければなりません。たとえ話で言うと、そのようなレベルの霊性（スピリチュアリティ）と徳性と智慧にふさわしい輝く古（いにしえ）の衣服を贈られるようになることです。第四密度の波動レベルに入るとスピリチュアルな調和の中で、これが可能になります。第四密度と、いまだ地球全域に及んでいる第三密度のレベルとのあいだにはかなりのエネルギー波長幅があります。その地球エネルギーを超えて上昇した地球の魂はまだほとんどいません。

しかし、宇宙全体のエネルギー場が移行するこの時期には、その高みが到達可能になるだけでなく、光の探求者であるあなたたちには約束されていることなのです。私たちの経験から言えることは、もしあなたたちが望み、取り組み、こころに描き、信じれば、このレベルの光の本質に到達できますし、またするでしょう。信念と信頼です。魂のパワーを知って、理解し、ともに上昇するのです。

目を上げれば、あなたたちの目的意識とこころと精神を高める助けをしてくれている魂たちに出会う機会があります。そうすれば光の中に生きることを選べるでしょう。実際はその多くがあなたたちの祖先である、あなたたちが地球外生命体（ＥＴ）と呼ぶたくさんの存在たちがさまざまな方法で支援しようとやって来ています。私の星の人々に代わって、そしてあらゆる面での支援活動への私たちからの貢献として、地球の純然たる喜びに満ちたスピリチュアルな気づきをもたらすこの機会について、私たちの歴史から言えることを伝えるために私は来ました。

私たちがつねにこのような高いレベルにいたわけではありません。私たちの混乱はあなたたちのものと似通っていたどころではありません——ほとんどあなたたちと同じだったのです。私たちは決して宇宙で最古の文明社会ではありません。ご存知のように、私たちは別の、違う銀河系からの人口移植プログラムでした。あなたたちが化石を使う同じ方法で、私たちは自分たちの歴史を遡ることはしません。むしろ、あなたたちの時間計算でいう七〇〇万年前に私たちの祖先たちがここに連れて来られ、植民地になったと直接告げられたとされています。

彼らは今の私たちの社会人にくらべると原始的でしたが、それでも起源と神と創造主とのつながりの記憶に関して言えば、今日のあなたたちより高い意識レベルにいました。最初はわずかな数で、たぶん数千人だったでしょう。彼らは植民する文明社会人たちから示された同じスピリチュアルな原則をもとに社会をつくるようにと促されました。

その初期の社会が進化するあいだに、祖先たちの社会によって築かれた原則を守ろうという精神と意志が弱くなって行きました。私たちの歴史の一部として、その栄光と没落を正しく捉えることが必要だという点ではっきりさせておくことがあります。没落を導いたのは精神の堕落だということです。

闇の勢力は足掛かりを得られるところには油断なく目を光らせています。その呪われた自由意志の濫用によって、この星の最初の人々は伝統や自分たちが神自身であることの信念や信仰、起源の知識、あるいはスピリチュアルな明晰さを大切にしなくなりました。神とのつながりを知り、それを生きていた本来の調和から、競争と争いのレベルに堕落し、さらに暴力、残忍性そしてとめどもない殺し合いへと進んだのです。

そのレベルになるまでに数百万年かかりましたが、あなたたちの計算する年で言えば、過去五万年以内になります。その後、そのような行為によって必然的に創造されたネガティビティ（破壊エネルギー）が当然あるべき結果をもたらしました。惑星破壊の瀬戸際の危機です。けれども、私たちの星には、そのような自己破滅的堕落と霊性（スピリチュアリティ）の喪失まで至っていなかったわずかな数の魂たちがいました。それらの魂たちが信念を捨てなかったお陰で、今日の私たちの文化と調和ある平和で神とつながった社会があるのです。

それらの数少ない救いの魂たち（救世主）は人々の中に生まれるようにされたのであって、そこから自然に生まれ出たのではありません。そのように、彼らはその神性さと救世主の生まれ変わりとして最も敬われている地球の魂たちになぞらえることができるでしょう。神からのメッセージを携えて訪れたイエス、仏陀、老子、モハメッドや地球のほかの崇拝されている人間たちがやって来た同じレベルのキリストのエネルギー（訳注　創造主の愛の顕現）から、そうした人間の救世主たちが私たちにもやって来ました。彼らはその追いつめられた自滅寸前の状態から私たちをゆっくりともとに戻し、宇宙と分離できない私たちのつながりに目を開かせることができたのです。創造主と神からもたらされたメッセージはいつでも同じです。ただ、訪れる人々の必要性に合わせてメッセンジャーが変わるだけです。メッセンジャーたちの言葉を聴いてもそれに従わない人々がいました。それらの人々は自滅しました。破壊的なものを具現化することにどうしようもないほど捕われていたほかの人々は、聴くことさえしませんでした。そして彼らも同じように自分たちの自由意志の選択によって生命を絶たれました。闇の勢力の企みによって生命を絶たれたと言う方がより正確です。その影響力と魂の捕捉は闇の勢力によるものだからです。神は罰を与えません。それはご存知ですね。神は創造主の贈り物である自由意志を尊重しなければなりません。ですから、もし魂や文明社会がそれだけに目を向けているのであれば、神は自己破滅に任せなければならないのです。

スザン、この宇宙の崇高な存在の名前として、あなたたちが呼ぶように、〝神〟という呼び名を使っていることを言うのが遅くなりました。あなたたちのほかの人々によって同じように等しく使われている偉大な名前を排除するつもりはありません。ときどきあなたたちは神を〝創造主〟と呼びますが、それらは同じではありません。創造主は全宇宙である大宇宙を支配しています。一方で、神は創造主の法に従って、私たちの宇宙だけを支配しています。

二人の違いの例をあげると、私たちの宇宙では核破壊は二度と再び起こさないというのは創造主の命令で、この命令が順守されるように見守るのが神の責任です。ですから、神がほかの宇宙からの特別な光をここに入れさせているのは、この宇宙に光が注ぎ込まれることからのみ創造主の気づきが高められるからです。

これに加えて、そして主に地球に関係したことですが、霊性（スピリチュアリティ）と知性とテクノロジーに進化した多くの宇宙文明社会が神に招集され、このかつてない変化の時期にあるあなたたちの惑星を支援するように命じられました。私たちの救済の話を共有することで、私の星の人々はその支援に参加しているのです。

私たちの文明社会は過去何千年にわたってメッセンジャーたちの言葉に耳を傾けてきたために滅亡しませんでした。あなたの星の人々は同じ滅亡の寸前にいます。あなたたちの文明を温存する愛と光を受け入れるのか、拒否するのか、今が選択のときです。すでにあなたたちの惑星を守っている計り知れない数の宇宙の友人たちが、進んで受け入れようというあなたたちをすべて喜んで助けようと用意しています。

スザン、私たちは違うというより、むしろ多くの点で似通っています。私にも家族があり子どもたちもいます。がっかりすることもありますし、責任もあり、そしていまだ成就できない願望があります。私の星の魂たち全員にも言えることです。私たちも、前にも言いましたが、進化の途中なのです。

ほら、今私はあなたのエネルギーの流れの中で輝きが増しています――私たちがエネルギーレベルで近寄って来ているのです。私が自分のレベルを下げたからではありません。賢明なことではありませんし必要ないのです。私のこころからの言葉と、私に会うために上昇したいとあなた自身が望み、エネルギーを集中したお陰で私があなたを高めたからなのです。ですから、インスピレーションこそ私たちがここで必要な言葉ではありませんか？　インスピレーションを地球の人々すべてにもたらしたいと私は願っているのです。

もし目に見えるかたちで、あなたたちの夢と目標にどこまでもどこまでも上昇する助けを私たちにしてほしいと願うのであれば、私たちの文明社会全体の望みがあなたたちのこころの中に、そして精神と一緒にあることを表明します。これらの夢を光の中に見出すことのみによって、ほかの人たちも同様に見出させてあげられるのです。

貧しく、病み、飢え、そして失望しているあなたたち――それらの魂たちはすべて、立派で最も気高く教養ある年長者とまったく同じように大切な存在です。ひとつの魂としてほかより価値が低いものなどありません。からだや境遇から判断して、その人の内にある神性の愛とパワーという計り知れない隠れた可能性を見失うことのないようにしなければいけません。

あらゆる人たち、あなたたちの動植物界のあらゆる生命を、神にのみ値すると思う、深い敬うこころをもって接しなさい。あらゆる存在は神の現われであり、それぞれが神の分身です。宇宙のあらゆる生命にはその神性さを認識するだけの価値があると思いなさい。そうすれば、ひとつひとつの魂の存在のあらゆる側面を支配する創造主の法を広い視野で捉えられます。あらゆる魂の目的はこのことを充分に理解し、その中に生きるために成長することです。

もう少し言いたいことがあります。それで〝さよなら〟を言いましょう。あなたたちの〝悪〟と呼ぶものは実際ものの見方の問題です。〝善〟と呼ぶものも同様です。絶対的なものは光の中に生きるか、闇の中に生きるかという人の選択です。闇は光の反対ではなく、光のないことです。闇は意識レベルでの神の不在であり、良心と正義と公正さの不在、調和そして自己と社会の中でのバランスの不在です。

闇が広まるとき、天使たちは堕ちるのです。このことを説明させてください。だいぶ長いあいだあなたには大変な我慢をさせてきましたので、これで終わりにします。天使は堕ちるのです。本当です。ルシファーの物語は単なる擬人化した出来事の話ではありません。創造主にあまりにも近いために、自由意志の選択と具現化する能力が与えられるまで創造主と分離できない存在の力(フォース)がありました。

その具現化の段階で創造主以外に存在したのは天使たちだけだったので、堕ちることができたのは彼らだけだったのです。天使たちは今でも堕ちています。そしてもちろん、天使界から来ていない私たちは昇ることも堕ちることもできます。あらゆる存在には選択があります。

今は、地球の魂ひとつひとつが光の中に生きるか闇の中に生きるか選ばなければならないときです。あなたたちの中には、その光がとても明るく輝いていて、高い領域にいることが私たちに容易に見分けられる魂たちがいます。キラキラとしている光は自己の神性に目覚めつつある魂たちの知らせです。分離の妄想のまどろみに今でもいるために、光が暗いわずかな灯火になっている大勢の人たちも見えます。

この間近に迫った時代を、あまりにも長いあいだあなたたちの目とこころにベールをかけて来た闇に対して勝利するチャンスだと、私たちとほかのすべての光の存在たちが心待ちにしているのです。今でも進行中のそのベールを剥がすことは、ますますそのパワーを増して地球上に注がれている神と創造主の光のお陰です。より高い光のレベルにあなたたちの星と一緒に上昇する旅にいるあなたたちを、私の星の人々は支援します。

これがあなたの星の人々に伝えるためにもって来たメッセージです、愛するスザン。あまり長くなって負担になってもいけないと思いますが、私の意図することを誤解のないようにはっきりさせたいと思っています。ときどき私の言いたいことを越えておしゃべりが過ぎることがありますので、あなたがこれを読んで助けてくれることを期待しています。そして二人で協力して分かりやすいメッセージに仕上げることができるでしょう。

あなたのこころに質問があるようですね。それに答えましょう。

スザン　ありがとう、アエスキレス。でもその前に、読むための時間をとるわ。

――なんてたくさんの内容を！　実際には、あなたが言ったことの多くはマシューからも聞いているの。それをこうして確認できたことに感謝するわ。こんなことを言うのはきまり悪いけれど、そうしているのは、ただ余りにもマシューのと一致している情報を読むたびに私が反応するのを、たぶんあなたが捉えたからだけなのよ。

アエスキレス　スザン、そうです。確かにあなたの反応を捉えました。そして、私が捉えたのは、あなたの息子さんの情報が正しいことを世界に証明したいばかりに、それを確認する証拠をあなたが求めていることです。魂の存在としての彼を知りさえすれば、彼の情報の信頼性についての不安などなくなり、確認などまったく必要なくなるでしょう。そのものが真理の証明であり、その高みから来るものです。あなたが何度も保証されているように、明瞭にメッセージを受け取っています。

では、もう一度よろこんで質問に答えましょう。

スザン　マシューの情報について私をあるべきところに戻してくれてありがとう。アエスキレス、あなたの故郷の星はどこ？

アエスキレス　私たちはおおいぬ座の星シリウスの近くです。ですからあなたたちとの関係で私たちが大体どの辺りか分かります。私たちの星の名前も知りたがっていますね。

――スザン、あなたは奇妙な名前が苦手だとどうして彼らが私に警告したのか、今納得ゆきました。私がエネルギーをあなたの頭に無理やり押し込もうとしているように感じましたね。あなたの知識の中に名前が事前になければ、あなたの言葉の貯蔵庫（バンク）にないことになり、パルス信号として使えません。スペリングを言うといいと言われましたが、マシューが後であなたと相談するでしょう。よろしかったら、その方がいいと思います。

スザン　私もそれでいいわ、アエスキレス。あなたのところから見た宇宙の生命はどんな様子？

アエスキレス　もう、〝とてつもない莫大な〟数の星には生命が満ちあふれていて、私たちはその中のほんの小さな星です。あるものは私たちのようで、あるものはあなたたちのようで、あるものは私たちの想像を超える高みにあり、あるものはほとんど生命と呼べないほど原始的で、そしてあるものは道徳とスピリチュアルな気づきがあまりにもさもしい基底レベルにあるので、あなたたちは知りたくもないでしょう。

スザン　あなたたちの文明社会が霊的と知的に私たちより高いレベルに到達しているのは明らかだわ――あなたたちはどの密度レベルなの？

アエスキレス　第四密度です。私たちはそこをほとんど卒業して第五密度に入ろうとしているところなので、そのような高い気づきと明晰さの高みに上昇するための刺激を求めています。私の星のあらゆる人々に代わって、今この瞬間私がしているように、進んで助けを申し出ることによってそれが達成されると最高評議会から言われています。それは、私たちの経験を語ることで、もしそのとおり聞き入れられれば、あなたたちにとって計り知れない恩恵になるはずです。

あなたと一緒にこのように情報交換するために、このかなりの宇宙旅行をすることを私は喜んでいるどころか、切望していたのです。別に大変な仕事だったわけではありません――つまり、旅行手段がそうでなかったということです――そして何よりも、神が命じたこれらの本による情報提供に招かれて参加できたことは大きな喜びです。

私たちは神と創造主から文明社会人と呼ばれています。私たちは自分たちをそのような光の中の存在として考えています。あなたたちも自分たちを文明社会人と考えていますね。でも、あなたたちの中には未開の非文明的考えと行為で暮らしている人たちがいることを、あなたたちは知っています。彼らの権限と権力によって、彼らが支配するあらゆる領域の人々に対して自分たちの行為を押しつけ思うままにしています。そのようにして、あなたたちの世界には人々から人々に対して、人々から動物たちに対して、そしてあなたたちの故郷である惑星に対して、深刻な非文明的行為があります。

これが、私たちの文明社会とあなたたちの〝部分的〟な文明社会との最も大事な違いを説明する何よりも簡単な方法だと思います。そのように説明するようにと私は言われました。あなたたちが私たちと並べてあなたたち自身を見ることで、この二つの文明社会を明瞭に認識するのに最も具体的で分かりやすい方法だと思われたからです。私たちが希望するような支援を考える上で、私の星の人々のメッセージがあなたたちに理解され尊重されるために必要なことです。

さて、あなたにはほかの質問がありますね。

スザン ええ、あるわ、アエスキレス。私はあなたのメッセージをまったく問題なく理解したし、それは疑う余地のないことだと思います——まさに時宜を得て、極めて重要なことだわ。あなたは〝宇宙旅行〟と言ったので、明らかに故郷の家からテレパシー交信してきたのではなく、本当に旅して来たのね。ではどうしてテレパシー交信にする代わりにわざわざ旅行したのですか？　あなたは仲間たちと一緒に来たの、それともひとりで？　この旅には大型宇宙船が必要でしたか、それとも小型機で間に合ったの？　どのくらいの時間がかかったのかしら？

アエスキレス　たくさん考えていただいてありがとうございます、スザン。とても興味深い事柄ですから、言わないのももったいないですし、催促されなくてもお話ししようと思っていました。

ええ、私は家にいてもよかったのです。それでも私たちは同じようにはっきりと交流できたでしょうし、地球の状況についても肉眼での観察と宇宙に豊富にある知識によって充分しっかりと把握できたでしょう。ときにはとても興味ある場所を訪れてみたいとあなたも思うように、私も実際に行ってみたいと思ったのです。言ってみれば、単に写真を眺めて説明を読むのにくらべれば、細かいところまで全感覚で吸収するほうがはるかに素晴らしい経験だということです。

私は小型宇宙船に乗ってひとりでやって来ました。それはあなたたちのエンターテインメントの世界ではお馴染みのものですから、それが空港にあってもたぶん驚かないでしょう。つまり、たとえば、〝スタートレック〟にあったと分かるでしょう。

私たちが自己破滅寸前から立ち上がったこの過去五万年のあいだに、高位の文明社会人たちの支援を受けて、私たちは宇宙物理力学をマスターしました——応用工学（エンジニアリング）、燃料、そのほとんどが太陽光（ソーラー）です、そして時空エネルギーコントロールテクノロジーです。あなたたちと私たちが共通しているのは、私たちの使用する原料です。地球にも存在するのですが、あなたたちはまだそれらを正しい混合比で合金できていないので、私たちの持っているものをつくれません。私たちにはそこ（地球）に高度に進んだテクノロジーがいくつもあるのが見えますが、それらはあなたたちの政府によって隠されています。

あなたたちの時空概念で言えば、私の出発地はあなたたちから四光年の距離になります。マイルや光年での〝時間〟と〝距離〟は、あなたたちだけの創造物であって、あなたたたちの惑星を超えた宇宙には当てはまりません。ですから、時空計算がなんの根拠ももたない時空連続体（コンティニュウム）内での地球とニルヴァーナへの旅は、あなたたちのカレンダーでわずか一昼夜のゆったりした旅行で済むのです。

これには数学的な則面とさらに工学的な則面があります。すべては具現化能力の範囲のことです——高速運動のための物質化と非物質化、それから再び目的地の大気中での再物質化です。

私たちの宇宙船と旅行は、あなたたちの交通手段と同様に私たちにとって極めて一般的なものです。あなたの星の人々にとっての乗物と旅行にくらべると、私たちのはもっと効率的で快適で、誰もが利用できます。

最初に私はニルヴァーナに着き、そこで宇宙船を非物質化しました。そしてそこと地球との間はアストラル体で旅行しました。あなたたちには興味あることと思いますが、地球の周辺には何千もの小型宇宙船があり、巨大な宇宙船もいくつかあるのを私は見ました。ときにはあなたたちの知らないうちに小型宇宙船が接近して地表わずか数フィートの高さで浮かんでいることもあるのです。

スザン アエスキレス、とても面白い話ね。あなたやあなたの星のほかの人たちはよく地球に来るの？　あなたたちの誰かが私たちの中で暮らしているの？

アエスキレス なるほど。あなたが何を思っているのか分かりますよ、スザン。ええ、そうです。私たちの何人(なん)かがあなたたちの中にいます。ちょっと変わった人たちを、「わー、どうやってやったんだろう、あの人？」とあなたたちが受け取っていることは私たちにも驚きです。あなたたちにはその人たちの波動エネルギーのレベルを理解する基礎がないので、彼らに畏怖の気持ちを抱くしかありません。

これ以上は話さないほうがいいでしょう。つまり、あなたたちの惑星にいる私たちの仲間たちの正体を明かすわけにはいかないからです。彼らが実際にいるという事実は、今起きているこのエネルギーレベルの変化と間近に迫ったさらなる変化の中で、あなたたちの助けになりたいという私たちの願いの強さを示しています。

スザン　よく分かります、アエスキレス。あなたの星の人々とその星についてもっと教えてください。地球とくらべるとあなたの星はどのくらい大きいの？

アエスキレス　私たちについての質問はうれしいですね。私たちの惑星はあなたたちのものより大きくはありません。そこにはもっと希薄で、あるいは波動レベルがもっと高い大気があります。あなたたちには別に驚くことではありません。なぜなら、それが高い波動のスピリチュアルな明晰さと宇宙知識の中に生きている人々の必要性を支えているからです。環境について説明しましょうか？

スザン　お願いします。

アエスキレス　地球のまだ荒らされていない地域の美は最高です。あなたたちはこのことを知るべきです。私たちの星は全体として、昔の姿のままの素晴らしい地球には適いません。それは神自身のエデンだったのです。しかし、私たちの環境の多くが素敵です。これは美というよりやや劣った表現だと思います。

私たちの水域はあなたたちとくらべて数の上で少なく、また大きさからも小さいのです。そしてあなたたちの山脈とか深海といった極端な高低もありません。そのような変化自体の美しさはあなたたちにとっても私たちにとっても同じです。私たちの星は高低差がそれほどなく、また色合いも地味です。惑星表面の表情とバランスの上で、すべてが調和しています。

私たちには極端な気温や、たとえば、竜巻とか台風、地震といった激しい気象はなく、穏やかな気候があります。ご存知のように、そうした気象は地球に蔓延しているネガティビティの解放の問題です。私たちの星も遠い昔にそれ自身のネガティビティが解放されているあいだは、同じような大変動を経験しました。

私たちの気候が極めて均一で温暖なために、四季の変化の見事な美しさはありません。それでも、私たちは自転しているので、新たに花の開くときや少しでも涼しい日々には、私たちを微笑ませてくれるほどの変化はあります。

スザン　あなたたちの空は青色？　雲はありますか？

アエスキレス　ええ、私たちの空は青色と言っていいでしょう。それは、ニルヴァーナの強烈な透き通るような青でもないし、その領域にある魂の回復(リカバリー)ステーションのはるかに優しいパステルカラーでも、あなたたちの空の群青色でもありません。私たちのは緑色がかった青色で、明るい水色と言ってもいいでしょう。それは本当に美しいです。本当のところ、地球とニルヴァーナの空を眺めるのがとても楽しみです。

雲はあります。惑星から蒸気を失わないように、そして回り回って海洋と湖がなくならないようにする自然の法則があるからです。私たちの雲は私たちの世界の高い波動特性を反映して、地球の嵐雲のような激しさはありません。

スザン　あなたたちの空は美しいのね。人口はどのくらいあるの?

アエスキレス　私たちはあなたたちより多く一〇〇億人います。私たちの星があなたたちとほぼ同じ大きさであることを考えても、途方もなく多い数ではありません。あなたたちの都市のように過密な地域や気安く快適に住めないような荒廃した地域はまったくないからです。

スザン　私たちの大都会や小さな町そしてわずかな人たちしか住んでいない人里離れた区域のようなところがあなたたちにもあるの?

アエスキレス　数から言えば、私たちの居住地域はあなたたちとは違います。私たちの惑星全体が居住可能であるおかげで、気に入った居住環境があれば、それが除外されるようなことはありません。あなたたちに都市や町、村、森の中の一軒家があるように、ほかの地域よりも多くの人たちが住んでいる地域はあります。あなた自身の場所は素晴らしいですね、スザン。私も森や起伏ある土地の自然の美しさにはとても惹かれます。私の家族と私は、あなたがいるようなこの近辺に似たどちらかというと人里離れた森の中に住んでいます。私たちはいつでもこのような暮らしを選んでいたわけではありません。都会の洗練された文化の味わいは刺激的でしたし、その中にいてとても楽しかったですからね。でも家族が成長するにつれ、私たちは全員いわば簡素な田舎暮らしに惹かれていったのです。

私たちの世界には巨大な都市はありません。大多数の人々は数百万というよりも数千の住人からなるもっと小さい集団で暮らすことを選んでいます。密集しているとか隣人や騒音、活動――個人的になんでも迷惑に思われるようなこと――がすぐ近くにあると感じる人は誰もいません。住む場所や区域が割り当てられることはありません――すべて選択できます。共通の関心をもち、自然の環境という意味で同じ環境を好む人々が愛する家族たちとして、あるいはグループとなって集まるのはあなたたちと同様に自然なことです。私たちも世界中に魅力的な場所がいくつもあります。ある場所からほかの場所への旅行は思考によるか、いつでも簡単に宇宙船が利用できるので、行きたいと思えば距離に関係なく実際に行くことができます。

スザン　アエスキレス、ごめんなさい。あなたは今ニルヴァーナにいて霊体（スピリット）だけになって私と一緒にいるの、それとも第三密度の目には見えない肉体でここにいるの？

アエスキレス　あなたがいつこのことについて質問するのかと思っていました。はい、私の友、私は今あなたの家族と旅行の素晴らしい思い出でいっぱいのこの部屋にあなたと一緒にいます。私たちの会話のあいだ中、私はニルヴァーナとあなたの前を行ったり来たりしていました。今私がこうしてエーテル体であなたの側（そば）に本当にいられるのはとてもうれしいことです。背の高い奇妙な男性の姿がこの部屋に突然現われるのを見て、平静さを失わずにいるだけのこころの準備があなたにはまだないでしょうから。

あなたとあなたの犬たち、そして周りの環境を知ることができたのは、私の旅の大きな喜びのひとつです。私たちの〝このような出会い〟の前に、私はニルヴァーナで数日過ごし、目を見張るような美しさと活気ある活動を楽しみました。ここから離れるときは、そこに戻って再びちょっと訪問するつもりです。

私がよく〝ここ〟と言うのは私の故郷で、〝そこ〟と言うのはあなたの星のことですが、それは私の情報をあなたが理解するためです。わたしの居場所を正確に言おうとしてそれを逆にすると、かえって混乱を招いてしまいませんか？

スザン　アエスキレス、あなたは私には見えないけれど、ここに来てくれただけでもとてももうれしいわ。あなたの家族がそのようなライフスタイルの変化を望んだという話はこころから共感します。あなたの文明社会の経済について教えてください。

アエスキレス　私たちの世界の経済的富は公平に分配されます。経済的な意味でほかの持たざる者たちも相当のわけ分をもらえるように、誰でも自分の取り分の一部を差し出すように圧力をかけられるということではありません。むしろ、富の公平な分配という感覚は私たちのもって生まれた性質なのです。

私たちには、あなたたちのように仕事の報酬に大きな格差はありません。あらゆる作業活動への報酬は職種に限らず同等です。上下幅の一定値があって、そこから給料は上がりも下がりもしません。スポーツに秀でているとか素晴らしいスターだとか企業のトップだからといって、あなたたちの世界のように過度の報酬が与えられることはありません。そして強制課税といったものはありません。このシステムは誰にとっても不快ではありませんし、きっとあらゆる人に喜んでもらえると思います。

スザン　あなたたちにはどのような種類の仕事があるの？

アエスキレス　私の星の人々の必要性はあなたたちのとほとんど変わりませんから、その多くはあなたたちにあるものです。教育は第一の関心であり中心です。教師と生徒の数は〝メガ百万人〟に達します。文化は私たちにとても重要です。多くの人々がさまざまなアートに関わっています。住宅と公共施設の建設にはたくさんの人々が雇用され、その設計や造園も同様です。農業とそのほかの食料供給面は大きな雇用分野です。そして管理事業と交通関係も同じです。引き受ける人がいない仕事はありませんし、仕事がなくて困っている人もいません。それに、私たちは思うままに具現化できるので、単純で退屈という仕事はありません。

スザン 女性は働きますか？

アエスキレス したいと思う人がします。教育、ビジネス、政府など、どのような職種でも関わりたいと思って、私たちはすべてそうしています。どのような理由であれ差別はありません。私たちの高い（希薄な）密度によって急速学習が可能なために、誰でも自分の仕事を選ぶことができ、個人の興味が変われば、すぐ選んだものを変えることができます。

スザン 理想的だわ！ 私たちの各政府に完全性とは言わないまでも構成の点で類似点はありますか？

アエスキレス よく言い表わされた質問ですね。私たちの政府と比較できる点はまずありませんが、対比だけはできます。私たちの最高政府は、公正で法に則った選挙で選ばれた代表たちによる世界政府ですが、その選挙運動はあなたたちのとは違います。

どうやってここで起きていることを私がそんなに知っているのだろうかとあなたは考えていますね。失礼しました、今の瞬間、私はここであなたといるものですから、つい〝ここで〟と口を滑らせてしまいました。私たちが知っているのは、あなたたちのことを勉強したからです。あなたたちが自分たちの惑星の言語、地理、芸術、歴史といったことを勉強するように、私たちは、今とあなたたちが〝過去〟と呼ぶあなたたちのすべてを勉強しています。私たちはまた、あなたたちがテキサスに住んでいたとしてもアリゾナのことを勉強するように、同じ関心をもって多くのほかの惑星とその文明社会を勉強しています。

　私たちの政府についてつづけますが、地球のある人たちから恐れられている世界秩序（ワールド・オーダー）は、私たちの世界では活発に健在しています。その大きな違いは私たちの各政府の目的にあります。私たちの場合は、あなたたちの多くが言うような〝隠された思惑〟などありません。どの法律であれ、私たちのすべての人々のあいだに秩序と調和を保つという偏見のない素晴らしい目的だけが存在します。

　政治機構で唯一私たちが類似しているのは、地域代表から始まって、より大きな区域を経て世界機関にまで昇って行くという制度でしょう。最高位の人は上院議員（セネター）と呼ばれます。そしてその下位にいるのが国会議員（リプレゼンタティブ）です。国会議員の下には地域代表がいますが、あなたたちは地区議員と呼んでいるかもしれません。彼らも順に地元の代表たちによって支えられています。それから、私たちには——スザン、ここで困ってしまいました。すみませんがちょっと待ってください。

——ありがとうございます。最も市民に近い選ばれた人たちのことですが、あなたたちの市町村議員のようなもので、単純に——町議員と呼べると思います。その地方議会 council は、頭文字Cでは始まりません。上院議員と国会議員がいる私たちの最高政府機関の名称もまた議会 Council と呼ばれますが、それが頭文字Cで始まるからです。

これらの名称があなたたちと同じなので驚いていますね。私たちのそれぞれの行政機構の類似点をもっと分かりやすくするように、私は言わば事実上の同義語の名称を使いました。いえ違います、英語は私たちの世界の言語のひとつではありません。私たちは学生として、私たちの全文明社会に共通しているひとつの言語だけでなく、地球のあらゆる言語も勉強します。

スザン　あなたたちが全員ひとつの言語というのは素晴らしく良いことだわ。法律と司法制度はどうなのかしら、それともあなたたちの進化した社会ではそれらは不必要なの？

アエスキレス　犯罪に対する罪の有無を確定することや盗まれたり拒否されたりした資産や権利の賠償ばかりに熱心なあなたたちの制度という意味では必要ありません。しかし、私たちには最高議会の中にある政府機関があって、その土地のあらゆる法律やその公正さとその執行そして社会全体によってそれらが尊重されることに責任を負っています。

スザン、あなたがかつてニルヴァーナにあると想像したようなユートピアはどこにもないことをマシューから聴いていますね。ですから、私たち全員で成し遂げたことが私の誇りとなっている私たちのような文明社会にも、そのようなものは確かにありません。私の言う誇りとはうぬぼれや虚栄心からではなく、私たち社会全体の成果としてのものです。私はその創造に手を貸してきました。ですからこのような制度には精通しているのです。それには今でも惑星のバランスを維持することが必要ですし、それが個人個人のバランスの維持にも非常に大切です。

政治はすべてスピリチュアルな完全性(インテグリティ)を土台として行なわれなければなりません。ときどき、ここにいる魂で堕落するものがいます——闇の勢力は宇宙の誰にでも、どこにでも、決して遠い存在ではありません——以前は賢明で尊敬されていた指導者が、闇の勢力の嘘の約束の誘惑に負けることが起こるのです。すると再調査と行政機関から罷免のための公正で信頼できる制度が国家のために必要になります。ふつうはその人が面目を失います。これが起こると、それはすべての人々にとって悲しい出来事です。しかし、刑務所などありませんし、公共で恥をかかせたり、非難をし返したり、あなたたちのようにマスコミが異常な取り上げ方をする〝ばか騒ぎ〟などありません。

スザン　全部説明してくれてありがとう、アエスキレス。私たちの時間帯表示はほかのどこにもないのは分かるけれど、ではあなたたちの世界の〝日常〟生活はどんなふうなの？　人々はある時間帯にはたらいて、学生は同じように勉強に勤しむの？　休暇はどうなの？

アエスキレス　私たちの時間区分は、あなたたちの考案したものとは違いますが、測定法はあります。そうでなければ混乱と無秩序で物事の収拾がつかずバランスが失われるでしょう。この区分はマシューが説明した時間測定のようなもので、目標に向かって定められた一連の出来事とその目標の達成そしてまた別の設定です。しかし、あなたたちが〝日々の〟仕事とか授業への出席と呼ぶものに似た構造があって、その中で私たちは活動しています。そして、ちょうどあなたたちのように私たちには昼と夜がありますから、休息と活動の交代は夜に行なわれます。

休暇はここでは普通のことですし、あなたたちがすることに非常に似ています。でも、こころとからだと精神の回復のためにそれほど待ち焦がれたり、どうしても必要とされたりするというわけではありません。私たちは親しい者たちを訪問するために旅行しますが、それはアストラル体と宇宙船の両方によるほかの星や私たち自身の星での旅行です。私たちは家族や仲の良いグループで短い休暇を取って、最もお気に入りの活動を楽しみます。一般の祭典や有名な芸術家や作家を称える催しといったちょっとした楽しみがあります。

私たちにもあなたたちと似たスポーツがありますが、競争の精神は個人が自己の能力基準を達成するためのものであり、勝つことに重きは置かれません。またあなたたちのコンサート、劇や喜劇作品、アートや多岐にわたる才能の発露の特別な展覧会と同様の素晴らしい文化行事があります。

これらすべての入場料はあなたたちのものとまったく異なります——私たちの最も素晴らしい催しでも経費上とか上演期限があるからといって入れない人は誰もいません。ここでは洗練された優しさの中に喜びが溢れています。それはこのような娯楽の質の高さとその提供の方法そしてその最もスピリチュアルな様式自体に現われています。

個人の楽しみとしては、ラジオとテレビの番組のような方法がありますが、それは形態だけであって内容は違います。私たちの番組は正規の教育環境よりもっと気楽な視点で学ぼうという私たちの好みに合わせてあります。ですからあなたたちのドキュメンタリータッチのものに非常に近い番組があります。そのほかにはスポーツや文化的イベントの映像番組、そして純粋にくつろぐためにコミカルな内容でつくられたものがあります。

あなたが推測しているように、私たちの性質上受け入れられない暴力に根ざしたものは何もありません。あなたたちが最もよく見るテレビや劇場映画が暴力にあふれていることは残念なことです。それが世界の出来事や人生の目的への疑問に対する不安感から自然なはけ口として暴力に向かう世代を生んでいます。

スザン　ここではそのような番組に対してたくさんの反対意見があるのだけれど、今のところ何も変わらないわ。アエスキレス、私たちのと似た動物がいる？

アエスキレス　もちろん、似ているのとまったく違うのと両方の動物たちがいますよ。私たちの動物でどう猛なものはいません。争う気質から私たちが進化してきたように、私たちの動物たちもより大きく強いものがより弱く小さなものを犠牲にするというかつての〝食物連鎖〟から進化しているのです。

私たちの動物たちのあいだと、あらゆる範囲の種と私たち人間のあいだには完全な平和があります。あなたの犬たちとそうであるように、スザン、そして地球の多くの魂たちが自分たちのペットに感じているように、こころを通わせているものたちに私たちは――そう、愛情――という同じ感情を抱きます。人間と動物の暮らしが一緒に結びつくことはすべてに恩恵をもたらします。

私の家族に犬がいるのか、そしていたらいいなあと思っていますね。本当のところ、私たちにはいません。もちろん、私たちの星には犬はいます。私の家族の動物だけの話です。私たちにはあなたたちの飼い猫のような猫がいます。地球でも動物たちはすべて勝手に増えるように、彼らは自分たちで増やすので私たちにはたくさんいます。でもここではどんな動物でもその世話を怠ったり無視したりすることは決してありません。彼らはすべて私たちにとってとても大切ですから、私たち自身以上に彼らの必要性が無視されることはありません。

動物たちと人間、あるいは認知能力をもつと分類される生き物たちとのあいだの関係は、第七密度までのレベルのあらゆる文明社会にいるスピリチュアルな進化途上の魂たちにとって重要な価値をもちます。それ以上のレベルになると魂にはかたちがなくなります。つまり、密度の濃い肉体がなくなるのです。そうなっても、動物たちと人間あるいは超人間（スプラヒューマン）のエネルギーは緊密につながっています。植物も同様に、神か創造主の総合的なエッセンスとして無視できない存在です。

あらゆる生きている魂——あらゆる生命の方が正確ですね——はエネルギーでできています。エネルギーは創造主からのものですから、あらゆる創造もまた創造主によるものです。この宇宙では神からによるものです。そのように小さな毛糸玉も、ほかのどんなものと等しく創造主か神による創造物か創造にすぎません。その魅力と素直で愛らしい性質と忠実さ――あなたたちが人を褒めるのと同じ特性です――が私たちの動物たちにあって尊重されています。彼らのすべてとの私たちの交流はあなたたちの場合よりもはるかに高い次元で行なわれています。

はい、私たちの世界にも人間のための食用動物がいます。しかし、それらの動物が死ぬまでの一生の扱いと、そして何よりも彼らが人間の食物になるために命を終える方法は、思いやりと憐れみをもって痛みを伴わずに、また彼らが進んで提供してくれる食物に対する感謝の念をもって行なわれます。悲しいことに、あなたたちのほとんどの動物の扱いにはこのようなことは言えません。

地球の動物たちも、あなたたちの星のほとんどの人々が気づいていることをはるかに超えて、感情をもっている存在です。この真実を知らないばかりに、そこにいる多くの人々が動物たちを愛情や優しさ、忠実さ、憐れみなど必要ないとか値しない〝愚かな獣(けだもの)〟とみなしています。この嘆かわしい状態が地球自身の多くのトラウマの原因になっていますが、あなたたちの文明社会があらゆる生命のお互いのつながりに気づくところまで進化して行くにつれ、それも変わるでしょう。

神の創造における植物の序列を忘れてはいけません。なぜなら、その相互の関係が与え受け取るものは同等だからです。この時点ではあなたたちのほとんどには見えずまた知られていないデーヴィック王国（キングダム）が、緊密に一緒になってあなたたちの植物界の世話をしてくれているのです。地球では、木やほかの植物の神性を理解している人はほとんどいません。それらにはそれぞれの意識があり、この惑星の生命系全体の中での自分たちの存在価値を知っているのです。

スザン　それで、あなたたちの文明社会は私たちよりはるか先に行っているのね。でも私たちの多くの人たちもあらゆる生命（いのち）の大切さを理解していて、その気づきを広めようと頑張っているわ。あなたの星での一般的な寿命はどのくらい？　そして、あなたたちのニルヴァーナに相当するものについて話してください。

アエスキレス　そうなんですよ、それは私たちの文明社会の非常に重要なところです。第一に私たちは、あなたたちのように肉体的や精神的に老衰するようにプログラムされていません。ですからここでの人生はそれぞれ個人が頗（すこぶ）る健康に望むだけ長生きできるのです。しかし、多分数百年の活動的な人生で〝充分〟と考えられるようになると、最も適切な言葉だと思いますが、達成感の時点を迎えます。するとその人は次の段階の経験のために離れることを選びます。そのときには、その人の人生を祝って喜びの別れの儀式が行なわれます。それからその魂は離れて私たちの聖域世界へと向かい、その肉体は非物質化します。二つやそれ以上の魂たちが一緒に離れることを選ぶのは珍しいことではありません。魂のレベルでは私たちがひとつであり、愛の絆は永遠であることを知っているので、家族と友人たちとの中に死者への哀悼はなく、むしろ充分に分かち合った人生を喜びで祝います。

政府要人やほかの著名人に何日も哀悼の意を示すかと思えば、名も財産もないけれどほかの誰よりもスピリチュアルな進化を遂げていたかもしれない魂たちを貧しい墓に埋葬する地球のような、離別を惜しむやり方の大きな違いは私たちにはありません。

私たちの聖域があなたたちと異なる主なところは、戦争や殺人などで死んだことがトラウマになった魂たちの重度の精神障害を癒すためのニルヴァーナでのこころのこもった個人的な介護の必要がないことです。確かに私たちの〝あの世〟の〝プラス〟の点ですが、それ以上に、私たちの文明社会が到達した霊性(スピリチュアリティ)のレベルを裏付けていると感じています。

ニルヴァーナの得も言われぬ美しさという点では、私たちは違います。マシューは正しいです――ニルヴァーナの上層部は、来世の目的の役割を担っているほかのほとんどの聖域世界よりも美しいのです。そこの住人たちが到達したあれほどの驚くような素晴らしさを、私たちはまだ実現できていません。ニルヴァーナほどのたくさんの訪問客が私たちにないのは、そのせいにちがいありません。

私たちの領域には、さまざまなエネルギー記録を伴ったいくつもの層はありません。ひとつの層だけで充分だからです。またそこは本当に穏やかで気持ち良い環境なのですが、住人たちは長居しません。そこでの彼らの唯一の目的は、次のレベルの経験を決める過去の転生を見直すプロセスです。それがニルヴァーナとの唯一の類似点です。

その住人たちは神と創造主への道にさらにどのような経験が必要か、そして次に何を引き受けられるかを慎重に考慮します。あらゆる経験のバランスであるカルマは、今でも私たちの進化での役割を果たしていますが、第三密度の転生のような極端な例はもはやありません。むしろ私たちは、すべてにとってためになるような次の転生の冒険の旅を共有したいと希望する魂たちが誰か、そしてそれは宇宙のどこで起こるのかを確認するのです。

成長とは、文明社会であろうとどのような配置場所であろうと、親しんだ状況から離れることを意味します。ですから、私たちの進化のこの時点で私たちの星に肉体を持って戻ることはそう多くはありません。その場合は、肉体を持った前世でまったくうまくいかなかった同じ経験をもう一度学び直すというより、むしろ部分的な経験を全(まっと)うするためのものです。

選んだ経験をすべて完了しないのに、なぜ肉体生を離れることを選ぶ者がいるのだろうと疑問に思うのは当然ですから、説明が必要ですね。それは新しいスタートが有益だからです。ふつう、進化の進んだ魂たちは貢献するという合意のもとで弱い魂たちとともに戻って来ますが、その弱い魂たちが進化への決意によって強くなると同時に、強い魂たちは新しい転生の冒険を求めるのではなく、あえて進んで戻ることでより多くの光を得ることになるので、全員が恩恵を受けるのです。

スザン　もしあなたたちがその星に転生しないのなら、赤ちゃんの魂たちはみなどこから来るの？　私の理解では、私たちの赤ちゃんは何度も何度も生まれ変わった魂たちなのよ。

アエスキレス　そうですね、神は本質的に無限ですから、〝新しい〟魂たちも無限に考えられます。しかし、進化の過程では、より低い密度にいる魂たちの光の中の自由意志の選択によって、〝より高い〟経験の配置場所を選ぶことができるのです。そして、私たちの文明社会が私たちの星での暮らしが非常に魅力的だと思うたくさんの魂たちを惹き付けます。私たちの文明社会の魂たちが次の転生での肉体化をほかの星で選ぶようになったのはごく最近のことだと、私ははっきり言っていませんでしたね。

地球の魂たちの多くの転生については、あなたが正しいですが、それにはもっともな理由があるのです。あなたたちの思っている惑星の歴史では想像もできないほどのはるか昔に、あなたたちの文明社会は闇の勢力によって意図的に霊的(スピリチュアル)と知的能力の両方の気づきを奪われました。そして魂たちは何百回(なん)もの、それ以上かもしれない多くの転生を経験することで、自分たちが選んだ学びを完成させることが必要になったのです。そしてそれは、カルマのバランスをとるために奮闘していく中で、しばしば同じ魂たちが異なる関係を演じることで、慣れ親しんでいる感情幅(スペクトラム)の中で行なわれるのが魂たちにとって有益な経験になるのです。

スザン、あなたのこころにはもう質問がないようなので、これですべてをカバーしていると思います。たくさんの質問をありがとうございます。おかげで私の故郷とその人々についてあなたにたくさん話せる機会を得ることができました。

スザン　アエスキレス、今日また来てくれてどうもありがとう。そういった質問を前に訊いていたらよかったと単に思うだけであなたとつながるなんて素晴らしいわ。

アエスキレス　スザン、どんなときでも、私はあなたのすぐそばにいるんですよ。同じことが、だいぶ前にあなたが長々と話したあの巨大なパワーの存在たちにも言えます。あなたもよく知っているように、ハトンとの交信もそうですね――ええ、私も彼とその影響力のことはよく知っています――あなたがコンタクトしたいと思うどの高みの光の中にいる魂にも等しく言えるのです。

これは宇宙のすべての場所から可能なわけではないことをはっきりさせておかなければなりません。けれども、地球から、そしてエネルギーの届く範囲であれば大丈夫です。あなたはまったく気楽に受信調整ができて、直ちに理解しているというわけでもないようですね。あなたとあなたの希望する発信元（ソース）両方のエネルギーレベルが合うようにすることに慣れる必要があるかもしれません。けれども私が述べたように、これは可能です。いいえ、コンタクトするのに、それがどうやって起こるかという方法を理解する必要はありません。

スザン　その〝方法〟が何（なん）なのか私には皆目見当がつかないことは知っているわね。あなたがハトンを知っているのはうれしいわ。実際に、彼とその仕事について何を知っているの？

アエスキレス　現在進行中のたくさんの任務のひとつとして、ハトンは特に今地球とそれを超えるあらゆる地点との通信に携わっています。彼はあなたのことを忘れていませんよ、スザン。いつでも彼と話したいと思えば、彼は応えるでしょう。ただ必要なければ、今の時点でちょっとした会話のために彼を呼び出すことは遠慮したほうがいいでしょう。

彼は闇の勢力によってばらまかれた嘘の情報の結果生じたネガティビティを抑えるために、宇宙規模での重要な交渉を行なっています。特に地球に関しては、情報源（ソース）とあなたたちの惑星間のテレパシー回線をクリアすることで、光からの真理のみが伝えられるように偽情報と誤情報を防止しています。真理によってもたらされる光が惑星浄化には不可欠ですから、これはあなたの星の人々にとって最も重要なことです。

彼が止めるように何度も要請しているのにもかかわらず、ひどい偽の情報を流している地球の情報源がそれをハトンからだと言って十年以上もつづけているのは悲しいことです。彼は宇宙での仕事に取り組んでいるのですが、そのような偽のソースの自由意志の側面も否定するわけにはいきません。

さて、私は、あなたの気持ちとこころが平穏になっていると感じていますので、今日あなたと再び一緒になれたことにこころからの温かい感謝の気持ちと、またの機会に私たちが交信できることを願ってお別れしましょう。では、私の友、アディオス！

ちょっとふざけたのはもう一度あなたが笑うのを見たかったからです、私の友。これでさよならを言います。たくさんの仕事をありがとうございます。とてもうれしく、こころから感謝します。

スザン　さようなら、アエスキレス。ありがとう。

✤ サミンテン

二〇〇二年四月三十日

スザン　マシュー、こんにちは。あなたが紹介したがっていた人に会ってもいいわよ。彼——彼女？——は今いるの？

マシュー　やあ、お母さん。うん、彼だよ。これは集合エネルギーのひとつの存在で〝私〟になったり〝私たち〟になったりする。名前はサミンテンで、〝サミ〟にアクセントがある。彼はお母さんが迎えるのを待っているよ。

スザン　サミンテン、〝こんにちは〟だけの挨拶でいいのかしら？

サミンテン　あなたと一緒にいられることは光栄です、スザン夫人。あなたが〝こんにちは〟だけでいいのかと訊いているので、冗談を言っているのです。もちろんそれはもう充分以上ですし、〝やあ〟でもけっこうです。今晩あなたと一緒にいられてとてもうれしいです。

私の理解では、これは私たちの紹介だけということで、たぶん明日かすぐそれ以降に三冊目用のメッセージを伝えるようにと私が要請されたことを発表する時間があなたにあるということです。それは今でも大丈夫ですか、奥さま？

スザン　ええ、結構です。今夜はもうつづけられなくてごめんなさい。サミンテン、私をスージーと呼ぶ方がもっと気楽ではないの？　私はその方がいいわ。

サミンテン ではスージーにします。そしてよかったら、サムでけっこうです。では、あなたのほかの用事をこれ以上遅らせるわけにはいきません。あなたの息子さんがそう約束したのですから、私もそれを尊重します。笑ってくださってうれしいです。朝か、あなたの都合のよいときに、私たちの親交を深めるのを楽しみにしています。

スザン 私たちの紹介のためだけに来てくれてありがとう、サム、そして私に今時間がないことを理解してくれたことにも。

サミンテン もちろんです。"さようなら、サムは私"というだけで結構ですよ。

スザン ではそうするわ。さようなら、サムは私。

二〇〇二年五月七日

スザン こんにちは、可愛い子。

マシュー お母さん、愛する魂。可愛い子と呼んでありがとう。それでいつも"くつろいだ"気分になるんだ。ちょうどあなたの愛情と思いを受けている僕の姉や兄弟たちのようにね。さてサミンテンが何日も用意して待っているんだ、無駄に待っているわけでもないけれど、あなたとの会話をぜひつづけたいと言っている。

スザン　わかったわ。サム、こんにちは。

サミンテン　こんにちは、スージー。

スザン　私に話してくれるのは、あなた自身のこと、それともあなたの星の人々、それともあなたの目的？

サミンテン　以上のすべてを話したいと思います。私がここにいるのは何よりも第一に予定されている本へのメッセージがあるからですが、まず私自身のことから話してほしいですか？

スザン　ええ、お願いするわ。私が誰と話しているのか知っている方が気楽です。

サミンテン　それはもちろんです。私は地球から移行した魂ではありませんが、当面の住んでいる所はニルヴァーナです。ここでは集合エネルギー体でいますが、滑りまわるようにかたちを変える魂たちの集合体としてではありません。はい、私はマシューが話した〝霧人間（フォッグパーソン）〟が肉体化したものです。私の星の人々からの特使としてここを訪れています。

私たちは実際にひとつの文明社会ですが、あなたたちは私たちを〝ひとびと〟として考えないでしょう。マシューが私たちのことを、地上では濃く、上昇するにつれてだんだん薄くなってたなびく細い雲のようになり、美しい黄金色に輝きながら得も言われぬ香りを漂わせてつねに動いている霧や蒸気体だと、うまく言い表わしています。

言ってみればその蒸気体が集まっていろいろなかたちになります。ですから私たちには何かの形状があるわけですが、重さもなくはっきりした境界もありません。雲状形成体（と呼びましょう）は、無数の小さなきらめきを反射する細かなダイアモンドのように、淡いクリスタルブルーを背景に銀色に輝いています。私たちのすべてが煌(きら)めいているわけでもなく、私たちの世界が目で見られないほどまぶしいわけでもありませんが、より大きな形態になると絶妙な光を発します。

私たちの大気中の、霧の力が最小になっている最も遠いところが私たちの天国で、あなたたちのニルヴァーナに相当します。私たちには老化や死のDNAプログラミングがなく、聖域は若返りだけのためのものだとマシューがあなたに言ったのを覚えていませんか。必要としている文明社会のための光を宇宙に送る私たちの仕事をもっとよくできるように、私たちは力の回復のために自主的にそこへ行きます。長いあいだこの光を送っていると、私たちの魂の力が衰え、形態がしだいに細いたなびきだけのようになって、自然に最も高い大気中に上昇します。この領域はさらに優しい光り輝くものでできていて、ゆっくりと静かに漂いつづけるパステル調の花の絵のようなものです。その光がくすむことは決してありませんが、暗くなることはあります。私の言うその違いが分かりますか。そこにはいつでも光り輝く魂の本質があって、繊細な香りと微妙な色合いの中に漂っているのです。その私たちの最も淡い色でもつねに虹色を帯びています。これは私たちの魂の進化を反映しています。そして私たちのオーラは私たちの〝からだ〟の本質と同じように強力な光を発しています。

私たち自身の一部が何かの目的で肉体化することはめったにありませんが、マシューと宇宙評議会の招きでこのニルヴァーナを訪れることは、この美しさを見られる素晴らしい機会ですし、それを私たち自身の聖域の自然美に加えられます。私たちの知的能力とテクノロジー開発のレベルからすれば、私たちは一瞬で肉体化できますが、それは余りに遅れたやり方で興味もありません。しかし、私がここに来てニルヴァーナのたくさんの素晴らしさを充分堪能するためには、この肉体を持っている方がふさわしく、とても満足できるようです。今それをあなたがこの本で説明できるようにお見せしましょう。

スザン　肩まで伸びたブロンドの髪と優しい青灰色の目の、背の高い色の黒い、筋骨たくましい男性の胴体が見えるわ。サム、あなたはアドニス神のようね。もっともギリシャ神話の神だと思われたくはないかもしれないけれど。

サミンテン　そうやってくらべられるとうれしいですね、スージー。私が具現化したこのからだはニルヴァーナにいる人たちの美しさと輝きとはくらべものになりません。

スザン　あなたのイメージを送ってくれてありがとう、サム。どうして全身でなくて雲の上の胴体だけなの？

サミンテン　それが私のできるすべてだからです、スージー。いや、もちろんそれは本当ではありません。あなたたちの北欧系の人たちの美形と、あなたたちがときどき黒人と呼ぶ人たちのような茶色の肌の両方を私が持っていることが分かれば充分です。あなたたちの創造したケンタウルス（半人半馬の怪物）で見る胸部のようなものです。からだの残りを馬に取って代わられた人間の胸部です。その類似点が分かりますか？

スザン　ええ、あのハンサムな男性ね。馬は違うわ。ニルヴァーナでは全身でいるの？まあ、そうでしょうね。そこにいる存在たちがみなどんな姿をしているのか私は知りません。

サミンテン　はい、ここでは全身でいます。そのおかげで、私は触わったり感じたり、飲み物を飲み、仲良くして来るたくさんの動物たちがこすり寄るのを感じたり、信じられない甘い香りの花々に触れることができます。ですから、そうですね、ここではちょうど地球のように全身でいるのがほとんどの人たちの慣れ親しんでいる姿だと思います。

スザン　そこにどのくらいいるのですか？　そしてマシューはそこに今肉体で、あるいは霊(スピリット)体だけでいるのかしら？

サミンテン　ええ、彼は今ここに〝確かに〟いますよ。ご存知のように、以前のようにいつでもここにいるというわけではありません。私はここに来てあなたたちのカレンダーでいう約四ヶ月になります。あなたたちの地球のクリスマスのお祭りとほかの一連のパーティーの時節の後に到着しました。それらを見るのは非常におもしろかったです。

スザン　私が見える、サム？

サミンテン　おー、もちろん、スージー、見えますよ。そしてあなたのエネルギーを感じます。その中にいるのはとてもいい気持ちです。それはあなたとマシューのあいだと、あなたとほかのたくさんの魂たちと存在たちとのあいだを行ったり来たりして流れています。スージー、あなたの背中に不快感があるようですね。そのストレスを和らげるためにちょっと休憩しますか？

スザン　ありがとう、サム。――だいぶよくなったわ。気を使ってくれてありがとう。

サミンテン　そのような些細なことでしたらいつでも結構ですよ、スージー。ところで、あなたの星の人々への私のメッセージを始める前に、〝サムは私〟のようにふざけるのは本来の私の性格ではないことを言わなければなりません。いつもはもうちょっと恥ずかしがり屋で、人前に出たり目立ったりするのが苦手なのです。その気質はあなたの性格にも明らかにありますね――スージー、私にはちょうどマシューのように、あなたの性格が見えるし感じられるのですよ――それでも私にはあのようなはしゃぐところもあって、ときどき〝サムは私〟のように羽目を外すこともあるのです。あなたが私の〝子どもっぽさはどこにいったのかしら〟と思っているので説明しているだけですよ。

スザン　たちまち分かるのね、サム。私があなたをサムと呼んで本当に不快ではないの、それとも私がスージーと呼んでと言ったのでそう言ったの？

サミンテン　いえいえ、そんなことはありません。サムというのは素晴らしい名前です、そしてその方が私をもっと個人的にみてくれるからです。

スザン　そうね。分かったわ、ではあなたのメッセージをいつでもどうぞ、私の方の用意はいいわよ。

サミンテン　ありがとうございます、スージー。幾千万年の昔、私たちの本質部分(エッセンス)はこのような〝蒸気体〟や〝霧〟ではありませんでした。私たち自身のスピリチュアルな部分は、今日の壮大な神との結びつきの気づきにくらべればまったく微々たるものでした。今私たちの結びつきがより大きくなったわけではないことを理解してください。そうではなく、私たちのその気づきのことです。それが最も重要な違いです。そしてそれはこの精神の成長のときにいるあなたたちと私たちとが共有している共通点なのです。

　私たちはそのときはただ単に存在していただけです。成長する目的などなく、正直な話、自分たち自身も他人も助けることなど関心がありませんでした。それは私たちにとっての回復のときだったのですが、その理由が私たちの記憶になかったため、気づかなかったのです。私たちのこころが多少破壊されていたのです。精神能力の記憶力の面が宇宙の最高次元の闇の盗人たちによって私たちのDNAから取り外され、実際には盗まれていたのです。

　魂の成長を妨げることはあなたたちの言う〝罪〟になる法律違反です。魂のDNAを変えることはその成長の最大の阻害です。被害になった魂に非常に大きな害を及ぼし、それを招いた魂が償うカルマの苦難があまりにも重いために、宇宙でくらべるものがないほどです。

　私たちが幾世ものあいだ惨めに暮らしている一方で、宇宙最高の光の能力をもったボランティアの医師たちの努力によって、私たちの知識力とスピリチュアルな輝きが甦ってきました。彼らは私たちの記憶が戻り始め、そして〝霧〟を通して知性と興奮が起き上がって来るしるしを見て大喜びしました。

　あなたたちに〝光りを見る〟とか〝五里霧中で〟といった表現があるのは偶然ではありません。これらは深い理解の表われだからです——本当は、思い出すことですが——それを、あなたたちは自分たちの慣習的な表現に必ずしも結びつけて考えているわけではありません。多くの場合、これらはあなたたちの今日の文明社会よりはるか昔、最初の地球への移植プログラムで美しい自然の生命がもたらされる以前までも遡る時代のことです（原注　惑星の人口移植の始まりは『新しい時代への啓示』中の〝地球人類の起源〟に説明されている）。

さて、スージー。この口述筆記であなたに伝えたことを読んでみますか？　私に質問して、そこに私に見える赤でアンダーラインしてあるたくさんの言葉を訂正したいですか？　それらは私が気にしなくてもよく、あなたが誤ってコンピュータのキーを打っただけのことだから、あなたが後で訂正するだろうと言われています。

スザン　サム、間違いなく後でそうするわ。本当にごめんなさい、約束があるのでもう行かなければならないの。またできるだけ早く話しましょうね？　あなたの文明社会の興味深い話をありがとう。

サミンテン　どういたしまして、スージー。私と会話していただいてありがとうございます。それではまた、さようなら。

二〇〇二年九月六日

スザン　おはよう、サム。ずいぶん経ってしまったわね。謝ります。でも、どんな状態だったかあなたには分かると思うわ。

サミンテン　親愛なるスージー、あなたのエネルギーにこころを開いてご挨拶します。最後に私たちが話してから、あなたたちの数える週日だと長いあいだですが、私にとってみては、私たちの会話には何（なん）の中断もなくうれしさの中に時間はあっという間に過ぎ去っています。そのままにしていたところから私のプレゼンテーションを始めましょうか？　いいですか？　それではそうしましょう。

はるか昔、宇宙とその統治者の神々さえ創造される以前に、創造主はそれぞれの魂の変わらぬ本分という意図で自由意志の贈り物を与えました。しかし、闇の勢力の中でも最も闇の存在が現われると、それはその自由意志を使って、闇に興味を示し、やがてそれに捕われてしまう魂たちの自由意志を集団で奪ったのです。これは創造主の意図に反するものでした。自己の自由意志でその捕われた者たちを自由にするように、計り知れない長いあいた、つねにそれらの最も闇の魂たちに光が注がれられた後、創造主が手を下（くだ）しました。あなたたちの計算で数年前、創造主は集団で捕らえられていた自由意志を闇の最高領域から引き出してそれぞれの魂に戻したのです。

このようにして創造主の贈り物の本来の意図が再びあまねく支配するようになっていますが、創造主はあらゆる自由意志を尊重することにひとつだけ例外を設ける宣言をしたのです。この唯一の例外事項は、宇宙のいかなる場所においても核爆発によって数知れない魂たちを傷つけるような自由意志による選択は抑制されるというものです。あなたたちの記録されている歴史以前には、宇宙の多くの地域に非常に破壊的だった文明社会が何度も現われています。いくつもの世界が破壊され、個人的特徴をもたらす構成部分であるとあなたたちに理解されている魂のＤＮＡが広範囲な被害を受けました。創造主はそれが二度と決して起きてはならないと命令したのです。ですから、地球が滅びることはなく、そのような方法で魂たちがこれ以上損傷されることもありません。

しかし、他の面であなたたちの惑星の健康は危うい状態になっていたのです。創造主が至高にして統治する大宇宙(コスモス)の中のひとつであるこの宇宙の統治者の神は、保護と回復を求める地球の叫びに、すべての宇宙文明人が応えることを選ぶ許可を与えています。助けがなければ、あなたたちの大事な惑星はその息を締め付けそのからだをバラバラにしようとしていたネガティビティ（破壊エネルギー）に支配され破滅してしまうでしょう。そのようにして、かなり近いところにいる、と言っても普通でも銀河系団からあなたたちの計算でいう〝数光年〟の距離ですが、私たちの多くがこの訴えに耳を傾けたのです。宇宙文明人たちによる多岐にわたる支援が今行なわれていますが、その高度に進化した霊性(スピリチュアリティ)とテクノロジーによってあなたたちの惑星からネガティビティを取り除く助けをすると同時に、その影響から彼女を安定させ回復させる助けをしているところです。

神と女神たちがその高いエネルギーの指標レベルを下げて、人間のからだとしてあなたたちの惑星環境で生きて行けるように適応させた地球の始まり以来、ネガティビティからの完全なる解放に向けて次第に近づくこれらの日々は、地球にとって最もワクワクし高揚するときです。彼らの本来の多次元能力をもったままでは、思ったような充分な人間経験ができないので、そうやって、より濃い密度の中に魂たちがダウンロードされたのです。そして徐々に、彼らが望んだ範囲の完全に肉体化されたからだによる繁栄と生殖が可能になったのです。

あるときは慈愛をもって、あるときはなしに、それらの神と女神の魂たちはさまざまな文明社会の人口移植プログラムと人類の原種の導入と進化を管理支配しました。争いが起きだして、以前のようなスピリチュアルな気づきがなくなると、惑星大気の密度が結果として生まれたネガティビティによって低められました。二度、あらゆる生命が失われましたが、惑星は復活して新たに出直しました。三回目は神の意志ではなく、地球自身の魂もそれを望みませんでした。

そして今、地球が助けを求め、私たちの多くが喜んで応えたという私が話した時点に到達したのです。

スージー、その時代の記憶を助けようと思って、あなたの惑星の大まかな歴史にまで脱線してしまいました。今日その惑星にいるたくさんの魂たちはそのときに肉体化し、それ以降の時代を通して何度も何度も何度もそうしてきたのです。

では、地球の本来の健康と美への復帰に、私たちの文明社会が魂たちの集団として果たしている役割についてお話ししましょう。記憶力、明晰さ、魂の地位の進化を伴う高い密度への上昇を願う動物や植物や鉱物界のすべての生命たちの意志を、私たちは強化させています。数十年にわたって細胞変化が進んでいます。今さらに増大されて送られている光によって起きていることを受け入れ同化するには、私たちが供給できるエネルギーの平均化プロセスや増強剤が大きな助けになります。

あなたたちは時間が飛ぶように過ぎているようで時間がないと文句を言い、そして記憶がないことを嘆いています。これらの三次元意識での側面はどれも失われていませんよ、みなさん。〝時間〟は、一日二十四時間、一年十二月というようにあなたたちが考案した通りでは決してありません。これまではそれでうまく行っていましたが、これからはもうそうなりません。あなたたちの時間構造が崩壊しているのです。それは、エネルギーがそれ自身のより軽い密度のスピードで動いているからです。明るいときと暗闇との周期がもっと速くなっています。ですから、時間がなくなったというよりも、加速(スピードアップ)しているのです。

あなたたちの多くが〝なくなった〟という記憶はなくなっていません。この宇宙にあるすべてのものが加速しているのですから、あなたたちのからだの細胞がより高度な生存に適した状態に引き上げられているのに反応しているのは自然なことです。何よりも、これはあなたたちの脳に影響を与えています――あなたたちの思考と理解のプロセスを作動させるコンピュータですからね――そしてこれは必要なことなのです。あなたたちの細胞によって吸収された光によって、忘れやすさと完全な脳の機能を妨害していたプログラミングの幾重にも重なった層を脳が捨て去ることができているのです。

もしあなたが何か記憶消失や思考の散漫を経験していれば、それはこの星がアセンションするに従って今地球に広がっている高い波動に前向きに反応しているからです。

自然界のあらゆるものには魂があり、そして変化しています。地球の魂――彼女自身の神性なる魂とその星に住んでいるあらゆる魂たち全部――は進化しています。もしあなたたちが動物たちと木々に話しかけ、その答えに耳を傾けさえすれば、あなたたちと彼ら――光を受け入れるすべての生命体——が、あらゆる存在のより軽い本質へと変化していることに気づくでしょう。

第三密度はそれなりにあなたたちに役立ってきましたが、あなたたちの選んだ学びを習得することに関してはそれほど良かったわけでもありません。それをあなたたちは何千年もやって来て、その〝過去〟を知っている人たちでも思い出せないほどです。過去と現在とこれから起きることに区別はありません。次に何を学ぶべきかを学んで知るという意味で考えることの方が正確です。そして、それもまったく正しいというわけでもありません。幾重にも重なった忘れやすさの層をはぎ取ることは学びのプロセスではなく、思い出して、それを認めるプロセスなのです。

スージー、あなたが行かなくてはならないのは分かります。今日はとても素敵なときを一緒に過ごせたと感じています。また近いうちに、あなたに余裕があるときにでも私たちがもっと話し合えたらいいですね。ほかにも言い足したいこともありますし、私が思いつかなかった興味ある分野を引き出すような質問をしてくれるように望みます。

スザン　サム、もうひとつ質問する時間があるわ。マシューはあなたたちの聖域のために何をしたの？

サミンテン　彼は、主な〝入口の守り番たち〟に、弱い者たちが差別されずに、最も強い者たちと一緒に溶け込められるような、さまざまな活性化対策の導入を勧めました。あなたも想像できるように、弱虫どうしで集まってしまうとそれが〝同病相哀れむ〟という慰みになってしまって、なかなかやる気を起こして自己の安住の場を離れようとしません。最初に愛情こもった面倒を受けた後で一緒にされる非常に弱い者たち以外のすべてを集めることによって、より強い者たちの活力と喜びを共有することで弱い者たちはより速く回復するのです。

ええ、それは明らかに当然で単純なことですね。あなたが今思っているように、どうしてそれを自分たち自身で思いつかなかったのでしょう？　マシューの勧めたことは私たちの本質部分にあるので、自分でも満足ゆく回答はありませんが、なぜ私たちが彼を招いたかを言うことで答えとしましょう。お分かりのように、私たちの気づきの中では、聖域に見落としなどありませんでした。マシューの仕事と頻繁な旅のことを聞いて、私たちは彼を招いて彼のエネルギーを共有するのも楽しいと思ったのです。そして彼は快く引き受けてくれました。

彼は聖域分野での専門家ですから、彼にとって改良すべきところは一目瞭然でした。彼はプランの実施まで助けてくれました。その新しい方法によってその目的が非常にうまく達成できているので、私たちは今でもあなたの息子さんを尊敬し、また感謝しているとあなたに言えます。

スザン　サム、そう言ってくれてありがとう――今日は本当に素晴らしい話をありがとう。ではとりあえず、さようなら。

二〇〇三年一月三日

スザン　サム、私たちが話してからあまりにも長く経っているので、私のきまり悪さと言ったらあなたの忍耐ときっと同じくらいだわ。マシューからあなたがここに来ているのを知っています。ようこそ戻って来てくれました。

サミンテン　ええ、そうなんです。前にもあなたに言いましたが、あなたたちの時間経過はそこだけの話で私たちにはありません。あなたのエネルギーに再び入れてとてもうれしいです、スージー。話すたびに、気が楽になります。あなたもそのようですね。では私のプレゼンテーションをつづけましょうか?

スザン　サム、あなたは親切な人ね。始める前にひとつだけ質問させてください?　あなたはまだニルヴァーナにいるの?

サミンテン　活発な、あの麗しく素晴らしい場所にはもういません、スージー。私が目撃し体験したあの素晴らしさを私の星の人々と共有しました。ですから、今では私たちがあなたたちの天国と同じ場所を私たち全員の中に持っていると言っていいでしょう。

スザン　ありがとう、サム——美しいところのようね。では、どうぞあなたのメッセージをつづけてください。

サミンテン　地球の光は、あなたたちの時間でいう過去数年間一定の量で速度を増しています。さらに多くの魂たちが自分の神性に目覚め、あなたたちの惑星と一緒に第四密度に昇るためには、この状況が持続的に起こることが必要なのです。私の星の人々がこのプロセスに喜んで手を貸しています。

このアセンションの重要性をどれだけ誇張してもし過ぎることはありません。地球と一緒にアセンションする魂たちは、かつてそこで見事に花開いたパラダイスに暮らすことになるでしょう。地球との旅に必要な光のレベルに到達していない魂たちは、彼らの低いエネルギー記録に見合った補習教育のための領域に移されるでしょう。

あなたたちの科学が霊力（スピリット・パワー）と科学の発展との関連性をまったく見ないのは嘆かわしいことです。霊性（スピリチュアリティ）と科学は区別できないものです。それはありえません。魂の成分は創造主である源（ソース）からの光です。光は愛の科学的な表現であり、光の親、あるいは生産者とでも言えます。

あなたたちの科学はその真の性質と起源を理解しないで利用しているだけです。このような概念の相違もさらに解決する必要があります。私の星の人々がその統合プロセスを強化させています。

そこで起きていることは、ここや宇宙のどこから見ても驚くような光景です。止まるところなくはっきりと見える新しい火花たちは、自分の魂とこころとが結合するたびに輝いている魂たちです。これはあなたたちがさらに軽い密度へ上昇するときには欠かせない壮大な光景だと分かるでしょう。今は、それはパワーにおいて最も壮大な花火であること、そしてすべての光の存在たちの歓喜においても同じだということだけを言っておきましょう。

スージー、もっと話そうかと思っていましたが、本にそのメッセージが入る予定のほかの人たちによって十分に取り上げられているので、これ以上繰り返すことはしません。はい、この本に入る予定のものはすべてよく知っています。それは非常に大切なことなので、この情報を切に必要としている神の子どもたちにそれが高らかに行き渡ることを神が自ら命令しました。

では、あなたのこころにある質問に喜んで答えましょう。

スザン　ありがとう、サム。あなたたちが地球に提供してくれている、あなたが〝膨張〟プロセスと呼んだ支援を聞いたのは初めてだわ。思いやりと援助をありがとう。あなたの文明社会は魂の数ではどのくらいなの？

サミンテン　それぞれずいぶんの数の肉体があるあなたたちのように簡単にはいきません。しかし、私たちの集合的本質部分（エッセンス）には、約一億の魂たちがいると考えられます。もっともそれでも少ないようです。あまりにも長く私たち自身を個人個人と考えることがなくなっているので、その姿からは満足な判断ができないのは疑いもありません、少なすぎるからです。お分かりのように、それぞれの漂っている〝部分〟はひとつかあるいは百万の魂たちの本質部分（エッセンス）かもしれないのです。精神的あるいは感情的な区別がまったくないからです。

スザン　なるほどね。あなたの文明社会はどうやって増えるの？

サミンテン　そうですね、あなたたちのよく知っている生殖方法ではないことは確かです。私たちのことを見つけて私たちの本質部分（エッセンス）に入りたいと思うすべての彷徨（さまよ）っている魂たちやフリー・スピリットたちは誰でも歓迎します。私たちには空間の限界がありませんから、新しい人たちが来ても決して混雑はしません。またこの高い進化レベルでは無制限の自由がありますから、さらなる成長を望む魂たちは出て行きます。そして、私たちは決して分離されないことを集合的な気づきで知っているので、それらの魂たちが宇宙のどこに行っても彼らの自己発見によって私たちが恩恵を受け高められるのです。

スザン　魂が若いとか歳をとっているとか考えるの？

サミンテン　スージー、私が笑ったのが聴こえましたね。あなたも一緒に笑っているのでうれしいです。そこではあなたたちが〝古い魂〟と呼ぶことを知っていますが、魂の正確な表現として〝年齢〟をもち出すことほどかけ離れていることはありません。違うのはそれぞれの魂の学び、あるいは記憶力の段階です。愛と光であるあらゆる創造物の要素という点では、私たちは誰でも創造主の最初の分身として始まったのです。私たちは、ほかのすべての魂たちのように、それらの要素と同じ年齢ですが、実際には永遠です。

スザン　あなたにも分かるように、サム、それはまったく私にとって真新しい見方だわ。それではあなたたちには幼児も子どもも大人もいないの？

サミンテン　そうですよ。私たちにはまったく年齢はありません。私たちと一緒になる魂たちは私たちの本質部分（エッセンス）に溶け込んで、そこには年齢はもち込みません。

スザン　家族の単位とか同じ興味をもった魂たちといったグループのようなものはないの？

サミンテン　はい、あなたたちが思っている、家族や親戚、組織、〝外部の者たち〟には〝内部の人間たち〟の個人的な知識を知りえないといった、どのような区別もありません。私たち一人ひとりの神性なる本質部分(エッセンス)を損なうことなく、愛、考え、哲学、望み、憧れ、発見、インスピレーション、神と創造主への回帰の道程において、私たちはまったくひとつなのです。

スザン　何かの統治形態はあるのかしら？

サミンテン　いいえ、構造的階層とあなたたちが認識するようなものにくらべるものすらありません。私たちはひとつだというのが自我(セルフ)の感覚です。ただそれだけがすべてです。スージー、それはあなたにはあまり意味のないことだと分かっていますが、私たちがどのように〝機能する〟のかを説明するには私のできるベストなのです。

スザン　私たちがそのような理想的に聞こえる体制になるまでにはまだまだ相当かかると思うわ。あなたたちはテレパシーで、または言葉で話すの？　それとも、同じひとつの考えが全員で共有されるので、どちらも必要ないのかしら？

サミンテン　私たちが単一の考えを共有するかどうかというあなたの質問には微笑まざるをえません。なぜならそれは思考の宇宙全体を共有するようなものだからです。ええ、実際に私たちは交信します。でも音はすべて音色(トーン)で、話し言葉ではありません。私たちのもの柔らかな動きに合わせた、そのトーンはあなたたちの優しい子守唄のようです。ほとんど聴こえませんけれどね。テレパシーが私たちの最も自然な交信方法なので、トーン発信がされると、あなたたちがシンフォニー音楽を聴いて受ける同じ畏怖と喜びを、私たちに与えてくれます。

スザン　では、どうやってあなたはそんなにしっかりした英語を学んだの？

サミンテン　また一緒に笑ってしまいますね、スージー。タイプする前にあなたの質問が分かっていましたよ。そしてあなた自身が感じているように、すぐばつの悪さと同時におもしろがっているのを感じました。そうです、私たちのような高いレベルの気づきになると、宇宙のすべての言語を知っています。それには私たちのような言葉のないものもあります。

スザン　サム、もっと速く思うべきだったわね。あなたと一緒に笑うのは気持ちいいわ。あなたの故郷はどこなの？

サミンテン　あなたたち自身の〝近くに〟ある銀河系です。これでは地球を超えると存在しない、あなたたちが考案した距離感に戻ってしまいますね。ですから〝近い〟とか〝遠い〟というのは、私たちの居場所をあなたたちと相対的に説明するには適切ではありません。しかし、私たちはエネルギーにおいては、ほかの多くの文明社会人たちのようにあなたたちと近い存在ではありません。このような類いの比較が理解しにくいことは分かります、スージー。それは必要ありません。

あなたが中身のあるタイプの〝住宅地域〟なのかと質問しているのが分かります。それは私が使おうと考えていたのよりもっと正確な用語ですね。私の〝人々〟と〝故郷〟をなんとかうまく説明しようとして、〝地面〟に最も近いところにある私たちの最も濃い部分などと、的確ではないあなたたちの言葉を多く使わざるをえませんでした。私たちは天体にいるわけではないので地面はなく、むしろ保護されている空間にいます。私たちの高いレベルのエネルギーによって自動的に保護されているので、どのような闇の存在たちも近寄れません。

スザン　空間だけなの！　それなら何か景色はあるの、それとも空間にそのような環境はそなわっていないの？

サミンテン　私たちには素晴らしい景色があるんですよ。ちょうどニルヴァーナであるように、私たちが望むような景色を具象化します。そしてもちろん区画制限や隣近所を考慮する必要もありません。私たちのとても軽い密度に調和した壮大な眺めが実体と霊体の両方であります。それは好みに応じて私たち自身と一緒に漂ったり、静止したりしています。

私たちの集合的思考形態によってこのような統一した望みがもたらされます。宇宙の想像できるあらゆる景色から、私たちが選ぶどんなイメージも一瞬の内に現象化されます。私たちの景色は繊細で、普通は最も大きな漂う本質部分（エッセンス）と調和しています。ですから山はなく、モグラ塚だけです（訳注　モグラ塚から山をつくる、〝針小棒大に言う〟という例えにかけている）。

私の子どもっぽさが戻って来ましたよ、スージー。それに本当は、私たちには山があります。あなたが喜ぶだろうと思ってどうしてもちょっとふざけてみたかったのです。

スザン　サム、あなたは最高よ！　もっと質問を考えたいので休憩していいかしら？

サミンテン　結構ですよ、私たちのことを知りたいというのであれば喜んで。

スザン　――いいわよ。ありがとう。あなたの言うことからするとあなたたちには音楽がなくただ交信用のトーンだけのようね。憶測が過ぎるかしら？

サミンテン　私があなたに言ったことからすれば、いいえ、それはまったく憶測でもありません。もっと大きな視野からすると、確かにそう言えますね。あなたが、私が言葉にする前に私の思っていることをすべて捉えているのが分かります。素晴らしいことですね。実は、私たちは音楽の天球界にすっかり入っているんです。それは天使界の領域です。あなたたちの最も洗練された音楽はそこから来ていることを考えれば、私たちがどのようなものに囲まれているか想像できるでしょう。いいえ、それがトーンを〝かき消す〟ようなことはありません。実際には、私たちの交信はテレパシーと時折りのトーン発信の融合なのです。はっきりさせていませんでしたね。

スザン　なるほどね。動物たちはいるの、サム？

サミンテン　たぶん、あなたたちが考えているようなものはいないでしょう、スージー。あなたたち人間のように個々のからだと気質をもった存在としてそれらを見ているからです。実際には動物の魂のエネルギーは私たちの本質部分(エッセンス)全体の中にたくさんあるのです。そしてそれは、この光のレベルまで上昇して来る前に、さまざまな世界で肉体を持つ経験をしてきていることが知られています。どの文明社会でも動物たちのエネルギーとの結びつきが、高い光の次元の側面を反映します。実際に、動物のいのちを尊重し世話をすることは、文明社会や個々の魂たちのエネルギー記録の向上が可能になる前に必要とされることなのです。

スザン　動物好きな人たちはみんなこれを聞くと喜ぶでしょうね。サム、あなたはニルヴァーナでの生活を経験したのだから、肉体を持って楽しんだことがすべて恋しくない？

サミンテン　スージー、それは故郷に帰るために諦めなければならなかったようなものではなく、むしろ私の人々と分かち合う次元のことだと思っています。まれな例外もありますが、彼らの魂が低い密度にいたことがないので、肉体化した経験がないのです。私がニルヴァーナで出会ったように、たくさんの異なる文明社会人たちと生活をともにしたことのある人はいませんが、私たちの集合自我の本質部分(エッセンス)を通して、彼らも私が肉体で感じた感覚を共有しています。私たちのお互いの気づきと集合的知識そして経験に相違や分離はありません。ですから私がニルヴァーナにいても、私の人々は私の訪問を一緒に共有していたのです。私が〝私〟と〝私たち〟を同じ意味で使っていることに気づいていますね。私の話の中ではどちらでもいいのです。個人でありながら、しかもニルヴァーナでの〝私〟と、私の文明社会全体の〝私たち〟との合成した経験に相当する言葉はあなたたちにはありません。

私たちがさらなる宇宙の普遍的な知識、つまり自己の発見を求めて漂う中で、創造主に始まる私たちの記憶により多くつながるときは、いっせいに大きな閃光が起きて、それが私たちの本質(エッセンス)部分に吸収されるのです。私の訪問がそのような高みの発見に至ったというわけではありませんが、私たちの〝新たに〟思い出されたレベルの結びつきによって、歓迎の光が増したとも言えます。

このことには、私が故郷にもどってもニルヴァーナを離れたことにはならないという別の面があります。それは今でも時空連続体(コンティニュウム)の中での私の経験としてあるのです。その意味で、私は故郷にいてもそこにまだいるのです。これは記憶の範囲だけではなく、実際に今も継続している経験なのです。

スージー、あなたにはこれ以上質問がなく、私たちの交流を静かに楽しんでいますね。私もとても満足です。本の材料としてはこの辺で終わりにしてもいいでしょう。今日私が来て、あなたがコンピュータに触わる前に私たちが話したように、いつでも、そして永久に、私たちはこのように近くにいるのです。ですから、別れのさようならは言いません、その代わりに、〝アスタルエゴ〟（訳注 Hasta luego スペイン語の「それではまた」）。

スザン　サム、言葉にならないわ。あなたへの愛を感じているわ――今私の中に流れている感覚よ。

サミンテン　ええ分かります、私の親愛なる友。私も同じように感じています。私たちが愛です。それが私たちのつながりです。それがあるので、私たちは決して少しも離れていないのです。

◎　◎　◎

マシューはサムの文明社会の名前がヒアニータでその本拠地の宇宙領域がコストレイナだと私に教えてくれて、こう付け足した。

「それはその名前をあきれるほど不味（まず）く真似たものなんだ。本当は美しくソフトな響きの微妙な母音変化をもった軽快な音楽のようだよ。お母さん、これは生まれながら盲目の人に色を説明するようなものだと、あなたに分かってほしいんだ」。

Part-5 マシューの近況

一九九七年、クリスマスの日

スザン　メリークリスマス、可愛い人。今日は何をしていたの？

マシュー　そう訊ねてくれると深くこころが動かされるよ、お母さん。あなたは海辺でエリックと彼の可愛い家族の写真を撮って、それから今日をどうして過ごしているのかとベッツィーと長く話し、そして孫たちとも話したけれど、マイケルからはまだ連絡がないので、彼は今日どうしているのだろうと思っているよね。同じように僕のことを思ってくれてありがとう。

さてちょっと涙が出る話だ。お母さん、お母さん！　あなたの気持ちを明るくする話をしようね。今日はここの住人の最高位のホストたちと、そしてイエスと大天使界のエネルギー領域からの人たちの訪問を祝う素晴らしい日だったんだ。イエスは、窓辺にある僕の写真と並んである写真に写っているのとそっくりだから、僕たちが光の中に雑談し、抱擁しているのが想像できるよね。

僕たちは今日みんな白いローブを着たんだ。移行医療サービスの人たちもだよ。それは素晴らしい光景だった——本当のホワイトクリスマスだ、今まで見たこともないくらいのね。今日は仕事がない。と言うのは、ネガティブな存在たちが悪い影響を与えている移行経路の修復のための、こう呼んでもいいと思うけれど、特別班に僕が任命されたからなんだ。到着する人たちが肉体を離れる前に安心させようと僕たちが準備したあらゆるものを破壊する活動を、彼らは至るところで可能な限り拡大している。

破滅しかかった闇の勢力は地球でそのようなパワーにしがみついている。そして、この経路にも侵略しているんだ。目的は、移行しようとしている魂たちに光に照らされた天国への道を約束して、彼らを捕らえることだ。でも本当は闇の勢力に向かうことになるんだ。彼らのネガティブな前哨基地に向かうか、僕たちの領域に向かうかの経路の明らかな違いは、その波動エネルギーと光だ。僕たちの光はキラキラと光っていて、温かさと安心感があって脈動している。聞くのではなく実際に経験して初めてわかることだ。それが主な違いだけれど、肉体での人生の最後の瞬間への入口を守る見張り番（正確には正しい呼び名ではないけれど）にも、明らかな違いがある。

最良の呼び方ではないけれど、それは〝人生の交換〟の入口だ。そして地球での転生から直接ニルヴァーナへやって来る魂たちのためにあるもので、別の理由で絶えずここにやって来る他の魂たちのものではない。それぞれの魂のエネルギー記録（レジストレーション）による移行領域が電光石火に決定する瞬間だ。それは地球での全生涯を通した自由意志の選択と一致する。その出発と到着の領域に関わる状況は、地球と同じレベルの密度にあるほかの聖域にも当てはまる。

この最近の仕事は、僕が話した導師（マスター・ティーチャー）の役割と考えられることに関わるもっと大きな責任につながることなんだよ。

スザン　あなたはそれでどのようになるのかまだ私に話していないわね。

マシュー　そうだね、この場合は言葉では伝えられない以上のものがある。僕にとっては、それは最もこころに傷を負った魂たちを助けるというレベルの移行医療サービスを教えるだけでなく、ほかの導師（マスター・ティーチャー）たちと交わることで僕自身の知識を広げることになるだろう。導師（マスター・ティーチャー）は、ここよりも高い次元にいるとされる〝マスターたち〟と同じではなく、たくさんのレベルの存在体であり、いろいろなところに住んでいる。

僕はこの領域での導師（マスター・ティーチャー）になるわけだ。同時に、僕たちには言わば客員教授としてここにやって来るマスターたちがいるように、僕はほかの領域世界での客員教師でもある。客員教授というのはとても良い例えだね。そして僕の専門分野は、こころに深い傷を負った移行する魂たちの精神（サイキ）をいかに最適に素早く回復させるかということだよ。

スザン　おめでとう。その昇進はあなたにまったく相応しい進展だわ。あなたは今日どこかで私と一緒にいたの？

マシュー　お母さん、僕があなたと一緒にいたことをどうやって疑うことができるの？　もし僕がクリスマスの日をあなたと一緒に過ごすことをやめたら、二人にとってそれは何（なん）の意味があるだろう？　あなたがうたた寝が必要だとめったにない感覚を感じたときは、それは疲れからではなく、あなたがどこかほかの場所でほかのことをやっていないといいなあと僕が思っていたときなんだ。だってここを離れて初めて地球を訪れるチャンスだったからね。でもそこにいたわけじゃない――二人でここに来て、あなたが眠っているあいだ一緒にとても楽しいときを過ごしたんだ。

今日の午後の早い時間にあなたと一緒にいたのは、僕の地球の家族の誰かといろいろな祝い事をしたうちの最初ではないけれど、僕が肉体で訪れることができた最初のときだ。僕が霊体であなたと一緒にいるのと、肉体でそこに旅をすることには大きな違いがある。あなたも一度アストラル体での旅を経験すれば分かるだろう。あなたが気づいているよりもはるかに多く、以前よりももっと頻繁に僕があなたと一緒にいると言ったよね。これができるようになったのは、導師（マスター・ティーチャー）のいろいろな責任の準備のおかげで僕の通常の仕事がかなり短縮されているからなんだ。

橇（そり）のことを不思議に思っているでしょう？　うん、もちろん僕がやったのさ。あなたが寂しげで大喜びする必要があったからだよ。美しいクリスタルの橇（そり）のイメージは、あのときあなたのこころを明るくさせようという僕からの小さな贈り物なんだ。

スザン　愛しているわ、マッシュ。私の息子になってくれてありがとう。

マシュー　お母さん、僕たちはお互いに選んだんだ。僕たちの結びつきはあなたたちには考えられないほどはるか昔に始まっている。そうだよ、恐竜よりもっと前だ。微笑んだり笑ったりしてくれるのはとてもうれしいなあ。この素晴らしい気持ちを分かち合ってくれてありがとう。

スザン　そうね、愛する人、素晴らしい感じだわ。それがメリークリスマスじゃない？　私たちみんなのための聖なる日だわ。

マシュー　ある者たちにとっては、聖人ぶる日だけれど、これはまた別の日の話題にしよう。愛する魂、一緒にいてくれてありがとう――あなたから僕への贈り物だ。

一九九八年四月十七日

スザン　ニルヴァーナでの誕生日おめでとう、愛する人！

マシュー　大好きなお母さん、僕の命日ではなく誕生した日だと思ってくれてありがとう——これは僕にとってとても大事なことなんだ。愛するマーガレットから、この記念日を僕のために喜びの日とするようにと愛情を込めて言われてからずいぶん経っていることは知っているよ。彼女は、僕のあなたとのつながりの中でそれが僕にとってとても大切なように、この日があなたの僕とのつながりの中で、あなたにとってもとても大切だということは言わなかった。僕がまるであなたの中にいるような二人の強いつながりを僕たちが理解することは、〝外的な〟つながりよりもはるかに僕にはうれしいことだ。

あなたがそのように思えないことは分かるよ。僕たちのあいだに流れる宇宙のあらゆる愛をもって僕があなたを迎えられるように、そしてそれを以前そこに生きていたときよりももっと崇高に感じるられるようにはね。

——汝語る、何を？

スザン 何(なん)なの、その〝汝語る〟って？

マシュー ちょっとした遊びさ、それだけでそれ以上のものではないよ。あなたが何年(なん)も前のこの日を思い出して沈み始めているので、気持ちを明るくさせようとしているんだ。だからさ、お母さん。ボブだったらたぶんそう言うと思うけれど、今日はやるべきことが山ほどあるでしょう？　あなたには、僕の花をとって来るのが一番大事だ。いいや、それは僕にとって大事じゃないとは言ってないよ――決して僕だけでなく、僕たちにとってそれはいつも大切であるべきという意味だ。それでね、あなたが花を買っているときに僕があれこれ言うけれど、僕の単なる好みなんだ――あなたにも平等な決定権があるよ。けれどもいつでも最後は僕たちが選ぶものはすべていいことになるでしょう？

スザン そうね、マッシュ。

マシュー 最愛の人、僕たちがつながる以前の長い年月のあいだに、あなたが地球とニルヴァーナの両方の僕の誕生日に花を買ってくれたとき、僕はいつもあなたと一緒にいたんだよ。あなたはそれを儀式としてやって、毎回悲しく思っていた。僕があれほどそうしたいと思っていたように、あなたの気持ちを高揚させて、そして僕がいることを知らせることをあなたが僕にさせてくれてさえいたら、どんなに違っていただろうと考えてごらん。ほら、僕たちの買い物が二人にとってとても楽しくなったでしょう。

スザン そうだわね、愛する人。〝私たちの〟日があなたにとって大事だとどうして今日言うの？　なぜもっと前に私に言わなかったの？

マシュー うん、まず、僕があなたに何か直接言えるようになったのはごく最近だからさ。でもそうだね、確かにもっと前に言おうとすればできた。前に言わなかったのは特別な意味があったわけではないんだ。僕が今でもどんなに人間らしいかを疑うのだったら、僕のどうしようもない忘れっぽさを考えてもらえばいいよ。これは二人の共有するお祝いだと両方が理解しているのだからね、どう思う？

スザン 私たちはつながりがあるからいいわよ。マーガレットがそう言ってくれたけれど、私たちがこのような親密なつながりをもつ前は、この記念日をお祝いだとは私にはとても思えなかったわ。ここにいる人たちでそのような日をうれしい祝日だと思える人はまず多くはいないと思うの。

マシュー それは間違いなくそうだよ、お母さん。この本の唯一の大事な目的は、悲しんでいる人々にこのような情報をもたらすことだ。誰もがあなたほどに深く悲しむわけではない。そこにいる人たちとここにいる彼らの愛する人たちにとって、最も幸せなことは、愛で僕たちとつながることだ。あなたのような悲しみで僕たちとつながってはいけない。

とにかく、愛する魂、僕たち二人は極めて稀な存在なんだ。好きなときに話せるからだけではないよ。僕たちのような魂の相手（ソウルメイト）の組み合わせはたくさんあるけれど、僕たちのようなエネルギーの始まりや完全なる愛の歴史をもっているものは多くはないんだ。どのような転生でも僕たちが敵対する関係を一緒に経験したことはない。それはとても珍しいことなんだよ。

スザン　敵対って、ある転生で私たちのどちらかが相手を殺し、別の場合は逆になるような、永遠の敵どうしでは私たちが決してなかったという意味なの？　私たちが同じ転生で闇の中にいたことはなかったの？

マシュー　僕が思っていた以上に、今深くこのことを考えているね。いや、まったくそのとおりというわけではないんだ、お母さん。僕たちが敵対する側にいたことはある。けれどもそれはいつでも光の中でのことだった。僕たちが闇に生きたことはない——人格（パーソネージ）において無知なことはあったけれど、闇の勢力の虜には決してならなかった。いつでも光の深い恩恵を受けて僕たちはともに分かち合った転生から浮上してきた。多くの旅がそうであったように、またこの瞬間もそうであるように、僕たちの回帰の旅は険しく茨（いばら）に満ちていたことはなかった。

僕たちがその始まりをもつ光の頂上から堕ちたのは、与えられたばかりの自由意志で実験をしていた者たちの中に僕たちの共通の根魂（ルートソウル）がいたからだ。その実験が具現化された存在たちにとってあまりにもグロテスクであまりにも悲惨なものになって初めて、実際には好奇心とゲームが無経験さに取って代わり、創造された恐ろしい獣たちにはもう神の光がないことを、実験したすべての者たちが知ったのだ。

ほかの者たちよりも最初にこれに気づく存在たちがいた。自分たちのその始まりに手を差し伸べ、〝故郷〟への長い旅を通して光の根源（ソース）に達するためには許しが必要だと知って求めた彼らがそうだ。その恐怖から撤退し、回帰の旅に出発した最初の者たちの中にいた根魂（ルートソウル）から僕たちは生まれた。まったくそうしなかった者たちもいる。

よくこの話を納得して受け入れているね、お母さん。驚いたなあ、お母さんのこころには僕が言っていることに何（なん）の疑いもないよ。そうなんだ、これが僕たちの旅の独特な始まりであり、途中であり、つづきなんだ。

スザン　特別な動揺もなくこれを受け入れているわ。私がその真理に同調しているため？それともショックを受けているからかしら？

マシュー　たぶん、あなたの魂が真理だと教えるのを聴いているんだろう。あなたの旅のために送られている光の中に流れているんだ。それって格好いいよ。お母さんが笑うのを見て聴くのはうれしいな。これではどうみても〝教授〟とは言えないよね。

一九九八年九月十一日

スザン　地球での誕生日おめでとう、可愛い子。今日は私とだいぶ長く一緒にいたの？　それともあれは気のせいだったのかしら？

マシュー　最愛の魂のお母さん、いや、僕が一緒にいるのかなと思ったらどんなときでも、それは気のせいではないよ。もちろん僕たちが一緒に花を選んだよね。あなた以上に僕にはうれしいことなんだ。あの可愛い小さな花は水と栄養が不足していてあなたの世話が必要だったんだ。今回は僕の選んだものに譲ってくれたね。そのことに、ありがとう。

そしてあの小さな犬があなたのところに来たとき、あなたが思った通りに、あの小さな魂はあなたの毛の生えた家族にぴったりと相応しいだろうと、僕も思った。だから、そうだよ、僕は今日あなたとずいぶん長く一緒にいたんだ。そして、三十六年前の今日のこの時間ごろに僕があなたの人生にやって来たという思いであなたが目覚めてからずっと、僕はあなたのこころにあることを知っているよ。

「地球での誕生日おめでとう、可愛い子」と言ってくれたので、僕はあなたにこう言うよ、「これまで地球のお母さんになってくれてありがとう」。〝長〟年と言うつもりだったのだけれど、あなたたちの計算ではそれはそれほど長くもないことに気づいたんだ。僕の使命(ミッション)は十分果たされたので、もう離れる用意ができていたんだ。

僕の誕生日は、母とマシューとしてのこの転生では僕たちのどちらも決して忘れない特別なものだった。僕たちが感じた瞬間的な愛と結びつきは、あなたが意識的には知らないことを魂レベルで思い出したからだよ。僕は自己の神性にとても近いところにいたから自分では分かっていたんだ。僕たちがともにしたすべての転生には、ほかの誰も感じたり理解したりできないような潜在的な結びつきの記憶があるのかもしれない。僕たちは、大霊(オーバーソウル)が育てた最初の存在からの魂の伴侶(ソウルメイト)なんだ。

さあ、何(なん)でも話したいことを話そうか。

スザン　マッシュ、私はこのつながりを何よりも大切にしているのよ。そしてね、何よりも私が願っているのは、あなたとイサカとエスメラルダをこの目で見ることなの。もしそれができるのならお願い（原注　マシューとイサカと、このシッティングの始まる約四年前によちよち歩きでニルヴァーナに到着した彼らの喜びであるエスメラルダとの希有な関係については、『天国の真実』の中の〝聖なる愛、子どもたち〟に詳しく書かれている）。

マシュー　愛するお母さん、この誕生日のお祝いとしてその願いほどこころを動かされるものはないよ。ちょっと待ってね。

……

今ここに僕たち三人がいるけれど、イメージを転送できないんだ。たぶん、このままこの光のパターンの中にいれば接続できるだろう。

……

お母さん、僕たちの送信がうまく行かなくてごめんなさい。地球時間で僕の三十六回目の誕生日の〝写真〟がなかったら、あなたのこころの切りぬき帳が不完全になってしまう。

スザン　マシュー、私のエネルギーを何（なん）とか支えようとしているのだけれど、あなたが送ろうとしているものはすべてぼんやりした影がゆっくり見えたり消えたりするだけだわ。

イサカ　親愛なるスージー、こころからのご挨拶をします。そして私たちのイメージを送ることであなたをがっかりさせてしまったことを申し訳なく、残念に思います。エネルギーは弱いですが、しっかりと光の中にあるので、あなたの接続や受信能力が低下する心配にはまったく及びません。

マシューが、私たちのこのような素晴らしい世界の代表であることをあなたに伝えることはとても喜ばしいことです。彼が言ったように、遠くにいることが多いのですが、エスメラルダと私はマシューがここにいなくてもお互いによく会っています。マシューがあなたに説明したように、私たちは完全なる愛と尊敬に包まれた家族ですが、いつでも一緒にいようと決めているわけではありません。けれども、私たちをあなたの天国の子どもたち、ニルヴァーナの愛する者たちだといつでも思ってください。なぜなら、私たちは霊体（スピリット）では実際そうなのですから。距離が離れていても本質的につながっているのです。

スザン　愛するイサカ、メッセージを本当にありがとう。もっとはっきりとあなたが見えるといいのだけれど、今は少し、あなたが見えるわ。黄色の錦織りの着物と白い足袋と黒い履物を身につけている？　よそゆきのメイクみたいに、あなたの顔は白いわ。そのイメージで合っている？

イサカ　そうです、それでいいんですよ。ふだんはこの世界ではそのような姿ではないんです。いつもは白い服（ローブ）に金色の帯をして裸足でいますが、このように家族が集まってあなたに肖像写真を送るというのできちんと正装しようと思ったのです。

ところで、エスメラルダも見えますか？　もっとエネルギーを送って彼女を助けていますが、もう彼女だけで大丈夫ですからあなたにご挨拶できるでしょう。こころからの愛と尊敬と感謝をもって、愛する魂、お休みなさい。

スザン イサカ、ほんとうに心温まる言葉をありがとう。エスメラルダ、あなたに会えてこんなにうれしいことはないわ。あなたがちゃんと見えているといいのだけれど。微笑んでいて、ときどき笑っているのかしら？　短くカールした黒い髪の毛で、肌は茶色でつやつやしている？　緑と青の格子模様の服を着て跳ね回っているの？

エスメラルダ はい、スージーおばあちゃん。そのとおり見えているわよ。最後に会ったときよりも濃い茶色の肌になっているの。太陽をいっぱい浴びているから今は栗色になっているわ。太陽がなくてもこの色になれるけれど、お日さまの中で休んだり遊んだりするのが楽しいの。

タンゴが私と一緒にいるのが見えるでしょう。今日は育て親のマシューお父さんの地球の誕生日なので、私たちがあなたに小犬を送ったのよ。あの小犬を見つけたのはそういうことだったと思った？

スザン 可愛いエスメラルダ、素晴らしい子犬だわ。なんて素敵な贈り物でしょう。でも、今日はあなたの育て親のお父さんの誕生日なのだから、私にでなくお父さんに贈り物をあげた方がよくない？

エスメラルダ　そうじゃないの、スージーおばあちゃん。そのプレゼントは赤ちゃんのマシューのお母さんであるあなたへのものよ。これは決まり――そうじゃないわ、これは習わしと言った方がいいわ――生まれた日にお母さんをお祝いして、それからは誕生日のお祝いにはいつもお母さんのことを思い出すのがここでの習わしなのよ。贈り物は子どもとお母さんにあげるの。

私たちは愛するお父さんにもプレゼントをあげたわ。でも子猫ではないの。それは私のアイデアだったのだけれど、お父さんはたくさん旅行するのであまりいいアイデアではなかったの。お父さんにはもっと家にいてもらいたいと思っているし、私たちが三人でいるととても楽しいのでいないと寂しいわ。イサカは私の最愛の育てのお母さんよ。彼女はとても陽気なの。そして、こころを元気づけてもくれるし、私が歌うのを助けてくれるわ。

私の歌をあなたが聴けるといいのに。お父さんは、いつかあなたが私が本当に歌うのを聴こえるようになると言っているわ。私は美しいソプラノの声を持ち合わせているのよ。それに歌うのも大好き。

今回はもうおしゃべりはこの辺で十分だと二人が言っているわ。あなたや地球の誰とでもこのように話せる機会はめったにないの。だからたくさんおしゃべりしてしまったわ。おばあちゃん、愛してます。そしてきらきら光る中にあなたが見えるのも素敵だわ。

今日はここでさようなら。どうかもっと多く私たちと話しに来てください。私エスメラルダがお休みなさいの挨拶をたくさんの愛と地球でのあなたの役割に深い尊敬をもって言います。

スザン　エスメラルダ、ほんとうにありがとう。あなたは美しい素敵なお嬢さんね。ほんとうに、思っていたよりずっと背が高いのね——十歳か十一歳に見えるわ。あなたはいくつ？

マシュー　お母さん、エスメラルダとイサカは行ったよ。あなたの言った年齢は地球の子どもで言えば合っている。エスメラルダは地球の年齢で言えばほぼ六歳だけれど、からだと精神と霊性（スピリット）の成長で言えば十二歳に近いんだ。彼女の声がゆっくりと成熟して一足飛びに熟成しないようにする必要から、ある肉体部分はほかの人たちほど速く成長していないんだ。だからあなたが思っていたよりも彼女はある面では歳をとっていて、ほかではより若く見えるんだ。あなたも知っているここの急速な成長と成長抑制によるものだよ。

彼女があなたに子犬のことを話したね。じゃあ本当の話、あなたが毛皮の子どもたちと一緒に獣医のところに向かう途中の人里離れた場所で、たまたま〝偶然〟があの可愛い子ちゃんをあなたの車の前の道路に置いたと信じられるかい？

この普通では考えられない出来事はボブだったらよく分かると思うよ。そしてそれはエスメラルダからあなたへの贈り物だと彼に言えば、七匹目の犬に反対しないだろう。僕は彼女にだめだと言えなかったんだ。タンゴはあなたが想像する以上にこのことと関わっていたんだよ。というのは、もとは地球のペットがこの領域で何か影響を及ぼすなんてあなたにはまったく想像もできないだろうからね。それにソルティもこれには一枚噛んでいるんだ。

今になれば、あの小さな白黒の子犬と黒のソルティと白のタンゴの関係がたしかに分かるだろう。その子犬はあなたのところに来る前まではずっと何年間も愛のある幸せな家庭がなかったことをまず伝えておこう。彼は打たれて虐待されたわけではないけれど、まったく無視され、いつも木につながれてひとりぼっちにされていた。ソルティとタンゴは彼の悲しみを知っていたんだ。彼らはあなたと一緒に幸福な一生を送ったことを思い出して感謝しているよ。

彼らはあなたへの贈り物ということとその子犬のための幸せな一生を一緒にできると感じたんだね。だから彼らがお膳立て役だ。エスメラルダはそれをとりわけ素晴らしいアイデアだと思ったから、彼女もそれに喜んで賛成したんだよ。何かのエネルギーに操られて、その子犬はつながれていたところから解かれ、離れて行った。僕たちは、あなたが彼を見つけるまで安全に誘導したんだ。そしてあなたが気づいたのは、彼がためらいなくあなたの腕の中に入ってきたことだ。そのとき僕たちも子犬と一緒だったんだよ。

だから、僕がそれに手を貸しているのではないかと疑っていたのは正しかったんだ。ほんのちょっとした助けだ。けれども、理解といくらかのエネルギーそしてその子犬へのちょっとした神の恩寵があった。彼の薄汚れたモジャモジャの毛とノミだらけのからだと感染した目を考えれば、彼がどこにも見つからないと分かったとき、あの家では一秒たりとも残念に思ったり心配したりなどしなかったことをあなたが知っても驚かないだろう。

ラッキーは素晴らしい名前だよ――確かに、あなたが思ったように特別でも創造力に富んでいるわけでもないけれど、ぴったりしていることは間違いないからね――そして、この格別な日に彼があなたのところに来たことは、あなたも感じたように、最高に特別なはからいだと今では分かっているね。

スザン　マシュー、あなたとほかのみんなにこの本当に特別な贈り物をありがとう。エスメラルダとタンゴとソルティに私が子犬のラッキーが大好きだと言ってね。

マシュー　お母さん、彼らは知っているよ。あなたの感情と思考に彼らが入ると、僕のことについてのあなたの感情と思いが僕に届くのとまったく同じように、それは彼らにも届くんだ。あなたがこの会話記録（シッティング）の前にした祈りの言葉――〝神さま、この宇宙、あるいは、誰にも侵されない接続を守ってくださる存在に〟――にはとてもジーンときたよ。僕たちは愛に満ちた気持ちでこころを動かされているけれど、同時に、あなたのテレパシー交信は誰にも侵されない神聖なものだということが、いまだに確信できていないことに悲しい思いでいる。その考えが離れられないのは、ただそう願うだけではあなたが地球を離れられないのと同じことだよ。

これはあまりいい例えではなかった。たぶんいい例えがなくなっているんだろう。とにかく今のところは必要ないね。そろそろこの三十六回目のお祝いにお休みを言って、僕たちの愛と僕たちの会話はかならずつながっていることを確認しよう。僕がどこではたらいていても、僕があなたの思いにあったり、〝呼び出し〟があったりするときは、それを逃すことは決してないよ。いつでも僕はあなたの中にいるのだから、呼んでも答えないことなどありえないでしょう？

スザン あなたがいなくなって寂しいわ、マッシュ。

マシュー お母さん、僕もあなたがいなくて寂しく思っているよ。こう言うのは初めてだね。いつでももっと言えたのに。僕たちにできなかったこと、そこでもっと何年も一緒に過ごすことができなくて寂しいよ。僕があなたの気持ちと思いの中に深く入っていて、あなたが感じてきた苦しみが分かるからこそそう思うんだ。僕もあなたが想像できる以上に悲しみを抱えているんだよ。あなたが自分自身にそうであるのと同じように僕自身にもね。

今日はおめでたい日なんだよ、お母さん。子犬のラッキーがあなたの気持ちを明るくしてくれて、イサカとエスメラルダともうれしい会話ができたじゃない。それじゃあ、愛する魂、僕の愛であなたを抱いて、おやすみを言うね。

スザン　こころから愛しているわ。あなたのおめでたい三十六回目の誕生日におやすみなさい。

一九九九年三月二日

スザン　愛するマッシュ、最後に私たちが話してからずいぶんと経つわね。どうしてかは知っているでしょう。今はもう気持ちがもっとよくなっているけれど、今日はそのことには触れたいとも思わないわ。それで、最近はどうしているの？

マシュー　愛する魂のお母さん、よく戻って来てくれたね。うん、あなたがこころで折り合いをつけようとしてきたことはすべて知っているよ。それについて僕はこれ以上何も言いません。それでね、僕はあなたが思っている以上に忙しくなっているんだ。僕の新しい仕事は素晴らしいんだよ。思うようにしょっちゅう家にいるわけにはいかなくなってしまった。もちろん、何よりもエスメラルダとイサカと会えないのが寂しいんだ、でも僕の仕事があまりにも満足ゆくものなので、寂しいと思う部分はそれだけ僕たちが一緒にいるときがさらに貴重で充実した意味深いものになっているんだ。

いつもは、僕は（エーテル体の）からだを離れて旅行するんだ。すべての目的地までの必要な距離と宇宙のハイウェイがあるからだ。僕の旅行は招待されるのがほとんどで、アドバイザーとかコンサルタントといった性質のものだ。それは導師（マスター・ティーチャー）からの昇進だから最もふさわしい僕の役目の肩書きだと思う。僕の仕事は、宇宙文明人の霊体聖域の向上を手助けすることだ——その人たちがすべてあなたの知っている人間と同じというわけではないので、ただ区別するために彼らを宇宙人と呼んでいる。

これらの聖域の中には、霊的（スピリチュアル）な調整介護をどうしても必要としているところがある。それは魂の肉体化した転生が——ふつうは惑星にだけれど、いつもそうとは限らない——あなたたちが思うような人のために良いことをするのとはあまりにも違うからだ。そのために、彼らの肉体を持たない霊界領域のバランスもまた非常に失われている。だから、これらの領域にバランスを取り戻して真の学びを回復させるための環境づくりのために、評価とアドバイスと実践的なアシストをするように僕が招かれているんだ。

これに付随する等しく重要な恩恵は、これらのバランスを失った人たちが、彼らの聖域領域の向上によって、どんなに素晴らしくより効果的になるのか一度でも理解すると、彼らの肉体界もそれにつづくことだ。つまり、その宇宙文明社会の人々がつねに彼らに与えられている光をもっと受け入れるようになり、より高遠な考えと動機と行ないをもって人生を高めるようになるんだ。彼らがネガティビティ（破壊エネルギー）にどっぷり浸かっていたわけではないけれど、ただ、生きることのあらゆる面でスピリチュアルな進化を積極的に追求する勢いに不足していたんだ。

これは僕が今だけ思いついたことだよ――文明社会人が霊的（スピリチュアル）に高く進化すると、彼らの姿は美しくなるしかないんだ。あなたたちの馴染んでいて、あなたたちが美しいと呼ぶような人間の姿はしていないかもしれないけれど、彼ら自身の美的センスと神の目から見ても、本当に素晴らしく美しく完全なる創造物だ。

お母さん、僕が会った僕のこころと興味をすっかり捕らえている存在たちについて話したいんだ。これほど優しい気質の人たちには会ったことがない。僕が今送っているそのイメージから見えるように、この存在はあなたたちのコミックブックの絵やアニメ映画にぴったりだろう。僕のこの描写を〝記録のために〟タイプしておいてね。

そのからだは背の高い円筒形のようで——肩とか胸の曲線も腰といった窪みもない——足もない。というのは、この存在たちは歩かないで水上飛行機のように地上を滑空するからだ。あなたが思っているように、彼らは本当に光っているわけではない。その輝きは通常の光ではなく、むしろ彼らの周囲のエネルギーだ。それも彼らに推進力を与えている。彼らはあなたたちよりも形態上の密度はもっと薄いけれど、僕ほど軽くはない——もし彼らが故郷にいるときの姿で地球にいたら、あなたたちは適切な明るさのところで彼らをチラッと見ることができるだろう。

男性と女性には、地球やほかの人類たちのような顔と容姿のさまざまな差異がない。しかし、異性間には目に見える違いがあるので、僕がどちらかを間違えたことは決してない。彼らは僕たちのように口で話すけれど、耳を持っていない——小さなアンテナで聞くんだけれど、それがまた肉体で移動するときの方向をコントロールする補助になっている——そして髪は滑らかで丸い頭にぴったりとしている。

彼らの目は、あなたたちの基準から見て巨大でとても深く優しいのでほとんど表情がないように見えるだろう。最初からそうだったわけではないんだ。彼らがこのように成長したのは、進化した視力のために、あなたたちが未来と呼び彼らが成長と呼ぶものを見えるようになったからだ。彼らはあなたたちが想像もできない、僕にもできない距離が見えるんだ。なぜなら、彼らの視力はこの宇宙を通り越して、ほかの宇宙まで届くからだよ。

彼らは赤ちゃんを出産するんだ。そのような高位のスピリチュアルで知的な領域にはこの生殖方法は必要なく、それはむしろ原始的だとあなたたちは思うかもしれない。けれども、結合と誕生プロセスとしてこの強いつながりと親密さの両方を願うというのが彼らのもつ本質だ。だから彼らは子孫をつくるのにクローニングやほかの方法ではなく、自ら進んで生物的に生殖するんだ。彼らの子育ては格別愛情に溢れていて地球の子どもでこれほどの優しさと導きと無私の愛をつねに受ける子どもはいないだろう。あのような高みの気持ちと思いやりはもっと低い地球の密度の中では不可能だ。

霊的(スピリチュアル)にこの人々は美を達成している。それはそばにいるだけで、ただただ喜びになるんだ。彼らの愛情あふれる性質から創造されるエネルギーは、ニルヴァーナがその栄光の極みにあるときでさえ見たことがないほどに輝いている。この人々は思索や感情の中だけに住むといった静かな暮らしをしているわけでもないが、喧噪に明け暮れることはない。彼らのほかの文明社会への支援は、彼らがそこに空白を見、その空白を満たす助けを求める叫びを聞けばどこにでも愛と光を送ることだ。光を求める地球の叫びに応えて彼女が破滅しないように彼らが彼女のためにしているのはこれなんだ。

彼らはどの文明社会に対しても招かれずに自分たちを押し付けることはしない。それは確かなことだよ。そして支援の要請に応えるときは、彼らが頼まれたことしかしないことはまったく信頼が置ける。要請された以外は何もしないというわけではないけれど、助けに乗じて私利私欲や狡（ずる）いことを決してしないことは完全に信頼できる。そして彼らの支援はいつでも要請している文明社会の最大のためになっているんだ。

スザン　びっくりするような存在たちね。あなた、そこに招かれるなんて光栄だわ。その人たちはどこに住んで、そしてどのくらいの人口があるの？　彼らが超人間（スプラヒューマン）と呼ばれる人たちなの？

マシュー　彼らは遺伝的に言えば超人間（スプラヒューマン）と呼べないことはない。けれども、それでは彼らのスピリチュアルな面が表わせない。超人間（スプラヒューマン）文明人の多くは知性とテクノロジーの面では進化しているけれど、霊性（スピリチュアリティ）に関してはまったくないに等しく、あってもわずかなのでほとんど分からないくらいだ。たぶんウルトラヒューマンというのがこの人たちに適切な言葉だろう。非常に高く進化した人類文明社会人たちだからね。

この魂たちの数は約四千万か、たぶんそれに数百万人多いくらい——とても少ない人口だ。

そしていくつもの太陽の周りを回っている小さな惑星に住んでいる。これは彼らの故郷である惑星の不思議なところなのだけれど、たったひとつの太陽との相互作用を持つ地球とはその引力の状況が大きく違うんだ。そのような高みの光になると、エネルギー層間の引力の相互干渉や牽引はまったくなくなり、あらゆるものが調和した状態になるので、この存在たちは公転する間にのんびりとちょっとした旅行をしたり、ときどき停まってはバラの香りを楽しんだりしていると思われている。

うん、お母さん、このなんとも素晴らしい存在たちとその世界の名前を知りたがっているのは分かるよ。それは同じ〝言葉〟だけれど、これまでのように発音通りでもうまく伝えられるか分からないんだ。というのは、彼らの言語――コミュニケーションの方がいいかな――はリズミカルな音楽のようで言葉の音節がないからなんだ。それでもやってみようか。ラトゥララをビート、あるいはリズムをもって、そして同時にドレミミレドの音で何回も思ってみて。その音を連続して響かせると、この人たちと彼らの世界の名前の響きに近いものになる。

スザン　わざわざそこまで名前を説明してくれてありがとう。彼らの星はどのような様子なの――環境は？

マシュー　彼らの純粋さと優しさとビジョンとを見事に反映して、まったく素晴らしい、シンプルな美なんだ。〝シンプル〟というのは、雑然としておらず、高低に大きな変化がなく平坦で、山の峰とか渓谷といった険しかったりごつごつしたりしたところは何もない、そしてあらゆるものが整っているけれど、決して〝活気がない〟ようには見えないという意味だよ。水辺は浅く水晶のように透き通っていて、さまざまな淡い色合いの細かい砂が見える。

花々から空まであらゆるものの色の変化は言葉には尽くせないくらいだ。空はわずかにピンクがかった色や珊瑚（さんご）色と金色から無数の青味がかった色までつねにその色合いを変化させ、それが波打つ水に輝く陽の光のようだ。あなたたちのオーロラを引き合いに出すのは決してぴったりではないけれど、その変化する色合いは、あの空やニルヴァーナと地球のそれとの違いを説明するうえで考えられる中で最も近いものだよ。

スザン　〝言葉では表わせないほど〟美しいというのはよく分かるわ。動物は何かいるの？

マシュー　そのかたちが人々と同じなので――滑らかに輝いていて、そして大きさや形状にほとんど変わりがない――地球の動物たちのようにそうとは分からないだろう。彼らは毛もまったくない。そして異様に大きな目をしている。彼らの魂のエネルギーもまた、〝超洞察力（スプラビジョン）〟の域まで進化しているので、その知性は驚くほどだ。彼らと人々とのあいだには完全なテレパシーによるコミュニケーションがある。実際、このような軽い密度になると、彼らのエネルギーは高いレベルの人間として経験するのに十分ふさわしいのだけれど、その動物たちはこの文化の中でそのままで経験することを選ぶんだ。そこでは彼らがその魂の進化にふさわしい尊敬の念で見られているからね。

スザン　マシュー、それは驚きだわ――そして素晴らしいことね。その人々のうちでかつて地球に肉体を持って転生した人はいるの？

マシュー　光とより高いレベルのエネルギーをもたらすための目的で何度か訪れた人たちがいる。同じ方法で地球を支援するのにそこにいることは必要ないんだ。彼らのような高いエネルギー場だと、思いのままに、あなたたちの星にハンサムな人間として肉体化することなどあっという間にできるよ。

スザン　彼らの星は私たちから見てどこにあるの？

マシュー　この銀河系の中だけれど、あなたたちからすれば最も遠く離れたところだ。お母さん、これもまたあなたたちの言う距離は〝あちらの世界〟では通用しないのは知っているよね。――すべてエネルギーの配列ということなんだ。実際には、僕がこの天の川銀河の中やほかの銀河系まで旅行するときはどちらも、それは再配列、配列、再配列することなんだ。

僕はこの人々をいつでも可能なときに訪問していいという公式の招待を受けているんだ。僕は彼らの特質とその住んでいるところにまったく魅了されているから、ぜひそうしたいと思っている。ただ新しい任務の責任があるので、あの素晴らしく高い感覚性ともてなしを経験する喜びに戻ることができないでいるんだ。可能なときに必ず行くよ。

スザン その人たちの進化レベルを考えると、彼らがその聖域を変えることを必要としていたとは驚きだわ。

マシュー 彼らが僕を招いたのはただの訪問で、援助のためではないんだ。それは、他人からの援助を気安く求めるよりも、むしろ訪問したいという人たちの気持ちを優先するという彼らの気質があるからなんだ。僕が彼らの聖域にまったくふさわしい称賛の言葉を与えると彼らはとても喜んでくれたよ。そのうえ、彼らはその控えめな態度から僕にあえて改良策を求めることまでしてくれたんだ。そうでなくても、彼らは自分たちの聖域は完全だと思っているという感じでいられたはずなのに、彼らの謙虚さがそれを許さなかったんだね。僕の可能な顧問サービスの範囲を考えて、僕がその領域についてどこまで深く考えているのか彼らに知ってもらうために何か考えなければならなかった。ありがたいことにね、お母さんがラフマニノフの交響曲第二番をすごく気に入っていることを思い出したんだ。それでね、その領域のレパートリーにその曲を加えるか、もしくはもっと頻繁にそれを選曲すれば、たぶんお母さんあなたのように、その住民たちにも同じように喜んでもらえるでしょうと言ったんだ。

スザン　マシュー、それを聞いてとてもうれしいわ。

マシュー　お母さんが喜ぶ気持ちを僕も感じるよ。そして彼らが招待してくれたときは、僕は大喜びしたんだ。というのはね、ニルヴァーナのような第四密度の領域から誰かが光の梯子で言えばはるか上の第七から第八のスピリチュアルな密度に招かれるなんて、そうあることではないからなんだよ。

ここでもまた、形態の上での物質の密度と、スピリチュアルな進化の密度、あるいは光の波動とを混乱してしまう可能性がある。同じ文明社会の中でも大きく違うことがある——つまり、非常にスピリチュアルに進化している人々の形態は、極めて軽く薄い密度、あるいは肉体がない場合はよくあるが、いつでもその限りではない。この場合は、これらの人々のスピリチュアルな密度は僕が言ったように非常に高い領域のものだけれど、彼らの物質としての肉体は肉体を持たない存在たちにくらべるとかなり重い。なぜなら、彼らは親密なつながりの経験のために生物学的に生殖することを望んでいるので、そのような機能が可能になるための十分な質量密度が必要だからだ。

スザン　なるほどね。彼らはどのくらい長く生きるの？

マシュー　限度はない。あのようなスピリチュアルなレベルだと老化現象は存在しない。なぜなら、そういうことが思考パターンにないからだ。彼らにとって肉体から離れるのは進んでやることで、基本的に一時的であって永久的なものではないので、彼らの安息の場である聖域の目的は比類のない美しさという環境の中でのスピリチュアルなリトリートとかひとりだけのバケーションといった性質のものだと考えていいだろう。

スザン　もし誰もいつまでも離れないとしたら、輪廻転生とか、ただ人口の永続的な増加があることになるの？

マシュー　それじゃあ、答えを訊きにまた戻らないといけないなあ。違う違う、もちろん本気でそう言ったわけではないよ、お母さん。そんな質問は思いもよらなかったからちょっと驚いただけだよ。それに、うん、もし知らなかったとしても、僕はどこにいても訊けるんだ。その両方がある。あなたも想像するように、その選択はそれぞれ個人の問題で、総人口のためになることがその基準だ。

スピリチュアルに言って、彼らの環境の中でこれらの魂たちと一緒にいることができれば、地球の誰にとっても〝豊かに生きる〟ために僕が想像できる最高の気づき（インスピレーション）になるだろう。

二〇〇二年四月十七日

スザン 天国での誕生日おめでとう、マッシュ。あなたを祝うのにこの雹の嵐はなんだと思う?

マシュー 愛する魂、あなたにもこの日をおめでとう。確か、僕たち二人の特別な日には窓の外に大きな雹粒を落とすよって言わなかったかな。うん違うよ、そんな荒っぽいことを計画したのは本当に僕じゃない。でもすごい光景だったんじゃない?

あなたがコンピュータの前に早く来てくれてよかった。というのは、イサカとエスメラルダが僕の帰ってくることで計画しているユニークなパーティーについて、あなたに知らせるのが待ちきれなかったんだ。彼らは、僕が誕生日祝いに戻るので「誰でも歓迎です」と書いた大きな横断幕を僕たちの景色の静止した部分にある梢のあいだにぱたぱたとはためくように備え付けたんだ。どうにも驚いたことに、とんでもない数の人たちがお祝いに来てくれ、またお祝いを送ってくれたんだ。

お母さん、あなたは昨夜僕たちと一緒にいたんだよ。このことをはっきり覚えているといいなあ。見た夢をなんとか思い出そうとしているね。それも仕方ない。だって実際にここにいたというのは、ほんのわずかな記憶しかなかったからだ。すべてここでもあまりにも普通にはないことだったので、あなたはここにいるあいだ、ほとんどぽかんと口を開けたままだった。

そうだよ、おじいちゃんとおばあちゃんとアニーとライルが僕たちと一緒にいた。それについこのあいだ来たあなたの子犬のラッキーを含めた愛する犬たちもみんないたよ。イサカとエスメラルダは個人的な招待に誰も欠かすようにはしなかった——あの横断幕はこのお祝いのパーティーは誰でも楽しめるように歓迎ですよとこの領域中に知らせるためのものなんだ。

多くの人たちは礼儀上来ているけれど、愛する気持ちからの人たちもいる——ここと過去の転生からの家族や友人たち、そこで僕が指導者として日々はたらいた医療介護現場での仲間たち、そしてここにいる導師(マスター)たちとほかの高位の魂たちだ。ほかの文明社会にも招待を送ったようだ——僕がこれまでコンサルタントとして招待された聖域と肉体を持つ領域だ。彼らはお祝いの挨拶を送って来てくれ、中にはわざわざ代表を送って来たところもある。

ここにいる僕の最愛の二人の魂たちが、このような盛り上がるパーティーをしようととんでもない規模の計画と準備をしたんだ。あなたたちの一日二十四時間で言えば、数日に相当する仕事だ。たくさんの人たちがここの世界でこれまでで最も手の込んだそして楽しいパーティーだと言っているよ。

中心の舞台（アリーナ）とも言える場所に備えられたたくさんの花々や花びらをつけた樹木は、その規模と美しさが目をみはるようだ。その場所はお客さまを迎えるメインの出入り口で飲み物があるところだけれど、その入口がとても広くてたくさんのテーブルがあるので、まるで通路と宴会の食器一式が一マイルもつづいているようだ。イエスがどうやってたくさんの人々に食物を与えたかを想像すれば、イサカとエスメラルダとヘルパーたちがどうやって一度に何千の人たちに素晴らしいご馳走をふるまっているのか分かるだろう。

そしてエンターテインメントだ。調和や軽快さと浮き浮きするような想像できるあらゆる分野の音楽を専門とするたくさんの音楽家たちがいる――クラシック、ロック、バラード、インストルメンタルの作曲といった地球のあらゆる文化を代表する人たちだ。そのたくさんのバラエティーに富んだ音楽はそれぞれ別に演奏されているので、誰でもお気に入りのジャンルを聴いたり、ほかの人たちから邪魔されたりせずにコンサートに参加できる。もちろん好みに応じて、ワルツから民族舞踊そしてラインダンスまでスタイルに合わせた踊りに何千ものお客さんが惹き付けられている。

物語の語り手（ストーリーテラー）たちがここにいる。子ども向けのおもしろい話と大人向けのレベルの高い話の両方だ。人形劇と動物たちが好きなように演じる〝サーカス〟がある――動物たちとエスメラルダと一緒に考えたんだ。**シルク・ド・ソレイユ**のような空中曲芸師たちもいる、でも重力なしだよ――これらのパフォーマーたちの芸がどんなにあっと言わせるものか想像できるだろう。そして花火の見事なことと言ったらないよ。これは毎回この領域全域に案内がアナウンスされるから、その場にいられない人々がどこにいても〝アクセス〟できる。アナウンスはされなくても、すべてのジャンルの音楽には同じような手配で〝アクセス〟できるようになっている。

お母さん、これは信じられないようなお祝いだ。僕を一〇〇万パーセント感動させているだけでなく、その行き届いた思いやりと愛の深さには本当にびっくりさせられている。ここにある深い愛のおかげで、想像できないような喜びに満ち満ちている。遠くから来ている人たちはこの領域の最上層の波動の中に浸って最高の気分でいるから、このパーティーは時間にするとさらに数日つづくようだよ。

スザン　愛する人、このお祝いはまったく驚きだわ。大勢の人たちが来たのは、あなたが宇宙評議会の役員に要請されたからなの?

マシュー　そうだね、それもあるかもしれない。評議会役員の選出は公開だから、その申し出のことをこの領域は知っているからね。僕はそれを断ったけれど、僕のほかの太陽系や銀河系での仕事もまた重要だということを理解して快く受け入れてくれたんだ。だからそうだね、それも何か参加者数に影響したかもしれない。主には、お母さん、イサカとエスメラルダがこのために注いだ思いと努力がこの大成功をもたらしたんだ。そしてそのお祝いが今もつづいていてたくさんの人たちが楽しんでいる。

参加者全員がずっとここにいるというのではない——ちょうどあなたたちのオープンハウスパーティーのようで、そのあいだゲストたちは入ったり出たりする。だから数百万の人々でもこういった特別な娯楽を楽しむことも可能だし、同時に家族や友人たちや仲間たちと会うこともできる。そういった再会はこの催し全体の中の最も重要で喜びをもたらす呼び物になっている。天国の基準から言っても本当に素晴らしい催しとして歓迎されているのは疑いもなくそのためだ。

スザン　それほどたくさんの人々がやって来るのは、あなたがとても好かれて尊敬されているからにちがいないと思うわ。私はエスメラルダとずいぶん長いあいだ話していないわ——もう今ではうら若い女性なんでしょうね？

マシュー　そうだよ、お母さん。彼女は精神とこころとからだにおいて驚くほど美しい女性になっている。彼女の輝きは善良さや姿の美しさだけでなく、彼女の音楽にあるんだ。彼女の声は地球の輝きをも凌ぐほどで言葉では表わせない。そこでは第三密度のために高い響きが失われている。あなた自身で彼女と話したい？

スザン　ぜひそうしたいわ。私たちが最後に話してからだいぶ経つのよ。

エスメラルダは私と長く話した。彼女はニルヴァーナに来たときに一時的に住んでいた大きな家に今でも住んでいる。その領域の赤ちゃんや幼い子どもたちの世話に必要とされる面倒見の良さという特性を彼女がもっているので、彼女はそのような尊敬されている仕事のひとつの申し出を受けた。彼女は、〝自分はこころから好きなのよ〟という世話する仕事を選ぶのか、〝養父のマシューの歩んだ道をたどって〟医療サービスに入るか決めていない。その両方ともフルタイムの仕事だ。

スザン　エスメラルダ、二人で長く話せてとてもうれしいわ。そしてもう一度、マシューのためにあなたとイサカが計画してくれたあの素晴らしい誕生日祝いをこころからありがとうと言うわ。すべてに感動したと言うのも、あまりにも控えめな言い方だわ。あなたたちのしたことすべてに畏敬を感じています。

エスメラルダ　このお祝いができて私たちはとってもうれしかったわ。私たちは自分たちのアイデアを寄り合わせ、奇抜すぎるものは実行可能な計画に練り直して、私の養父が知っているこの世界やほかの世界のあらゆる面を網羅するようにしたの。それによって、彼の愛する人たちと、個人的には知らないけれど彼のことを知っているほかの多くの人たちと一緒に彼がくつろげるような雰囲気になるようにしたのよ。

スージーお婆ちゃん、養父のマシューはここの領域やそれを超えるところでの栄誉にとても謙虚なの。もしそれに少しでも驕りがあったら、高いエネルギー場にはいないでしょう。謙虚なこころと誠実さが彼の性格よ。それらの素養は地球では知られていないスピリチュアルな光に送り込まれているのです。

二〇〇三年一月六日

マシュー　お母さん、つまり、僕のいる場所についての説明をそのままするだけでなく、あなたが光の存在であることを示すところについても同じようにすることが、神の選択で僕のではないことは十分承知しているね。だからこの点で、あなたの〝出しゃばりたくない〟という性格は、あなたがどうしても削除したいと思っている部分をそのままにするという神の意図に譲らないといけないよ。あなたはすでにカットしてしまったところもあるから、これは妥協案ということで、あなたがカットしたいと思っていたけれど、きつく〝ダメ、ダメ〟と言われてまだしていない残りの部分はそのままにするということなんだ。

神　マシュー、ちょっと悪いがいいかな。スージー、あなたよりはるかに謙虚なあなたの息子さんの言うことを聞きなさい。彼は、今ある高い存在の魂として認識されなければならない。だから彼の情報は完全に信頼できるものとして尊重されているのだ。

そしてあなた、私の愛する子、これは**私の**本であり、あなたに出版を委ねたのだということを忘れないでほしい。これらのマシュー・ブックがすべてマシューとそこに関わったほかのすべての情報源（ソース）によってあなたにもたらされた**私の**真理として聞き入れられるように、あなたが明晰で純然たるチャネラーであることを知らせる必要があるのだよ。

Part-6 戦争

マシューのメッセージ

私は、一ヶ月間国を離れる前にこの本の前の章を完成させた。チリにいる私の家族たちを訪問しているときに戦争が公式に始まった。

二〇〇二年十月、ジーン・ハドンがマシューにアメリカ政府はほんとうにイラクに対して戦争布告をするのか訊ねた。その後の二ヶ月間、平和デモや署名といったアメリカの政策を不服とする国際的な運動が強まっているとき、ジーンが高まる反対で戦争が防げるか訊ねた。

私が家に帰ったら、それらの質問に対するマシューの答えを「パート6　戦争」に入れることになっているのは分かっていたが、そのときにこの本への最後のメッセージも私に与えられることも知っていた。

二〇〇二年十月五日

マシュー　お母さん、この起こりうる戦争の状況についての僕の見解を訊いているジーンの要求に応えようと思う。ジーン、では個人的にあなたに答えましょう。でも、あなたがもうそうしてもよいと分かるときまでは僕のメッセージを**決して**公表しないという僕の願いを尊重してください。

僕が、ブッシュ大統領がイラクとの戦争に踏み切ることを決めているから戦争になるだろうと母に言ったので、僕があなたに言うことを聴きたくないだろうと彼女は思っています。それは第一次と第二次世界大戦のように長引く戦争にはなりませんが、いわゆる〝砂漠の嵐〟作戦のように短くもないでしょう。それは**決して**核戦争にはなりません。すでに知っているように、創造主が起きてはならないと命令されたのでこれは起こりえません。また、あなたたちよりはるかに高度に進んでいる宇宙文明人たちのテクノロジーのパワーによって、どのような核爆発の企てがあってもそれを阻止させるような準備がされています。

地球のほとんどの人々が望まない戦争を、どうして地球で守られてきた光で防げないのでしょう？　それは個人個人の自由意志がいまだに支配していて、何が何（なん）でも戦争を始めようとする人間たちがその自由意志を行使しているからです。平和に向かって光が充分に注がれていないわけではありませんが、戦争を始められるほど強力な地位にいて、同時にそれを進めるだけの兵力と兵器を握っているわずかな数の人間たちの決定が、彼らの自由意志の選択になっているのです。

まったくの闇の中で活動しているこれらの魂たちは、人間の肉体に転生してきた非人類宇宙文明の存在たちの仲間か、闇の勢力によって与えられたと信じているパワーの虜になっている人間たちです。彼らは自分たちに絶え間なく注がれている光を完全に拒否しているので、何(なん)の良心の呵責もなくこの惑星の支配をさらに強化しようとしているのです。

どんなにそうじゃないとあなたに言えたらと思っています。今あなたにお話ししているのは避けられないことです。僕があなたにこのメッセージを外に出さないようにとお願いしているのはその理由からなのです――避けられないのです。あなたが光に溢れる報告を届けている多くの人たちが僕の言葉を信じてくれるのはもちろんうれしいです。いつでも僕のメッセージには僕のいるところから見られる真実があります。希望と愛を感じて、その波動を宇宙に向けて送っている人たちの気をそぐようなことはしたくありません。その波動は、その後につづく平和の時代をもたらす助けになるのですから、これは戦争が始まったとしてもつづけなければいけません。

僕が言いたいのはこれだけだよ。ほかにお母さんから何か質問がなければ。どうかな――お母さん、何かある？

スザン　ちょっと待ってね、お願い、マシュー。――ありがとう。生物兵器や化学兵器は使われるの？　つまり、神や創造主はそれを許すの？

マシュー　そのような戦争は神も創造主も意図していないことは確かだよ。しかし、この自由意志による決定があるから、それは認めて尊重しなければならないんだ。あなたたちには言わなければいけないけれど、戦争を挑発する連中の目的はこのようなとんでもない戦争を自分たちで勝手に進めて、対外的にはそれを被害国のせいにすることだ。もしこれが起きても、〝希望の兆し〟があるのは、核爆発を防ぐテクノロジーを持っている同じ優しい宇宙人たちが、その有毒兵器とウイルス兵器による最悪の影響を中和させるテクノロジーを持っていることだ。

スザン　たくさんの死者が見える？

マシュー　ここでも、〝そうだ〟と言わなくてもいいのだったらなあと思う。でも、それが可能性のエネルギー場で僕たちが現段階で見えることだ。

スザン　これはすべてカルマなの？　戦争をやると決めた〝闇に捕われた〟人間たちは、合意したカルマのその役割をただ演じているだけで、死んだり傷ついたりする〝無実の人々〟はすべて彼らの役割を演じているだけなの？

マシュー　やっと、〝そうじゃない〟と言える。これもまた僕の答えが違っていたらいいなと思うよ。なぜなら、そうであれば、あなたがほかの情報源（ソース）たちから聞いていることであり、あなたにはもっと受け入れられる――あらゆることは神性なる秩序にあり、そして起きていることはすべて地球にいるすべての魂たちがはるか昔に合意した――ことに従うことになるからだ。これは必ずしもそうである必要はないんだよ、お母さん。究極的に宇宙の時空連続体（コンティニュウム）の中では神性の秩序が行き渡っていることは間違いないのだけれど、宇宙そのものが大混乱の中にあるので、あなたたちの線形（リニアル）時間で解釈すると、〝神性の秩序〟が行き渡っていないことになるんだ。

このかつてない惑星変革の時期に地球に肉体を持って転生してきている魂たちが希望してそうしたのも間違いなく本当だけれど、闇に傾いた人間たちの血も涙もない暴虐と嘘によって、彼らの魂レベルでの合意がひどく損なわれている。それはその〝無実の〟魂たちが合意して経験することをはるかに超えて悲惨な状態になっているんだ。

何（なん）百万の魂たちが、合意した家族に生まれ人生を経験した後、本来の合意事項をはるかに超える状況になっているために、魂レベルの合意を更新している。これらの魂たちは、病気や飢えや戦争での虐殺という紛れもない方法で肉体生を離れているか、離れることになるだろう。だが、それは実際には再交渉後の魂レベルの合意があるからだ。彼らの悲惨さはあなたたちの惑星にネガティビティ（破壊エネルギー）を加えるだけだった。それはこの偉大な変化の時期に転生してきた彼らの目的に反することだった――彼らの目的は彼ら自身と地球のバランスを達成するためだったからだ。これらの魂たちは肉体死することで、地球に平和と愛と調和の新時代をもたらすために宇宙から来てはたらいている無数のほかの光の使者（ライトワーカー）たちに加わり、今ではそのネガティビティを減少させている。

〝抑圧者〟になることに同意した魂たちのカルマによる役割も合意をはるかに踏み外していることが分かるだろう。そして彼らには光の魂たちを援助する気など毛頭ない。もちろん、宇宙に力の場（フォースフィールド）として存在する闇は、光に反応するものにはすべて応じようとしないし、光の勢力に消されまいと必死になってこれまでよりもさらに激しい闘いをしている。

スザン　多くの魂たちが離れることを選んでいるところに喜んで転生しようとする魂たちが今もいるの？

マシュー　そうだよ。彼らの魂レベルの合意は、肉体生を離れる前にカルマ学習を完了するのに必要なだけの経験を求めているんだ。そして、そのような病気や飢餓や戦争に見舞われている地域に住んでいる多くの魂たちは、彼らが選んだカルマを全うしていることを理解してほしい。

スザン　分かったわ。この差し迫った戦争は、平和と愛と調和の時代になる前の最後の大きなハードルという私たちにとっての転換点になるの？

マシュー　そうだよ。戦争による闘いとその暮らしそして土地の破壊が世界に非常に深刻な影響を及ぼすだろう。そのために、戦争が平和をもたらすだろうと思っている、〝日和見的〟の魂たちは、どのような紛争でもその唯一の平和的な解決には結局地球が平和になるしかないことにはっきりと気づかされるだろう。そして愛を感じることが平和への道なんだ。この惑星とその光に満ちた生命体たちのアセンションがより高い第四密度の波動へと速度を増すにつれ、これに反駁する者たちが権力の地位に居つづけることはないだろう。そして、彼らの肉体生は終わるだろう。

スザン　そのプロセスは本当に二〇一二年までに完了するの？　もしこの戦争がそのような大きな影響を与えるのであれば、今からそのときまでの期間は短縮されないの？

マシュー　その年については、僕が前に説明したように地球にとって非常に重要だと発表されていることは知っているけれど、第三密度にあるあなたたちの線形(リニアル)時間内のことなので、宇宙のほかの場所では適応しないことは別としても、その日は地球でもはっきり確定しているわけではないんだ。自由意志が、思考、言語、行動、動機においての個人個人のエネルギー指向を引き続き決めることになるだろう。人々が意識的に自己の魂とつながるにつれて加わる〝新しい〟光の量によって、きわめて重要な年としての二〇一二年は早くなったり遅くなったりする。つねに**変わらない**のは、この惑星地球とその光に満ちた存在たちが引き続きアセンションすることだ。だから、世界各国の人々のあいだの平和と調和を求める活動の結果がその証拠として増えて行くだろう。

スザン　マシュー、神はできればある人間たちの自由意志を投げ捨てて戦争を止めさせ、あっという間に地球をかつてのパラダイスに変えたいと思っているのか、あなた知っている？

マシュー　お母さん、笑わせてくれるね。こんな気楽さがあるから、言わなければいけないことをあなたに言ったことも気にならなくなる。僕は神の代弁者としての魂やそれ以上の存在になるつもりはないんだ。あなた自身で〝彼〟に訊けるでしょう？　僕はあなたの思考の中に入っているから、あなたがそうする気がないことが分かるし、僕の方が神と話せる立場にあって、その方が自分でやるより〝当たり前〟だと思っている――この場合は違うから気にしないで――ので、あなたに言うけれど、神は〝彼〟の創造物である苦しんでいる人すべてだけでなく、その苦しみをもたらす者たちすべてにも涙を流しているよ。

二〇〇二年十二月八日

マシュー　今日の僕のメッセージも、前の戦争についてのと同じように、適切なときまで公表しないでほしい。戦争が避けられないというあのメッセージは本当に悲観的だった。だからまたそうしなければならないんだ。自由意志が地球では引き続き尊重されなければならない。あらゆるレベルの人類の独裁制とそれがもたらした状況を浄化するために注がれている光があっても、核爆発の場合を**除いて**、個人の自由意志による選択を止めさせることは創造主の意志ではない。

それは自分たちの計画を必ず進めようと思うわずかな人間たちの自由意志の範疇だけれど、戦争をよしとする考え方を曲げることはできない。もっともっと多くの魂たちが平和と愛とそして悲惨さと苦しみを和らげることに気持ちを集中すれば、その集中への反応に対応して戦争になる可能性が減るだろう。だから、僕が前のメッセージであなたにそれを発表しないように頼んだんだよ――平和への絶え間ない力強く熱い思いが不可欠なんだ。戦争が避けられないと知ったら、あの前向きな熱い気持ちが恐れと失望のネガティビティ（破壊エネルギー）に転じていたことだろう。そうなってはいけないんだ。ついに戦争が避けられないと思われても、戦争が始まった後の影響が短く、死や破壊や苦しみが少なくなるように、平和に対する同じ積極的な思いをつづけなければならないんだ。

戦争を肯定する考え方はイラク侵攻では終わらない――中東地域の石油資源の完全な支配が頭にあるからだ。闇の人間たちの計画は、彼らが支配する傀儡（かいらい）政権を樹立させることだ。公（おおやけ）に活動しているのはそのメンバーのうちの数人だけにすぎない。だから、ひとつの国を支配することだけが彼らの計画目標ではなく、さらなる目的へのひとつのステップなのだ。それにはもっと多くの侵略ともっと多くの死ともっと多くの苦しみを必要とする。

その考え方はそこで終わらない。世界人口を〝適切に間引き〟した後で、この惑星のすべての人々を、喜んでなるにしても奴隷としても労働者としても完全に支配することが究極の目的だ。つまり、地球自身が極度に荒廃してそのネガティビティ（破壊エネルギー）の強さに生きて行けなくなるまでだ。そうなれば、地球上と宇宙にいる闇の勢力は、死んだ惑星地球を彼らの操り人間たちとともにただ打ち捨てるだろう。それが彼らの計画だ――でもそれは決して起きないだろう。イラク侵攻を除いて、そのような征服の企てはすべて、平和、愛、調和、正義、公正さ、資源の公平な分配といったことに絶えず意識を極力集中することによって防ぐことが可能なのだ。**それ**こそあなたたちの集合的な思いが地球で現実化させることだよ。

数十年にわたって光の勢力が彼らのもたらしたネガティビティ（破壊エネルギー）の状況を緩和しているというメッセージを、明晰なチャネラーたちが伝えている。劣化ウランの影響の改善はこの光の勢力が手助けしているひとつの例だ――最も破壊的なもののひとつなので、最重要なもののひとつになっている。だから誰かが言うように、〝戦争を止めれば私たちがウラニウムをきれいにしてあげよう〟という取引材料ではない。むしろ、戦争が始まった後でも、あなたたちが平和や愛などに気持ちを集中させることが、今の時点と同様に緊急に必要とされることなのだ。そして、宇宙人たちの支援を受けながらあなたたち全員がこころを集中させることで、その有害で危険な状態をなくすことができるだろう。

二〇〇三年四月十三日

マシュー　戦争とその底に流れるすべてのものが進行しているが、光の勢力と闇の勢力の両方はつづけるつもりだ。しかし、後者の闇の勢力は使い切らなければならないエネルギーの勢いがあるからにすぎない。光は、あなたたちが想像できないほどに輝いている。そうでなければ、死傷者と土地や建物の破壊は今よりももっとはるかに大きかっただろう。

地球の悲しみと苦しみ、そして恐怖の中にいる人々とともに僕たちも悲しんでいるけれど、その一方でこれ以上の苦しみと肉体世の損失を防いでいるこの莫大な光のはたらきには僕たちもとても喜んでいる。すでに地球を離れている魂たちはニルヴァーナで歓待され、最大の思いやりをもって常時個人的なケアを受けているところだ。
闇の勢力がさらに彼らの目標を狙うことによってこれから起きることは、もう彼らの自由意志の範囲ではない。それは、彼らのさらなる征服と世界支配の計画に沿っていることには変わらないだろう。しかし、彼らの目的が実を結ぶことはない。大虐殺と支配との永久的な終わりを世界は声をそろえて求めている。この溢れ出るようなエネルギーは、悲しみ、恐れ、止まない戦闘そして切羽詰まった熱い祈りによって中断されているけれど、スピリチュアルな気づきを得ている魂たちの光と地球外生命体（ＥＴ）の光の勢力による着実な支援によって、そのエネルギーの流れのバランスが保たれている。

　この試練はしばらくつづくけれど、地球にとっては耐えなければならない悲しいときだ。しかし光が強まりつつある中で、変化の兆しはますます明白になって行くだろう。だから、あなたたちの世界が破滅や忘却に突き進んでいると思って、がっかりしてあきらめたり絶望したりしてはいけない。あなたたちが望んでいるように、この段階の展開が早く終わらなくても、平和と愛と、そしてこころとからだと精神の健康の素晴らしい新時代が始まっていることを知りなさい。

神のメッセージ

神　そうだよ、私の子。前にも言ったように、私が出版するように命じたこの本のあとがきは私が引き受けるのがふさわしい。

ここに入れるように私が選んだ私たちの多くの会話のどの部分を見ても明らかなように、私はこの宇宙のあらゆるところにいる一人ひとりの魂であり、あらゆる魂たちでもある。そうだ、私も話している、戦争による死と残虐さと破壊を嫌う者たちすべてが目撃している暴力をこの時期にもたらしているために厭われている者たちでさえもだよ。

私自身のエデンが地球に始まるために約束されている平和に対して、私が何と言って慰みと持続する希望を与えるのだろうとあなたは思っているね。私の子よ、そうだよ、もちろん私だってこの瞬間に大量殺戮を止められたらと思う。でもできないのだ。そうだよ、すでに苦しんでいる家族たちの悲しみを和らげ、これからまもなく感じることになるだろうほかの者たちの悲しみをなくすことができたらと思う。でもできないのだ。そうだよ、こんなに広がっている恐れをすぐにでも終わらせられたらと思う。でもできないのだ。そして、そうだよ、かつて地球にあったように、愛と調和を私のすべての子どもたちに、すべての人々に、すべての動物界と植物界に一瞬にして吹き込むことができたらと思う。でもできないのだ。

地球に平和が早くもたらされるように、平和と公正さと愛が地球に行き渡るようにと私に祈っている人たち全員が受け入れられると思えるようなどんな言葉を私が言えるだろう？　私に言えるのはこれだよ。あなたたちの祈りは聴いている——それらこそ私自身の祈りなのだ——だからこれは、この願いを求める私たちが望むように応えられるだろう。

間近にせまった日々は、あなたたちが知っているように、地球の暴力、憎しみ、悲しみ、破壊、専横、死の最終章だ。たとえ戦争がひどくなっても、死が肉体を奪い、愛する魂たちがニルヴァーナに迎えられても、約束された新しい時代の到来は今告げられつつある。あなたたちのほとんどは知らないが、さまざまな存在たちがあなたたちとあなたたちの星に大規模な支援をしている——宇宙文明社会の私の子どもたちの光と愛とテクノロジーだ。そのときが来れば、彼らはあなたたちに自己紹介するだろう。

あなたたちの中にいる宇宙の兄弟姉妹（きょうだい）たちが、あなたたちの惑星を回復させる手伝いをしていることを明らかにできる前の、これは長く悲しい暗い日々だ。最も深い闇の魂たちは、私自身の愛を拒むために、私がそれでコントロールも抑えることも触れることさえできない自由意志をもっている。しかし、刻一刻とあなたたちの大気に到着している光の高いエネルギーに彼らのエネルギーが逆らえないので、地球を離れることになるだろう。

あなたたちが神、あるいはほかのそれと等しい名前で呼ぶこの存在は、あなたたちが愛や慈悲、情け、公正さ、他人への思いやりとして馴染んでいる神性、善良さの〝味方〟だということを知りなさい。等しく私の分身である闇の魂たちの自由意志によって、その善良さの冒瀆を許している創造主の法に私が介入したりそれを妨げたりすることはできない。だが私は、地球の私の子どもたちとその神性さがまだ残っている地球の聖域ニルヴァーナのために、自分が言いたいことを言える。

精霊の輝きであるそなたたちよ、そなたたちの星はもとの栄光を取り戻した。あらゆるものはひとつという変わらぬ愛を経験するためにそなたたちはここに転生してきた。そして今天国にある地球で、それが叶うだろう。そうなっていることを知りなさい。

エピローグ

二〇一〇年十二月一日

マシューです。この宇宙領域（ステーション）にいるすべての魂たちからの愛情あふれる挨拶をかねて、新たな啓示を少し加えましょう。

この本にある時代を超えた情報が世に出されて以来数年のあいだに、地球のアセンションのスピードは確実に速くなっています。この惑星は、すべての人間の特質と言動を強化させる波動レベルに入ったのです。あなたたち人類はその双対性の両極を目撃しているのです。その両極のひとつが、終わりのないように見える戦争や独裁政権と無慈悲な暴力に現われています。そして民主的政府は混乱状態にあり、わずかな数の人間たちが億万長者になる一方で、何百万の人々がホームレスになって飢えています。両極のもう一方が、思いやり、平和を求める要求そして真実への探求です。今スピリチュアルなパワーが外に現われて来ています。そして魂から湧き出る善良さがこれほど輝いていることは、有史以来かつてありませんでした。

このことを主要なメディアから聞くことはないかもしれませんが、それは〝良いニュース〟は見出し（ヘッドライン）にはならないからです。あなたたちの世界では、純粋な気持ちからの支援や協力が地域共同体や町々に明らかに起きています。こころと気持ちがますます開き始めているので、人々は自分たちで考えつく方法で困難な経済的状況を乗り切り、持たざる者たちと分かち合っています。これが人間感情の幅(スペクトラム)中の最極端にあるものなのです。そしてそれが、あなたたちのカレンダーの二〇一二年末に、光に満たされた人たち全員が喜んで迎える黄金時代におけるあらゆる人間の特性の基盤になるでしょう。そのとき、地球は第三密度を離れ、今日あなたたちの世界に明らかに蔓延(はびこ)っているすべての闇がなくなっているでしょう。

闇に傾いた人たちが執拗に隠してきた宇宙の真理がこの世界変革をもたらすでしょう。地球が第四密度に入る前に残された極めて短い時間にその多くがすべて明らかになる必要があります。ですから、国内と海外の変化はおだやかなペースではなく、大きな変化がそれぞれの国に急激に起きて来るので、これから数ヶ月は大きな混乱になるでしょう。

あなたたちは多くの転生経験を重ねたパワーある魂たちです。ですから、光の中にしっかりと留まり、あなたたちの世界全体の平和と調和のために全力を尽くす恐れを知らない光の戦士になる用意ができています。日本は、一体になった愛情と思いやりの精神の先導となって、ほかの力ある国々と責任を分担するのです。

これを成し遂げ、しかも迅速にできる能力があなたたちにあることの証(あか)しとして、時空連続体（コンティニュウム）の中のこの場所からあなたたちが驚くような勝利を収めているのが僕たちに見えます。この旅の道程には数えきれないほどの光の魂たちが霊体（スピリット）としてあなたたちとつねに一緒にいるのです。そして、この素晴らしい冒険の時代に、さまざまな宇宙文明社会からやって来ている何（なん）百万の存在たちはあなたたちの惑星の周りを囲み、その何（なん）千はあなたたちと手を取り合ってはたらいています。そうすることで、宇宙市民としての相応しい位置をあなたたちは得るのです。

▲▲▲▲ 用語解説

▼アカシックレコード Akashic Records
魂のあらゆる転生での経験をすべて記録、保存する宇宙システム。

▼天使の領域 Angelic realms
創造主に最も近い純粋な愛と光の世界。

▼天使 Angel
光の集団的存在。大天使が創造主との共同創造によって具現化したもの。

▼大天使 Archangels
創造主によって創造された最初の存在。

▼側面 Aspect
集合魂の個々の部分。パーソネージ、魂の分身、神のスパークとも呼ばれる。

▼オーラ Aura
肉体を通して、またそのまわりに反射される生命体内の光。

▼バランス Balance
あらゆる経験の目標、経験そのもの。

▼キリスト Christ
神と一体である状態。

▼キリストの光 Christed light
創造主の愛の顕現。大宇宙で最も強力な力であり、魂の進化と闇の勢力からの保護のために、つねにすべての存在に与えられている。

▼共同創造 Co-creation
魂が創造主とともに具現化するプロセスや結果。

▼コンティニュウム Continuum
時間を超越した無限領域。そこでは線形時間的概念の過去、現在、未来は、魂の多数の転生の中で同時に起きている一連の出来事である。

▼大宇宙（コスモス） Cosmos
創造のすべてであり、小宇宙をすべて含む総体。私たちの宇宙を示す〝小宇宙〟と同じ意味で使われることもある。

▼創造主／創造、創造主 Creator/Creation, Creator
大宇宙の至高存在。全体性、ワンネス、あるがままのすべて、アイアム（I AM）、根源（ソース）とも言われる。私たちの小宇宙の至高存在である〝神〟と同じ意味で使われることがある。

▼創造主のこころ Creator mind
大宇宙のすべての知識。あらゆる思考形態の総体。また神のこころ、宇宙のこころ、集合意識とも呼ばれる。

▼集合魂 Cumulative soul
つねに増大する、個々のパーソネージのすべての転生経験の総合体。大霊（オーバーソウル）、親霊とも呼ばれる。

▼闇、闇のエネルギー、闇の勢力
Darkness, dark energies, dark forces
はるか太古にその起源をもつパワー。その選んだ経験によって魂レベルの光のひらめき（スパーク）以外のすべての光が消されることになった。光の存在と光そのものの敵。悪。

▼密度 Density
魂の経験する次元。創造主の純粋な光と愛からまったくのスピリチュアルな闇に降りるに従い濃くなる魂レベルの進化の段階。

▼双対性 Duality
人類がもって生まれた相反する態度と性格。

▼エネルギー Energy
大宇宙にあるすべての生命の不滅な根源。

▼エネルギーの付着 Energy attachments
エネルギーの作用に付与されるポジティブまたはネガティブな結果あるいは解釈。

▼エーテル体 Etheric body
霊界で使われるからだ。肉体の不可分な部分。

▼地球外生命体 Extraterrestrial

地球以外の場所。地球人でない文明人。

▼フリー・スピリット Free spirit
エーテル体やアストラル体を必要としない肉体を持たない魂。あるいは、神と一体の意識、生前の合意の気づき。

▼自由意志 Free will
それぞれの魂の具現化したいことを選ぶ創造主から授(さず)かった権利。

▼神 God
我々の宇宙の至高存在に与えられた名前。みずから創造主のあらゆるパワー、叡智、知識を有する。

▼自己の神性／ゴッドセルフ Godself
一人ひとりの神と分離できない永遠のつながり。ハイアーセルフ、インナーセルフ、ソウルセルフとも知られる。

▼神、女神 Gods, goddesses
すべての小宇宙を統率する至高存在の総称。小宇宙の最高位の霊的存在としての人間。

▼守護天使 Guardian angel
スピリチュアルな指導と肉体的保護のためにそれぞれの人間に割り当てられた主たる天界の援助者。

▼カルマ Karma
自由意志を行使する魂の因果律。転生での経験を選ぶ基準。

▼ライフプリント Lifeprint
アカシックレコードにある魂のファイル。あらゆる転生での魂の思考、感情、行為、その結果の完全なる記録。

▼光 Light
創造主の叡智、愛、エネルギー体で具現化された愛のパワー。

▼迷える魂 Lost souls
この宇宙で自由意志によってエネルギー的に最も卑しい配置場所に行き着いた魂。

▼具現化 Manifesting

創造主との共同創造プロセス。生まれながらの能力であり自由意志と不可分な部分。

▼使命 Mission
魂のパーソネージが生前にスピリチュアルな成長のために選ぶ、それぞれの転生の主な目的。

▼ネガティビティ Negativity
破壊的な思考形態によって引き起こされ拡大する破壊的な力。

▼ニルヴァーナ Nirvana
我々が天国と呼ぶ霊界の正式名称。

▼パーソネージ Personage
肉体を持って転生を経験する魂の独立した神聖な本質。

▼配置場所 Placement
特定の経験のためのさまざまな関連エリアからなる領域。

▼惑星浄化 Planetary cleansing
蓄積されたネガティビティを自然界の力で排除する地球の自己保護作用。

▼祈り Prayer
思考と感情による神との直接的な交わり。

▼生前の合意 Pre-birth agreement
転生経験を共有したいと望む主な魂全員によって、肉体化する前に決定される無償の愛に根ざした魂レベルの約束。参加者全員がスピリチュアルな進化の機会を得られる。

▼輪廻 Reincarnation
霊体での生の後で、肉体を持つ生に転生すること。

▼根魂 Root soul
宇宙の始まりのときに創造された魂。永遠のときを通して無数に創造される魂の分身の生みの親。

▼魂 Soul
スピリチュアルな生命力。それぞれの個人の神聖なる本質であり、この宇宙の神と大宇宙コスモスのあらゆる生命体と不可分につながっている。

▼スピリット・ガイド Spirit guides
天使界以外からの肉体を持たない魂で、見えざるヘルパーでもある。

▼思考形態 Thought forms
宇宙の始まりからあらゆる魂の精神的プロセスによってつくられた消すことができない、不滅のエネルギー物質。宇宙にある知識の素材要素。

▼移行 Transition
肉体の死後、魂がエーテル体で光の速さでニルヴァーナへ移ること。

▼宇宙の法則 Universal laws
すべての魂が経験し、すべてが支配を受ける限定要因（パラメーター）。神の法則、自然の法則とも呼ばれる。

▼宇宙の知識、宇宙のこころ Universal knowledge, universal mind
宇宙のすべての知識、思考形態の総計で、いかなる魂でもアクセスできる。神のこころ、創造主のこころ、集合意識、〝宇宙のスープ〟とも呼ばれる。

▼宇宙 Universe
創造主によって具現化されたいくつかの計り知れない大きさの領域世界のひとつ。それぞれの宇宙に神や女神が統治者として選ばれる。

訳者あとがき

このタイミングで、『新しい時代への輝き：マシュー・ブック3』の日本語訳を出すことができて、とてもうれしいです。出版を可能にして下さった関係者のみなさまに心から感謝いたします。きっとマシュー君と宇宙の仲間たちも、今この本が日本で出されることを祝福してくれているでしょう。

二〇一一年三月十一日に東日本を襲った原発震災以降、誰もが自分自身の生き方を問われ、迷ったり悩んだりしているのではないでしょうか。誰と、どこで、何をすればいいのか、ここにいてこんなことをしていていいのだろうか、そしてこれからどう生きていけばいいのだろうか、と。

かく言う自分もそうです。

八十年代バブルが日本列島を襲いリゾート開発ブームが起きたとき、私の住む鴨川にも五つのゴルフ場開発計画が持ち上がりました。せっかく無農薬で始めたばかりの農業も、近くにゴルフ場ができて農薬で水源が汚染されてしまえば元も子もないことを知り、ゴルフ場反対運動に加わりました。

一九九二年にブラジルで国連地球サミットが開催され、地球環境問題について広くさまざまなことを学ぶにつけ、私は自分自身が食べものを自給することで、なるべく地球に迷惑をかけないように生きていきたいと願うようになりました。以来、南房総の山奥で廃屋になっていた築二〇〇年の古民家を借り、廃材を使って自分たちで改装し、鋤と鍬一本で田畑を耕し、家族の健康を守り、食を賄うような暮らしを目指し、実践し、広めてきました。

当初は「変わり者」という感じで見られていたのですが、だんだんそのような暮らしや生き方に興味を持つ人たちが増えてきて、最近ではワークショップを開催して、私たちの考える「地球と調和した持続可能な暮らし」をご縁の方に分かち合えるようになりました。竹林と森林に囲まれた小さな田畑と古民家を「ハーモニクスライフセンター」と名付け、私はパートナーのきくちゆみと「ハーモニクスライフセンターを西洋文明の国に創ろう」と、この十年間夢を温めてきました。

というのは、仮に自分たちが自給自足を実践できたとしても、世界が大量消費をあいかわらず続けていたら環境問題は解決しないからです。世界最大の消費国、そして九一一事件への軍事報復的な対応などでも問題のあるアメリカで、自分の庭で食べものを育て、エネルギーや医療も地域で自給するような暮らしが可能であるということを、若い人々と分かち合えたらより大きな変化が起きるのでは、と思っていたのです。

その夢を実践する場所として、私たちが選んだのはハワイとオーストラリアでした。どちらも環境問題を通じての縁があり、素晴らしい友人がいて、先住民のスピリチュアルな文化が残っており、しかも大量消費国であるという理由からです。

いよいよ子どもたちの転校先の候補も絞って移住の準備をしていた矢先、「三・一一原発震災」が起きてしまいました。原発が事故を起こしたと聞いたときは、「夢はもう永遠に実現できないかもしれない」と失意で心が揺れました。

あの日、パートナーのゆみは朝から東京に出かけていました。「東京平和映画祭の試写会で見逃した映画を観に行く」とのことでした。我が家は鴨川の人里離れた山間地にあり、最寄りのバス停までは歩いて一時間かかります。そこからバスで駅まで二〇分、そして東京までは電車で二時間かかり、彼女はそこからさらにどこかの会場へと出かけて行くわけです。彼女は車を運転しないので駅かバス停までは私が送迎していますが、おそらく家から会場までは三時間以上かかるはずです。私だったら往復六時間もかけて東京での会合などに絶対行きませんが、彼女の情熱と体力にはそんなことは関係ないようで、ミーティングや講演の度に私と子どもたちを置いて東京へ出かけて行きます。

この日ほど、彼女の不在を心細く思い、無事を祈ったことはありません。

いつも我が家は相当の地震があってもあまり揺れないのですが、今回は違いました。庭の貯水池が一メートル以上も盛り上がって水しぶきを上げて揺れているのを見て――この大地震が東京を襲っていたら――と一瞬、不吉な想像が頭をよぎりました。地震直後から携帯電話はまったくつながらず、夜中に彼女からの公衆電話で安否がわかるまで、生きた心地がしませんでした。

首都圏で交通手段を奪われた人々は「帰宅難民」となりましたが、彼女もそのひとりでした。連絡が困難な中、翌日再会できるまではまだいくつもドラマがあるのですが、ともかく私たち二人の最大の不安は、原発の損傷がどの程度だろうか、ということでした。とりわけ福島原発の「全電源喪失」の報に接したときには、万事休す、と思いました。なぜなら冷却ができなければ、原発がメルトダウンするのは時間の問題だからです。

二〇〇六年に放射線の研究分野で世界的に著名なアーネスト・スターングラス博士を日本に招いて全国講演ツアーを開催した私たちは、低レベル放射能の深刻な危険性――特に胎児と子どもたちに対する――を理解していましたので、すぐに子どもたちを壊れた原発からなるべく遠い風上の地へ連れて行こう、と決心しました。

日本と世界の地図を眺めると、目的地を「沖縄」と定めるのに時間はかかりませんでした。すぐさま、ほんの数日分の荷物をまとめ、空港に向かい、友人を頼って沖縄にたどり着きました。そして沖縄の友人に相談して、すぐに原発周辺の妊婦と子連れ家族を沖縄に一時避難させるためのプロジェクト「つなぐ光」を立ち上げました。準備から記者会見まで四日間と超スピードでした（*「つなぐ光」の活動についてはホームページを参照してください）。

その後、日本政府が放射線量の基準値を引き上げたことによって、福島を含むほとんどの地域は「安全」とされ、子どもたちの避難を妨げていることはみなさんご存知の通りです。このことについては時が結果を出すでしょうが、マシュー君の最近メッセージ（アセンション後は私たちの細胞が炭素構造からクリスタル構造に変わり、放射能の影響を受けなくなる）が正しいことを祈るばかりです。

事故から三ヶ月たった今も、福島第一原発の事故は収束していませんし、その目処も立っていません。だらだらと漏洩し続ける放射性物質は大気と海と大地を汚染し続け、北半球全体をすでに何度も巡ってしまいました。

しかしそんな地球でも私たちはこうして生きていて、マシュー君によれば二〇一二年（あと数ヶ月後）にはアセンションが完了し、黄金時代がくるらしいのです。今の私は、戦争も暴力も貧困も差別も病気もない地球を想像することはなかなか難しいですが、生きている限り、自分が今いる場所でできることをやっていこうと思います。

私たちは今、ハワイ島とオーストラリアに、鴨川と同じような自給自足の場を創るという長年の夢を実践しようと一歩踏み出しました。三一一が「夢を現実に移しなさい」と背中を押してくれたのです。もう地球を何周もし、食べものにも入り込んでいる放射性物質が私や子どもたちにどのような影響を与えるのかは未知ですが、マシュー君はこの本の中でも繰り返し「最も恐れることが現実化する」と言っています。放射能の影響についてはまだわからないことも多いので、今は現実的な対応をしながらも恐れを手放し、今生でやると決めたことを、これからの人生で一つ一つ実践していくつもりです。

ハワイ島との縁はハワイの先住民の聖地に日本航空が米国の開発業者と組んで始めた「ホクリア」というゴルフリゾート開発がきっかけです。ゴルフ場のもたらす環境と文化の破壊に警鐘を鳴らしてきた「ゴルフ場問題グローバルネットワーク」で活動していた私が、ハワイから参考人として呼ばれたのです。地元住民、とくに環境派の白人だけではなくて、ハワイの先住民族が反対に立ち上がり、十年に及ぶ裁判闘争にまでなったホクリア開発は頓挫しました。

こうして振り返ると、すべての出来事が今の自分の行動につながり、すべてが用意周到に準備されていたとさえ思えます。私はスピリチュアルな世界からはほど遠い人間でしたが、マシュー君のメッセージを日本語に訳してみなさんに伝える役割をなぜか担い、今回も訳出できたことを有り難く思っています。この大混乱の時代に、マシュー君のメッセージがみなさんの心に少しでも平和と安心をもたらし、生きる指針になれば幸いです。

あらためて、この大変な時期に本書の出版を決断していただいた今井啓喜社長と、細部にわたって目を配っていただいた編集者の西尾厚さんにお礼申し上げます。

本書はマシュー・ブック・シリーズのマシュー・ブック1『天国の真実』、マシュー・ブック2『新しい時代への啓示』につづくマシュー・ブック3です。マシュー・ブック4が日本で出る頃には、どんな地球になっているのか楽しみです。そのときまた、お会いしましょう。

二〇一一年六月　ハワイ島・コナにて

森田玄

＊「つなぐ光」http://tsunaguhikari.jp/

《マシュー・ブック3》
新しい時代への輝き

●

2011年8月27日 初版発行

著者／スザン・ワード

翻訳／森田 玄

装幀／OVO INTERNATIONAL INC.

発行者／今井啓喜

発行所／株式会社ナチュラルスピリット
〒104-0061 東京都中央区銀座2-12-3
ライトビル8F
TEL：03-3542-0703 FAX：03-3542-0701
E-mail：info@naturalspirit.co.jp
ホームページ http://www.naturalspirit.co.jp/

印刷所／モリモト印刷株式会社

ISBN978-4-86451-014-1 C0010